Coleção
TEMAS DE DIREITO ADMINISTRATIVO

REGIME JURÍDICO DOS PROCESSOS ADMINISTRATIVOS AMPLIATIVOS E RESTRITIVOS DE DIREITO

Coleção
TEMAS DE DIREITO ADMINISTRATIVO

Publicada sob os auspícios do
INSTITUTO DE DIREITO ADMINISTRATIVO PAULISTA
e sob a Direção de
CELSO ANTÔNIO BANDEIRA DE MELLO

1. *Da Convalidação e da Invalidação dos Atos Administrativos* – WEIDA ZANCANER (3ª ed.)
2. *Concessão de Serviço Público no Regime da Lei 8.987/1995* – BENEDICTO PORTO NETO
3. *Obrigações do Estado Derivadas de Contratos Inválidos* – JACINTHO DE ARRUDA CÂMARA
4. *Sanções Administrativas* – DANIEL FERREIRA
5. *Revogação do Ato Administrativo* – DANIELE COUTINHO TALAMINI
6. *O Serviço Público e a Constituição Brasileira de 1988* – DINORÁ ADELAIDE MUSETTI GROTTI
7. *Terceiro Setor* – SÍLVIO LUÍS FERREIRA DA ROCHA (2ª ed.)
8. *A Sanção no Direito Administrativo* – HERALDO GARCIA VITTA
9. *Licitação na Modalidade de Pregão* – VERA SCARPINELLA (2ª ed.)
10. *O Processo Administrativo e a Invalidação de Atos Viciados* – MÔNICA MARTINS TOSCANO SIMÕES
11. *Remuneração dos Serviços Públicos* – JOANA PAULA BATISTA
12. *As Agências Reguladoras* – MARCELO FIGUEIREDO
13. *Agências Reguladoras* – ALEXANDRE MAZZA
14. *Função Social da Propriedade Pública* – SÍLVIO LUÍS FERREIRA DA ROCHA
15. *Desapropriação de Bens Públicos (À Luz do Princípio Federativo)* – LETÍCIA QUEIROZ DE ANDRADE
16. *Os Princípios da Razoabilidade e da Proporcionalidade no Direito Administrativo Brasileiro* – JOSÉ ROBERTO PIMENTA OLIVEIRA
17. *Princípios Constitucionais de Direito Administrativo Sancionador* – RAFAEL MUNHOZ DE MELLO
18. *Estrutura e Motivação do Ato Administrativo* – VLADIMIR DA ROCHA FRANÇA
19. *Efeitos dos Vícios do Ato Administrativo* – RICARDO MARCONDES MARTINS
20. *Manutenção e Retirada dos Contratos Administrativos Inválidos* – ANDRÉ LUIZ FREIRE
21. *Da Intervenção do Estado no Domínio Social* – CAROLINA ZANCANER ZOCKUN
22. *As Competências do Poder Legislativo e as Comissões Parlamentares* – GABRIELA ZANCANER
23. *O Princípio da Segurança Jurídica no Direito Administrativo Brasileiro* – RAFAEL VALIM
24. *Poder de Polícia* – HERALDO GARCIA VITTA
25. *Responsabilidade Patrimonial do Estado* – MAURÍCIO ZOCKUN
26. *Regime Jurídico dos Processos Administrativos Ampliativos e Restritivos de Direito* – ANGÉLICA PETIAN
27. *Atos Administrativos Ampliativos de Direitos – Revogação e Invalidação* – BRUNO AURÉLIO
28. *Soberania do Estado e Poder de Polícia* – HERALDO GARCIA VITTA

ANGÉLICA PETIAN

REGIME JURÍDICO DOS PROCESSOS ADMINISTRATIVOS AMPLIATIVOS E RESTRITIVOS DE DIREITO

Regime Jurídico dos Processos Administrativos Ampliativos e Restritivos de Direito
© ANGÉLICA PETIAN

ISBN: 978-85-392-0050-4

Direitos reservados desta edição por
MALHEIROS EDITORES LTDA.
Rua Paes de Araújo, 29, conjunto 171
CEP 04531-940 — São Paulo — SP
Tel.: (11) 3078-7205
Fax: (11) 3168-5495
URL: www.malheiroseditores.com.br
e-mail: malheiroseditores@terra.com.br

Composição
Acqua Estúdio Gráfico Ltda.

Capa
Criação: Nadia Basso
Arte: PC Editorial Ltda.

Impresso no Brasil
Printed in Brazil
02.2011

Ao meu querido Mário,
por todo amor e com todo amor.

AGRADECIMENTOS

Aos meus pais, Aldo e Maria, que me ensinaram as primeiras lições para que eu pudesse chegar até aqui.

À minha querida irmã, Andréa, minha mais fiel amiga, pelos inúmeros gestos de apoio.

Ao meu marido, Mário, pelo constante apoio e imensurável paciência.

Aos meus caros amigos e colegas de Mestrado na PUC-SP, Augusto Neves Dal Pozzo, Bruno Francisco Cabral Aurélio, Décio Gabriel Gimenez, Eduardo Pereira de Souza, Inês Coimbra de Almeida Prado, Luciano Silva Costa Ramos e Rafael Ramires Araujo Valim, sem os quais o aprendizado não teria sido tão profícuo e prazeroso.

Ao professor Sílvio Luís Ferreira da Rocha, pela oportunidade de acompanhá-lo nas aulas de Direito Administrativo do Curso de Bacharelado da PUC-SP, durante as quais pude estar ao lado de um grande jurista e um professor dedicado.

Ao professor Daniel Ferreira, pela contribuição dada a este trabalho por meio da arguição feita.

Ao querido professor Márcio Cammarosano, exemplo de honestidade intelectual, jurista de argúcia inigualável, pela possibilidade de auxiliá-lo na disciplina de Processo Administrativo, no Mestrado em Direito da PUC-SP, oportunidade na qual refleti sobre alguns dos pontos tratados neste trabalho, pelas infindáveis lições de Direito, sincera amizade, apoio irrestrito e, sobretudo, pela confiança demonstrada em tantas ocasiões.

Ao meu Orientador neste trabalho e em tudo aquilo que faço na área jurídica, professor Celso Antônio Bandeira de Mello, a quem tenho muito a agradecer, pelas memoráveis aulas, pelo convívio durante o Mestrado, pela disposição em orientar-me e muito especialmente por ter me ensinado que na defesa da democracia, da submissão do Estado à lei, da força normativa da Constituição da República e do respeito à dignidade do administrado temos o dever de ser radicais.

A todos os demais – e são muitos a quem sou devedora – que me auxiliaram nesse trajeto.

*Se consegui enxergar mais longe
é porque estava apoiado sobre ombros de gigantes.*

Isaac Newton

PREFÁCIO

ANGÉLICA PETIAN, oferece aos estudiosos de Direito Administrativo um trabalho altamente meritório, elaborado com grande esmero e vazado em linguagem tersa, extremamente agradável e com inquestionáveis méritos didáticos.

É desnecessário encarecer a importância do tema. Entre nós, já hoje, estão acordados doutrina e jurisprudência para a extrema valia do processo administrativo, não só como o instrumento idôneo para abicar no ato administrativo mais adequado, pois a passagem por um itinerário cuidadoso é um meio eficaz de buscá-lo, mas, acima de tudo, como indispensável instrumento de defesa do cidadão contra eventuais intemperanças do Poder Público. É sobretudo isto que fica em saliência na distinção utilizada pela autora entre processos administrativos ampliativos e processos restritivos de direito.

Eis, pois, que o empenho da autora em elaborar uma sistematização do regime processual administrativo, colecionando e organizando os princípios extraíveis do Direito positivo e apartando dentre eles os que são comuns a qualquer processo administrativo e os que só comparecem nos processos restritivos de direito, representa um registro que merece ser repisado, enfatizado e valorizado.

Depois de uma oportuna parte introdutória em que são analisados os conceitos de regime jurídico, princípios jurídicos e suas respectivas importâncias, a autora discute a própria índole do que em Direito é chamado de "processo" e ingressa na especificidade do processo administrativo no Direito brasileiro, exaltando sua correlação com a idéia de Estado Democrático de Direito. Uma vez firmados estes pontos, é que passará à classificação dos processos administrativos, privilegiando no interior dela justamente a que os separa em ampliativos e restritivos de direito.

REGIME JURÍDICO DOS PROCESSOS ADMINISTRATIVOS

São os vários princípios do processo administrativo o tema maior, que ocupará a parte principal desta dissertação com a qual a autora obteve, merecendo a nota máxima, o título de Mestre em Direito Administrativo na Faculdade de Direito da Pontifícia Universidade Católica de São Paulo.

Fui orientador acadêmico deste estudo, mas não me despendeu nenhum trabalho, pois a qualidade da orientanda poupou-me disto. Os leitores do livro poderão aquilatar a justeza dos comentos laudatórios e, por certo, convirão em que foram adequados.

CELSO ANTÔNIO BANDEIRA DE MELLO

SUMÁRIO

Agradecimentos 7

Prefácio – Prof. CELSO ANTÔNIO BANDEIRA DE MELLO 11

Introdução 17

Capítulo I – **REGIME JURÍDICO**

1.1 *Noção e valor metodológico do regime jurídico* 23

1.2 *Princípios e regras jurídicas* 26

    1.2.1 Conceito 31

    1.2.2 Funções 34

    1.2.3 Aplicação 41

Capítulo II – **PROCESSO ADMINISTRATIVO**

2.1 *O processo administrativo como espécie do gênero processo* 46

2.2 *A disciplina legal do processo administrativo* 60

    2.2.1 A Lei 9.784/1999 65

2.3 *Conceito de processo administrativo* 68

2.4 *Processo e procedimento: para além de uma questão semântica* 80

2.5 *Finalidade do processo administrativo* 88

2.6 *Processo administrativo e democracia: binômio indissociável* 95

REGIME JURÍDICO DOS PROCESSOS ADMINISTRATIVOS

Capítulo III – ESPÉCIES DE PROCESSO ADMINISTRATIVO

3.1 Considerações iniciais 100

3.2 Processos ampliativos de direito 104

   3.2.1 Conceito 104

   3.2.2 Classificação 106

3.3 Processos restritivos de direito 107

   3.3.1 Conceito 107

   3.3.2 Classificação 109

Capítulo IV – REGIME JURÍDICO DO PROCESSO ADMINISTRATIVO

4.1 Considerações sobre o regime jurídico do processo administrativo 111

   4.1.1 Princípios gerais do Direito Administrativo e sua relação com o processo administrativo 119

      4.1.1.1 Princípio da supremacia do interesse público sobre o interesse privado 120

      4.1.1.2 Princípio da legalidade 122

      4.1.1.3 Princípio da finalidade 127

      4.1.1.4 Princípio da razoabilidade 129

      4.1.1.5 Princípio da proporcionalidade 132

      4.1.1.6 Princípio da impessoalidade 135

      4.1.1.7 Princípio da moralidade 137

      4.1.1.8 Princípio da publicidade 140

      4.1.1.9 Princípio da eficiência 145

      4.1.1.10 Princípio da motivação 147

4.2 Princípio do devido processo legal 151

   4.2.1 Origem e evolução na Inglaterra e nos Estados Unidos 154

   4.2.2 O princípio do devido processo legal no Direito brasileiro 158

SUMÁRIO

4.3 Princípios do processo administrativo 165

4.3.1 O Direito Processual Administrativo como disciplina jurídica autônoma 167

Capítulo V – **PRINCÍPIOS DE ÍNDOLE PROCESSUAL REGENTES DOS PROCESSOS ADMINISTRATIVOS AMPLIATIVOS E RESTRITIVOS DE DIREITO**

5.1 Considerações iniciais 170

5.1.1 Princípio do contraditório 173

5.1.2 Princípio do julgador natural 184

5.1.3 Princípio da revisibilidade 188

5.1.4 Princípio da verdade material 195

5.1.5 Princípio do formalismo moderado 199

5.1.6 Princípio da proibição da "reformatio in pejus" 204

5.1.7 Princípio da celeridade e duração razoável do processo 208

Capítulo VI – **PRINCÍPIOS DE ÍNDOLE PROCESSUAL REGENTES DOS PROCESSOS ADMINISTRATIVOS RESTRITIVOS DE DIREITO**

6.1 Princípios regentes dos processos administrativos restritivos de direito: semelhanças e peculiaridades em relação ao regime jurídico dos processos ampliativos de direito ... 213

6.1.1 Princípio da ampla defesa 214

6.1.2 Princípio da oficialidade 227

6.1.3 Princípio da gratuidade 231

Conclusões 233

Referências Bibliográficas 237

INTRODUÇÃO

O ordenamento jurídico-positivo, do ponto de vista lógico-formal, é apreendido como um sistema, cujas características são a unidade, a coerência e a completude. A unidade do conjunto de normas que regem, de forma coercitiva, o comportamento humano em dada sociedade não impede a Ciência do Direito de segmentar seu objeto de estudo, classificando-o em uma pluralidade de ramos que passam a merecer tratamento autônomo. A primeira dessas classificações de que se tem notícia é a bipartição do Direito, em Direito Público e Direito Privado. O estabelecimento dessa classificação dicotômica como premissa para o estudo do Direito justifica-se em virtude da especificidade das normas que regem esses dois grandes ramos do Direito. Embora uno, o conjunto de princípios e regras que disciplinam a vida em sociedade não tem aplicação indistinta para quaisquer situações. Não obstante haja pontos de intersecção entre o Direito Público e o Direito Privado, dentre os quais podemos citar os princípios que encerram os direitos e garantias fundamentais estabelecidos no art. 5º da Constituição da República, há uma grande quantidade de pontos que não se comunicam, dada a diferente natureza dos interesses e relações que cada um desses dois ramos do Direito disciplina.

Desde o Direito Romano, o Direito Privado é identificado com a disciplina do interesse dos indivíduos, exercitado por meio de relações jurídico-privadas, dirigidas pela autonomia da vontade que permite às partes elegerem os fins que pretendem alcançar e os meios adequados para tanto. A autonomia da vontade, embora confira às partes liberdade bem mais ampla do que aquela existente no campo circundado pelo Direito Público, encontra-se limitada pelas prescrições normativas. Assim como se dá nas relações regidas pelo Direito Público, nas relações de Direito Privado as partes não podem praticar atos proibidos pelo Direito, tampouco podem quedar-se inertes diante

18 REGIME JURÍDICO DOS PROCESSOS ADMINISTRATIVOS

de comportamentos obrigados por ele. Citamos, como exemplo, a impossibilidade jurídica de ser celebrado contrato cujo objeto seja a herança de pessoa viva, diante da expressa vedação do art. 426 do Código Civil.

Norberto Bobbio, ao teorizar sobre a dicotomia entre público e privado,[1] afirma que ela compreende outros aspectos além da distinção entre normas de Direito Público e normas de Direito Privado. Trata o autor da dicotomia entre sociedade de iguais e desiguais; lei e contrato; e justiça comutativa e distributiva.[2]

De fato, enquanto o Direito Privado está alicerçado sobre relações jurídicas entre iguais que fazem uso da autonomia da vontade para atingir objetivos traçados pelos interessados, o Direito Público lida com a desigualdade das partes e submete as atividades administrativas ao princípio da legalidade[3] e à perseguição do interesse público primário. Sob outro enfoque, o da justiça, o Direito Privado se relaciona com a justiça comutativa, que governa as relações entre particulares e é, corriqueiramente, definida com a expressão "dar a cada um o que é seu", enquanto o Direito Público ocupa-se da justiça

---

1. Importante contribuição para a distinção entre Direito Público e Privado nos deu o saudoso publicista Oswaldo Aranha Bandeira de Mello: "as normas jurídicas que organizam o Estado-poder e regulam a sua ação – seja em relação com outros Estados, seja em relação com a própria entidade, através dos seus órgãos, ou com outras pessoas, que receberam o encargo de fazer as suas vezes, ou mesmo com terceiros, particulares, no Estado-sociedade, a fim de realizar o *objetivo* deste – são de valor social diferente das normas jurídicas prescritas para regerem as relações dos particulares, entre si, ou das comunidades por eles formadas. Isso se explica porque ordenam institutos jurídicos para o Estado-poder alcançar o bem comum dos indivíduos coletivamente considerados, como elementos do Estado-sociedade, como participantes de um todo político. Não se confundem com os oferecidos aos particulares para alcançarem imediatamente o seu bem individual, de cada qual isoladamente considerado, nas suas relações recíprocas" (*Princípios Gerais de Direito Administrativo*, vol. I, São Paulo, Malheiros Editores, 2007, p. 39).

2. V. *Estado, Governo, Sociedade: por uma Teoria Geral da Política*, 4ª ed., São Paulo, Paz e Terra, 1995.

3. A concepção de legalidade sofreu forte influência do positivismo jurídico e consagrou-se como princípio limitador da atividade administrativa, impondo a autoridade da lei tanto para administradores quanto para administrados. Sobre a submissão da atividade administrativa à lei, Francis-Paul Bénoit afirma: "C'est là ce que l'on appelle le 'principe de la légalité', qui domine toute l'action administrative, la loi s'impose à l'Administration de la même manière qu'aux particuliers" (*Le Droit Administratif Français*, Paris, Dalloz, 1968, p. 77).

INTRODUÇÃO 19

distributiva, que se relaciona à repartição dos benefícios entre os membros da sociedade de acordo com critérios variáveis em face da diversidade de situações objetivas (dar a cada um o que lhe cabe, segundo o mérito, a necessidade, o trabalho).

A principal diferença entre as relações regidas pelo Direito Privado e pelo Direito Público – a presença da autonomia da vontade naquele campo e a ausência, neste – é visível, então, quando o Direito permite determinado comportamento, sem, contudo, obrigá-lo.

É no modal deôntico *permitido* que notamos a presença da autonomia da vontade nas relações regidas pelo Direito Privado, e da noção de função, como dever de atendimento ao interesse público, naquelas regidas pelo Direito Público. Quando o Direito prescreve uma permissão em uma relação jurídica regida pelo Direito Privado, significa que o destinatário da norma poderá ou não adotar aquele comportamento, conforme lhe pareça mais conveniente. Diversamente, quando o Direito vale-se do condicional deôntico *permitido* em uma norma de Direito Público, a realização da conduta fica condicionada ao atendimento da finalidade do Estado, qual seja, o atendimento do interesse público.

Enquanto o Direito Privado ocupa-se dos interesses dos indivíduos, o Direito Público tutela o interesse público, e, por isso, a validade dos atos jurídicos firmados sob sua égide dependerá do cumprimento dessa finalidade. A distinção entre Direito Público e Privado, a partir da natureza dos interesses tutelados, levou à construção de normas diversas para disciplinar as relações jurídicas havidas nesses dois grandes ramos do Direito.

A consideração do conjunto dessas normas, de um lado regente das relações jurídico-privadas e, de outro, das relações de Direito Público, levou ao estabelecimento de dois regimes jurídicos diversos,[4]

---

4. Embora atualmente algumas vozes, sedentas de novidade, alardeiem a privatização do Direito Público, defendendo a aplicação de típicos institutos de Direito Privado às relações jurídicas estabelecidas entre o Estado e os administrados, preferimos ressaltar a distinção entre o Direito Público e o Direito Privado por entendermos que essa é a única forma de prestigiar a Constituição da República, que, claramente, estabeleceu um regime diferenciado para as relações disciplinadas pelo Direito Público, *ex vi* do conteúdo do art. 37. No entanto, somos forçados a reconhecer que a tentativa de aproximar o Direito Público do Direito Privado logrou êxito em certas ocasiões, especialmente depois da reforma constitucional promovi-

20 REGIME JURÍDICO DOS PROCESSOS ADMINISTRATIVOS

que, por sua vez, foram subdivididos em outros tantos regimes, de acordo com a especificidade das normas que compõem cada um desses subsistemas.

Os diversos regimes jurídicos de Direito Público, a exemplo do regime jurídico administrativo e do tributário, têm seu nascedouro no Direito Constitucional, que dá a feição a cada um desses subsistemas, fornecendo-lhes as bases normativas às quais serão agregadas novas normas, com aplicação específica a cada ramo do Direito.

A autonomia do Direito Administrativo como ramo jurídico já de há muito é reconhecida em nosso País. Trabalhos e esforços memoráveis, entre os quais se destacam os de Oswaldo Aranha Bandeira de Mello, Cirne Lima, Seabra Fagundes, Themístocles Cavalcanti e, muito especialmente, de Celso Antônio Bandeira de Mello, identificaram o regime jurídico-administrativo, segmentando-o dos demais regimes.

A identificação de um conjunto de regras e princípios próprios do Direito Administrativo possibilitou apartar o seu estudo do Direito Constitucional, embora seja imperioso reconhecer que o domínio dos mais elementares temas de Direito Administrativo exige, antes, o conhecimento do Direito Constitucional, já que este ramo cuida da organização e atuação do Estado, consideradas sob uma perspectiva estática, enquanto o Direito Administrativo trata da dinâmica dessa organização e atuação.

O estudo da atuação do Estado por meio da expedição de atos administrativos e da realização de processos administrativos nos revelou a existência de um conjunto de regras e princípios que regem a realização dos processos administrativos, sem, contudo, ter aplicação generalizada aos institutos de Direito Administrativo. Vimos, a partir daí, que ainda há espaço para a sistematização do regime jurídico do processo administrativo.

---

da pela Emenda Constitucional 19, de 1998. Desde aquela oportunidade, novas formas de atuação estatal foram criadas em nosso ordenamento, permitindo que o Estado se desfaça de alguns de seus deveres mais elementares, transferindo-os à iniciativa privada enquanto permanece na posição de administrador-gerente. Basta lembrarmos da criação das organizações sociais e das organizações da sociedade civil de interesse público, respectivamente, pelas Leis 9.637, de 15.5.1998, e 9.790, de 23.3.1999, que permitem ao Estado, por meio de contratos de gestão e termos de parceria, dispor de bens e recursos públicos, por permissão, sem licitação ou procedimento equivalente.

INTRODUÇÃO 21

O objetivo deste trabalho não é a desconstrução ou a reinvenção do regime jurídico administrativo, mas tão somente a sistematização do regime jurídico processual administrativo a partir da consideração do conjunto de princípios que regem essa matéria.

Entendemos que a interpretação e a aplicação do Direito passam, necessariamente, pela compreensão dos princípios que o informam,[5] mas reconhecemos a extrema dificuldade de se dominar a fundo o conteúdo de todos os princípios vigentes no ordenamento jurídico, dadas a sua extensão e complexidade. Vamos nos ater aos princípios regentes do processo administrativo por ser este o nosso campo de estudo, fazendo, desde logo, a advertência de que muitos dos princípios apresentados regem outras tantas relações jurídicas, não sendo exclusivos do processo administrativo.

Valer-nos-emos de princípios tipicamente estudados nas disciplinas de Processo Civil e de Processo Penal, dada a comunicação dessas matérias com o processo administrativo, para apresentar o rol de princípios que disciplinam o processo administrativo genericamente considerado, já que, por opção metodológica, não adentraremos as especificidades dos tipos de processos administrativos, tais como os processos tributários e previdenciários.

Optamos por sistematizar o conjunto dos princípios que regem os processos administrativos segundo se refiram a processos ampliativos ou restritivos do direito do administrado, por não encontrarmos, na doutrina nacional, tratamento sobre a matéria. Este será, então, o critério utilizado para a apresentação do regime jurídico dos processos administrativos, sem considerar a matéria de fundo objeto do processo.

Para cumprir tal mister, buscamos conceituar o processo administrativo, seguindo os passos dos pioneiros monografistas sobre o assunto, como Manoel de Oliveira Franco Sobrinho[6] e Alberto Pinheiro Xavier[7] e, mais recentemente, Sérgio Ferraz e Adilson Abreu Dallari.[8]

---

5. Esclarecemos, uma vez mais, que o Direito e a Ciência do Direito são unos, sendo a divisão em ramos do Direito apenas uma opção metodológica que permite ao operador conhecer mais profundamente certas peculiaridades dos institutos e relações jurídicas.

6. *Introdução ao Direito Processual Administrativo*, São Paulo, Ed. RT, 1971.

7. *Do Procedimento Administrativo*, São Paulo, José Bushatsky, 1976.

8. *Processo Administrativo*, 2ª ed., São Paulo, Malheiros Editores, 2007.

Defendemos a autonomia do processo administrativo como ramo da Ciência do Direito, tomando por base o regime jurídico próprio revelado, que não se identifica, em sua totalidade, com o regime jurídico do Direito Administrativo.

Tradicionalmente, e não apenas no Brasil, o estudo das normas que regulam o processo administrativo tem sido feito no bojo de obras dedicadas ao estudo do Direito Administrativo. Não negamos a relação existente entre o Direito Processual Administrativo e o Direito Administrativo, sendo este o tronco originário daquele, mas entendemos que o estudo adequado das normas que regulam o processo administrativo deva ser feito na intimidade de um subsistema próprio, o do Direito Processual Administrativo.

A par disso, classificamos os processos administrativos, sem nos furtarmos a explicitar o critério adotado, para, ao final, propormos a sistematização do regime jurídico dos processos administrativos ampliativos e restritivos de direito, identificando os princípios aplicáveis a ambas as espécies processuais e aqueles aplicáveis exclusiva ou prioritariamente a apenas uma delas.

Apresentamos um conjunto de princípios de aplicação geral aos processos administrativos, sem considerar, conscientemente, as variações e peculiaridades afetas aos processos fiscais, previdenciários, regulatórios e outros.

Propomos essa sistematização, reconhecendo nesta monografia apenas um passo para o estudo aprofundado do regime jurídico dos processos administrativos ampliativos e restritivos de direito, salientando que, a nosso ver, a classificação a partir da perspectiva do impacto causado na esfera jurídica do administrado enseja estudos nas diversas áreas do Direito Administrativo, muito especialmente na teoria dos atos administrativos.

Capítulo I
REGIME JURÍDICO

1.1 Noção e valor metodológico do regime jurídico. 1.2 Princípios e regras jurídicas: 1.2.1 Conceito; 1.2.2 Funções; 1.2.3 Aplicação.

1.1 Noção e valor metodológico do regime jurídico

A existência de uma disciplina jurídica autônoma depende do reconhecimento de um regime jurídico que lhe seja próprio e lhe dê identidade, permitindo seu apartamento dos demais ramos da Ciência do Direito.

O regime jurídico desta ou daquela disciplina jurídica nada mais é do que um subsistema dentro do macrossistema do Direito, composto por normas, de maior ou menor densidade jurídica, que guardam entre si uma relação lógica de coerência, unidade e completude.

O estudo científico do Direito exige que seu objeto seja exclusivamente o Direito Positivo, considerado este o conjunto de normas que se manifestam em linguagem com função prescritiva, num dado espaço territorial e em certo intervalo de tempo. O positivismo, aqui, desempenha função metodológica, oferecendo ao cientista o objeto para o estudo, a partir das normas em vigor.

Qualquer que seja a disciplina jurídica em tela, é possível, e bastante recomendável, realizar um estudo segundo o conjunto orgânico e sistemático de normas que a informam, considerando o regime jurídico enquanto categoria básica que permita identificar as vigas mestras daquela ramificação do Direito, independentemente do instituto jurídico que se tenha em vista.

24   REGIME JURÍDICO DOS PROCESSOS ADMINISTRATIVOS

O que propomos, por reconhecermos o valor metodológico do regime jurídico das diversas disciplinas do Direito, é a realização de um estudo que parta do geral para o particular, identificando quais são os princípios básicos que regem determinado plexo de matérias, quais os outros princípios deles decorrentes e como estes subprincípios se relacionam entre si.

A utilização do regime jurídico como instrumento metodológico nos permite uma abordagem abstrata das categorias jurídicas afetas a determinado ramo do Direito, independentemente da consideração de um instituto específico, uma vez que parte do universal, até alcançar o particular.

O valor metodológico do regime jurídico já de há muito é reconhecido por Celso Antônio Bandeira de Mello, em seu notório e exitoso esforço de desvendar o regime jurídico administrativo a partir da identificação das ideias centrais que norteiam o Direito Administrativo, "assim como da metódica dedução de todos os princípios subordinados e subprincípios que descansam, originariamente, nas noções categoriais que presidem sua organicidade".[1]

A identificação de um plexo de normas que forma um sistema[2] ou regime disciplinador de diversas categorias jurídicas, a par de ser da maior utilidade científica, exige do jurista um habilidoso esforço no sentido de desvendar os princípios albergados pelo sistema, já que as regras, por se apresentarem sob a forma de disposições expressas, estão facilmente ao alcance do intérprete.

Os princípios, mais pulverizados no sistema de forma implícita ou explícita, por serem anteriores às regras e informarem a sua produção, são os responsáveis pela harmonia orgânica do sistema, assim como pela sua unidade e coerência.

---

1. Celso Antônio Bandeira de Mello, "O conteúdo do regime jurídico-administrativo e seu valor metodológico", *Revista de Direito Público* 2/8-36.

2. Nas sempre oportunas palavras de Geraldo Ataliba: "O caráter orgânico das realidades componentes do mundo que nos cerca e o caráter lógico do pensamento humano conduzem o homem a abordar as realidades que pretende estudar, sob critérios unitários, de alta utilidade científica e conveniência pedagógica, em tentativa de reconhecimento coerente e harmônico da composição de diversos elementos em um todo unitário, integrado em uma realidade maior. A esta composição de elementos, sob perspectiva unitária, se denomina sistema" (*Sistema Constitucional Tributário Brasileiro*, São Paulo, Ed. RT, 1968, p. 4).

REGIME JURÍDICO 25

Os princípios a que nos referimos são aqueles acolhidos pelo Direito Positivo que, jurisdicizando seu conteúdo, os integra ao ordenamento jurídico, tornando-os, ao lado das regras, objeto de estudo do cientista do Direito.

Conhecidos os princípios, que são as linhas mestras que informam determinada segmentação de um campo do conhecimento, o domínio completo daquela parcela dependerá apenas da consideração das regras específicas incidentes sobre o instituto em questão.

Nenhum estudo que se pretenda caracterizar como científico pode partir de elementos particulares, descuidando de conceitos gerais que servem de base para qualquer investigação nas diversas áreas do conhecimento humano.

O estudo que toma o Direito como objeto não foge a essa regra. Para conhecer a fundo alguma categoria jurídica específica é necessário, antes, que o estudioso domine as categorias jurídicas básicas daquele ramo do Direito, dentre as quais estará o regime jurídico que o preside.

Para que se possa, então, conhecer os meandros dos processos administrativos de controle, sancionadores, concorrenciais e demais espécies que se possa alcançar pela adoção de diversos critérios de classificação, é imperioso o contato inicial e o domínio do regime jurídico processual administrativo.

Embora entre nós as obras sobre processo administrativo tenham se multiplicado nos últimos anos, especialmente após a edição da Lei federal de Processo Administrativo – Lei 9.784, de 29.1.1999[3] – não encontramos, infelizmente, estudos dedicados a delinear o regime jurídico processual administrativo com os princípios que o informam e o modo como se relacionam entre si.

---

3. Citamos as obras de autoria de Egon Bockmann Moreira (*Processo Administrativo: Princípios Constitucionais e a Lei 9.784/1999*, 3ª ed., São Paulo, Malheiros Editores, 2010); José dos Santos Carvalho Filho (*Processo Administrativo Federal: Comentários à Lei 9.784 de 29/1/1999*, Rio de Janeiro, Lumen Juris, 2001); Mônica Martins Toscano Simões (*O Processo Administrativo e a Invalidação de Atos Viciados*, São Paulo, Malheiros Editores, 2004), Carlos Ari Sundfeld e Guillermo Andrés Muñoz (coordenadores) (*As Leis de Processo Administrativo: Lei Federal 9.784/99 e Lei Paulista 10.177/98*, 1ª ed., 2ª tir., São Paulo, Malheiros Editores, 2006), e de Lúcia Valle Figueiredo (*Ato Administrativo e Devido Processo Legal*, São Paulo, Max Limonad, 2001).

A utilidade do regime jurídico como instrumento de imensurável valor metodológico nos levou a adotá-lo como ferramenta no estudo do processo administrativo.

Não há como negar que no Estado brasileiro, no qual encontramos fortes ranços de autoritarismo, haja necessidade de estabelecer normas destinadas a criar mecanismos que, de um lado, limitem o poder exercido pelos governantes, impondo a autoridade da Constituição e da lei, e, de outro, garantam as liberdades individuais dos administrados consagradas pela Lei Maior.

A proposta de se estabelecer um conjunto sistematizado de princípios e regras que informam o processo administrativo e que permitem a sua utilização como instrumento de garantia dos direitos dos administrados se deve ao reconhecimento de sua importância, tal como consagrado pela Constituição da República em muitas passagens, e, especialmente, no art. 5º, LV.[4]

A noção de regime jurídico, de supino valor metodológico em todos os ramos do Direito, será para nós ainda mais valiosa, já que pretendemos, nas linhas a seguir, apresentar o regime jurídico do processo administrativo por meio da especificação daqueles princípios que o informam e que não presidem, necessariamente, as relações jurídico-administrativas de índole material, a partir da identificação daquele que consideramos o princípio mestre dessa ramificação do Direito Público e dos subprincípios que dele decorrem.

1.2 Princípios e regras jurídicas

Fixada a noção de regime jurídico como sendo um plexo de normas que forma um subsistema uno, completo e coerente, cumpre desvendarmos em qual acepção a palavra norma é tomada.

Essa missão, embora um tanto árdua, faz-se necessária em face da textura aberta da linguagem, conforme nos ensina Agustín Gordillo.[5]

---

4. "Art. 5º. (...) LV – aos litigantes, em processo judicial ou administrativo, e aos acusados em geral são assegurados o contraditório e ampla defesa, com os meios e recursos a ela inerentes."

5. "(...) el lenguaje natural tiene como siempre textura abierta: no puede lograrse precisión las definiciones, palabras o símbolos, a menos que construyamos un lenguaje artificial" (*Tratado de Derecho Administrativo*, t. 1, 7ª ed., Belo Horizonte, Del Rey, 2003, p. I-15).

REGIME JURÍDICO

A linguagem vulgar ou natural não se preocupa em eliminar a vagueza e ambiguidade das palavras, ou seja, garantir que cada rótulo faça referência a um único conteúdo precisamente delimitado.

Se a imprecisão terminológica pode ser aceita na linguagem natural, na linguagem científica deve ser repelida, a fim de evitar a profusão de controvérsias supostamente científicas que, em verdade, não passam de batalhas semânticas.[6]

Reconhecendo que a linguagem é um sistema de símbolos convencionais,[7] isto é, que não existe nenhuma relação necessária entre as palavras e o objeto que elas designam, entendemos, apoiados nas primorosas lições de Genaro Carrió, que definir uma palavra é explicitar as regras de seu uso e o sentido no qual a empregamos.

Cumprindo esse mister, apresentamos o sentido no qual empregamos a expressão norma jurídica, para em seguida tratar dos princípios e das regras que compõem o ordenamento jurídico.

Inicialmente, impende destacar que a norma jurídica é uma espécie do gênero norma e por isso tem a mesma estrutura tripartite que qualquer outra, sendo composta de (a) hipótese, que é a previsão abstrata de um dado fato, (b) mandamento, que é a prescrição de um comportamento e (c) sanção, que é a consequência jurídica desfavorável imputada ao responsável pela violação do mandamento.

A norma jurídica, além de prescrever a relação jurídica resultante da realização do fato descrito na hipótese da norma primária, também prescreve a sanção que resultará do descumprimento da conduta desejada pelo Direito (norma secundária).

Quanto à estrutura, as normas jurídicas não se diferenciam das normas éticas, religiosas ou sociais; a particularidade da norma jurídi-

---

6. Nas precisas palavras de Genaro Carrió: "Hasta se podría decir, sin pecar de exageración, que la mayor parte de las agudas controversias que, sin mayor beneficio, agitan el campo de la teoría jurídica, deben su origen a ciertas peculiaridades del lenguaje y a nuestra general falta de sensibilidad hacia ellas" (*Notas sobre Derecho y Lenguaje*, 5ª ed., Buenos Aires, Abeledo-Perrot, 2006, p. 91).

7. Essa assertiva pode ser comprovada por meio da análise da linguagem utilizada por determinados grupos de pessoas, sejam profissionais de uma mesma categoria, um grupo de esportistas, jovens de certa região geográfica. Todas essas pequenas sociedades convencionam utilizar rótulos existentes para situações diversas daquelas comumente designadas. A este fenômeno os linguistas denominam gíria.

28 REGIME JURÍDICO DOS PROCESSOS ADMINISTRATIVOS

ca está na imposição da sanção, pelo descumprimento do mandamento, de forma coercitiva pelo Estado. Todas as normas de comportamento citadas acima são imperativas, mas só a norma jurídica autoriza a coação. O Direito impõe-se. Para Hans Kelsen, o Direito é "uma ordem coativa",[8] pois as sanções por ele prescritas podem ser impostas coercitivamente aos indivíduos, inclusive com o emprego da força.[9]

A nosso ver, aí está rigorosamente a nota característica da norma jurídica que a distingue das demais categorias de normas – a imposição coativa da sanção diante da violação à prescrição veiculada por meio da norma.[10]

Poderíamos ainda distinguir as normas de comportamento, categoria que compreende as normas jurídicas, das normas naturais segundo o critério da relação entre hipótese e consequente. Nas normas naturais, a consequência decorre da hipótese, há uma relação de causalidade entre os elementos da norma. Em relação às normas de comportamento, o que se tem é uma relação de imputação, uma vez que, ocorrida a hipótese, deve ser o consequente.[11]

A norma jurídica é, então, em nosso entendimento, uma prescrição, de variável grau de abstração e generalidade, que se impõe coercitivamente para qualificar situações jurídicas e prescrever comportamentos humanos obrigatórios, permitidos ou proibidos.

Mas a norma jurídica não pode ser reduzida ao enunciado contido no texto legal, tomado este em sentido amplo, a compreender o texto da Constituição, das leis de qualquer espécie e dos atos regulamentares e normativos. A norma jurídica é o resultado do ato de

---

8. *Teoria Pura do Direito*, 7ª ed., São Paulo, Martins Fontes, 2006, p. 37.

9. Kelsen adverte que a afirmação de que o Direito é uma ordem coativa não significa, como às vezes se assevera, que a força pertença à essência do Direito, uma vez que o ato de coação só deve ser efetivado quando se verifique não a conduta prescrita, mas o comportamento que é contrário ao Direito (*Teoria Pura do Direito*, cit., pp. 33-60).

10. Para Lourival Vilanova, a norma primária sem a secundária desjuridiciza-se (*Causalidade e Relação no Direito*, 4ª ed., São Paulo, Ed. RT, 2000, p. 190).

11. Na brilhante formulação de Kelsen: "Ninguém pode negar que o enunciado: tal coisa é – ou seja, o enunciado através do qual descrevemos um ser fático – se distingue essencialmente do enunciado: algo deve ser – com o qual descrevemos uma norma – e que da circunstância de algo ser não se segue que algo deva ser, assim como da circunstância de que algo deve ser não se segue que algo seja" (*Teoria Pura do Direito*, cit., p. 6).

apreensão, é a "significação"[12] do enunciado, ou, em outras palavras, o produto que não deve ser extraído apenas do texto de lei, mas do sistema de normas.

Com a genialidade que o caracteriza, Hans Kelsen ensina que o Direito não se compreende examinando uma norma em si, mas o conjunto das normas. Mais do que considerar as diversas normas vigentes como um conjunto, é preciso enxergá-las como um conjunto orgânico que se relaciona entre si.[13]

Para essa peculiaridade, Norberto Bobbio chama a atenção ao afirmar que a norma jurídica "era a única perspectiva através da qual o Direito era estudado, e que o ordenamento jurídico era no máximo um conjunto de normas, mas não um objeto autônomo de estudo, com seus problemas particulares e diversos. Para nos exprimirmos com uma metáfora, considerava-se a árvore, mas não a floresta".[14]

E continua: "(...) Não foi possível dar uma definição do Direito do ponto de vista da norma jurídica, considerada isoladamente, mas tivemos de alargar nosso horizonte para a consideração do modo pelo qual uma determinada norma se torna eficaz a partir de uma complexa organização que determina a natureza e a entidade das sanções, as pessoas que devem exercê-las e sua execução. Essa organização complexa é o produto de um ordenamento jurídico".[15]

É a consideração do ordenamento jurídico como o sistema de normas que se relacionam entre si que nos permite afirmar ser a sua composição feita por normas categoriais e por normas que delas decorrem, sendo que as primeiras, de maior grau de abstração, são denominadas de princípios, enquanto as segundas levam o rótulo de regras.

Para Celso Antônio Bandeira de Mello, "interconhecer e posteriormente interpretar um sistema jurídico é precisamente poder proceder, estar em condições de proceder àquelas sínteses fundamentais, isto é, a absorção dos princípios matrizes do sistema, que se

12. Paulo de Barros Carvalho, *Curso de Direito Tributário*, 10ª ed., São Paulo, Saraiva, 1998, p. 6.

13. *Teoria Pura do Direito*, cit., pp. 37 e ss.

14. Norberto Bobbio, *Teoria do Ordenamento Jurídico*, 6ª ed., Brasília, Editora Universidade de Brasília, 1995, p. 20.

15. Idem, ibidem.

30   REGIME JURÍDICO DOS PROCESSOS ADMINISTRATIVOS

irradiam por todo ele, que influem diretamente em certas e determinadas normas".[16]

Adverte o Professor Emérito da Pontifícia Universidade Católica de São Paulo: "quem, interpretando alguma coisa, se apega excessivamente à norma corre o risco de ofender todo o sistema, de praticar um ato de subversão. Subverte a lógica do sistema. É muito mais grave, na interpretação, transgredir um princípio, do que uma norma".[17-18]

Oportuno advertir que, no passado, negava-se aos princípios a natureza de norma jurídica. O entendimento predominante repudiava a normatividade dos princípios jurídicos, sob o argumento de que o alto grau de vagueza e sua formulação descritiva não permitiam a qualificação como norma jurídica de conteúdo essencialmente prescritivo.[19]

Aos poucos, a Ciência do Direito foi reconhecendo o caráter normativo dos princípios por meio de elaborações metodológicas de orientação jusnaturalista, positivista e pós-positivista, segundo Paulo Bonavides.[20] Para o autor, a primeira fase (jusnaturalista) "concebe os princípios gerais de Direito, segundo assinala Fórez-Valdez, em forma de 'axiomas jurídicos' ou normas estabelecidas pela razão. São, assim, normas universais de bem obrar. São os princípios de justiça, construtivos de um Direito ideal. São, em definitivo, 'um conjunto de verdades objetivas derivadas da lei divina e humana'".[21]

Na segunda fase (positivista), os princípios são compreendidos como "válvulas de segurança"[22] que "garantem o reinado absoluto da

16. "Considerações em torno dos princípios hermenêuticos", *Revista de Direito Público* 21/143.

17. Idem, p. 144.

18. Nessa linha também é a valiosa contribuição do Ministro do Supremo Tribunal Federal Eros Grau: "Não se interpreta o direito em tiras, aos pedaços. A interpretação de qualquer texto de direito impõe ao intérprete, sempre, em qualquer circunstância, o caminhar pelo percurso que se projeta a partir dele – do texto – até a Constituição. Um texto de direito isolado, destacado, desprendido do sistema jurídico, não expressa significado normativo algum" (*Ensaio e Discurso sobre a Interpretação/Aplicação do Direito*, 5ª ed., São Paulo, Malheiros Editores, 2009, p. 44).

19. Aprofundar em Walter Claudius Rothenburg, *Princípios Constitucionais*, Porto Alegre, Fabris, 1999.

20. *Curso de Direito Constitucional*, 25ª ed., São Paulo, Malheiros Editores, 2010, p. 261.

21. Idem, p. 262.

22. Idem, ibidem.

REGIME JURÍDICO

lei".[23] Entende-se que os princípios decorrem das leis e têm aplicação subsidiária a elas.

A terceira fase (pós-positivista) inaugura o ingresso dos princípios nas Constituições e culmina com a "proclamação de sua normatividade; a perda de seu caráter de normas programáticas; o reconhecimento definitivo de sua positividade e concretude por obra sobretudo das constituições; a distinção entre regras e princípios como espécies diversificadas do gênero norma; e, finalmente, por expressão máxima de todo esse desdobramento doutrinário, o mais significativo de seus efeitos: a total hegemonia e preeminência dos princípios".[24]

Reconhecendo, portanto, que uma acepção ampla da expressão norma compreende tanto regras como princípios que compõem o ordenamento jurídico, faz-se necessário apresentar as notas que aproximam as categorias, de forma a permitir afirmar que estão contidas no mesmo gênero, e as notas que as distinguem, caracterizando-as como categorias diversas. A essa tarefa nos dedicaremos nas linhas a seguir.

1.2.1 Conceito

Princípios e regras identificam-se como normas jurídicas por serem prescrições que autorizam a coerção. Ambas as categorias se assemelham nesse ponto. No entanto, as regras têm menor grau de abstração e generalidade se comparadas aos princípios.

Informa Robert Alexy: "Tanto regras quanto princípios são normas, porque ambos dizem o que deve ser. Ambos podem ser formulados por meio das expressões deônticas básicas do dever, da permissão e de proibição. Princípios são, tanto quanto as regras, razões para juízos concretos de dever-ser, ainda que de espécie muito diferente. A distinção entre regras e princípios é, portanto, uma distinção entre dois tipos de normas".[25]

Nesse ponto fazemos coro com o autor alemão.

---

23. Idem, ibidem.
24. Idem, p. 294.
25. *Teoria dos Direitos Fundamentais*, trad. de Virgílio Afonso da Silva, São Paulo, Malheiros Editores, p. 83.

32   REGIME JURÍDICO DOS PROCESSOS ADMINISTRATIVOS

As regras são prescrições normativas diretas que impõem um comportamento obrigatório, proibido ou permitido, ou, ainda, que qualificam uma situação jurídica. Assim, podemos dizer que o enunciado prescritivo insculpido no art. 2º, parágrafo único, XIII, da Lei 9.784/1999,[26] abriga duas regras, uma que obriga a Administração Pública, na condução dos processos administrativos, a interpretar as normas de forma a melhor atender ao fim público a que se destinam, e outra que proíbe a aplicação retroativa de nova interpretação. Esse é um exemplo de regras que prescrevem uma conduta obrigatória e um comportamento proibido à Administração Pública. A norma disposta no art. 1º, § 2º, III,[27] da mesma Lei, por sua vez, é exemplo de regra que qualifica uma situação jurídica, no caso, delimitando quem poderá ser qualificado como autoridade, para os efeitos da aplicação daquele diploma legal.

Os princípios, por seu turno, são valores albergados pelo sistema jurídico que apresentam maior grau de abstração e generalidade; isto porque de seu conteúdo não é possível inferir, em regra, um mandamento direto para situações específicas. Enquanto as regras têm aplicação em certas matérias, dependendo do instituto jurídico que se maneje, os princípios são aplicáveis a todos os institutos presididos pelo regime jurídico do qual eles façam parte.

Os princípios estão mais pulverizados no ordenamento jurídico do que as regras. Para extrair seu conteúdo é preciso analisar com acuidade as normas vigentes, delas retirando a sua essência. A fim de exemplificar o conteúdo de um princípio, podemos fazer alusão ao mesmo dispositivo legal utilizado para tratar das regras, qual seja, o art. 2º, parágrafo único, XIII, da Lei 9.784/1999. O exame desse enunciado nos permite verificar que, além de abrigar duas regras, nele ainda se inclui o conteúdo dos princípios da finalidade e da segurança jurídica. Ao determinar que na aplicação das normas a Administração atente para sua finalidade de interesse público, o que faz a Lei Federal de Processo Administrativo é prestigiar a finalidade do ato; assim

---

26. "Art. 2º. (...). Parágrafo único. Nos processos administrativos serão observados, entre outros, os critérios de: (...) XIII – interpretação da norma administrativa da forma que melhor garanta o atendimento do fim público a que se dirige, vedada aplicação retroativa de nova interpretação."

27. "Art. 1º. (...). § 2º Para os fins desta Lei, consideram-se: (...) III – autoridade – o servidor ou agente público dotado de poder de decisão."

REGIME JURÍDICO

também ao prescrever que é vedada a aplicação de nova interpretação, o que quer proteger é o princípio da segurança jurídica, tão caro ao Estado Democrático de Direito.

No entanto, embora possamos encontrar parte do conteúdo dos princípios da finalidade e da segurança jurídica nesse dispositivo infraconstitucional, não há o exaurimento da normatividade dos referidos princípios.

Para alcançar toda a dimensão do princípio da segurança jurídica, por exemplo, é preciso partir da Constituição da República, que protege o direito adquirido, o ato jurídico perfeito e a coisa julgada (art. 5º, XXXVI), condiciona a existência de crime e pena à prévia cominação legal (art. 5º, XXXIX), veda a retroatividade da lei penal, salvo para beneficiar o réu (art. 5º, XL), e percorrer todos os demais títulos da Lei Maior para, depois, alçar voo rumo à legislação infraconstitucional.

Apreender o conteúdo de um princípio jurídico exige mais do que a simples leitura de um enunciado de lei, requer que se extraia do sistema sua essência, seus mandamentos nucleares,[28] os alicerces sem os quais todo o resto desmoronaria.

O significado do termo *princípio* colhido na Ciência do Direito avizinha-se do significado vulgar ou comum de origem, começo, início. Os princípios são realmente o início do sistema normativo, as premissas originárias, as vigas mestras das quais são deduzidas outras normas, de menor generalidade e abstração, que podem ser conceituadas como subprincípios, das quais, por sua vez, decorrem outras normas, ainda menos abstratas e genéricas, e assim sucessivamente até a conformação completa do ordenamento jurídico.

Um determinado princípio jurídico pode ser categorial[29] em relação a outros que dele emanam, por conter maior grau de abstração e

---

28. A expressão foi cunhada por Celso Antônio Bandeira de Mello, para quem princípio é, "por definição, mandamento nuclear de um sistema, verdadeiro alicerce dele, disposição fundamental que se irradia sobre diferentes normas, compondo-lhes o espírito e servindo de critério para exata compreensão e inteligência delas, exatamente porque define a lógica e a racionalidade do sistema normativo, conferindo-lhe a tônica que lhe dá sentido harmônico" (*Curso de Direito Administrativo*, 27ª ed., São Paulo, Malheiros Editores, 2010, p. 53).

29. Assim, na sistematização do regime jurídico administrativo apresentada por Celso Antônio Bandeira de Mello, são categoriais os princípios da supremacia do interesse público sobre o privado e da indisponibilidade do interesse público.

34 REGIME JURÍDICO DOS PROCESSOS ADMINISTRATIVOS

generalidade comparativamente aos demais; isso não implica, no entanto, que o princípio do qual os outros decorrem lhes seja hierarquicamente superior.

A nosso ver, inexiste hierarquia entre princípios de mesma categoria; assim, todos os princípios constitucionais são equivalentes entre si e hierarquicamente superiores aos princípios infraconstitucionais.

Para os objetivos deste trabalho, parece-nos suficiente a delimitação do conceito de regras e princípios jurídicos, acompanhado de suas semelhanças e diferenças. Cumprido esse desiderato, passaremos ao exame das funções e aplicação dessas espécies normativas, sem adentrar o tema das classificações dos princípios, por não se revelar útil para o nosso propósito.

1.2.2 Funções

Assim como se dá em relação ao conceito de princípios e regras, a doutrina tampouco se mostra pacífica quando o assunto é a função das referidas espécies de norma jurídica. Há divergência doutrinária quanto à função dos princípios no ordenamento jurídico. A função das regras não desperta maiores debates, dada a sua clareza.

As regras jurídicas apresentam uma só funcionalidade, qual seja, disciplinar o comportamento humano, por meio de prescrições obrigatórias, permissivas ou proibitivas.

Os princípios, por sua vez, são multifuncionais para a ordem jurídica.

A doutrina parece estar assente quanto à função normativa dos princípios, que se identifica com a das regras, já que se prestam a regular e resolver casos concretos do comportamento humano.

Embora a função normativa se estenda tanto aos princípios como às regras, o seu desempenho não ocorre de forma idêntica. Para a aplicação de uma regra, genérica e abstrata, ao caso concreto, é necessário e suficiente que ocorra uma relação de subsunção[30] do fato à hipótese normativa. Assim, a título de exemplo, podemos afirmar que a norma

---

30. Subsunção é o fenômeno de um fato corresponder rigorosamente à previsão hipotética da norma. Diz-se que um fato se subsume à hipótese legal quando, no mundo fenomênico, ocorre exatamente o que a norma havia descrito em sua hipótese.

REGIME JURÍDICO 35

insculpida no art. 39 da Lei 9.784/1999[31] fará irromper as consequências nela descritas (expedição de intimações aos interessados e/ou terceiros, mencionando-se data, prazo, forma e condições de atendimento), quando ocorrer o fato descrito na hipótese normativa (quando for necessária a prestação de informações ou a apresentação de provas pelos interessados ou terceiros). A ocorrência no mundo fenomênico do fato descrito na hipótese da norma é suficiente para que o operador do Direito dê concretude àquela prescrição estática e abstrata, ou, em outras palavras, para que aplique a norma ao caso concreto.

Em se tratando da aplicação dos princípios, a operação parece não ser tão singela como a exposta acima. Antes de aplicar a norma principiológica ao caso concreto, é necessário reduzir, ao máximo, sua generalidade e abstração, fazendo-a atingir um tal grau de abstração que permita sua aplicação.

O processo de redução do nível de abstração e generalidade dos princípios jurídicos como pressuposto para sua aplicação foi denominado por Canotilho de densificação. Para o constitucionalista português, "densificar uma norma significa preencher, completar e precisar o espaço normativo de um preceito constitucional, especialmente carecido de concretização, a fim de tornar possível a solução, por esse preceito, dos problemas concretos".[32]

Somente depois de concluído o processo de densificação da norma dotada de alto nível de abstração e generalidade é que se passa ao processo de concretização, por meio do qual se dá a transição de normas com normatividade mediata para normas concretas ou de normatividade imediata.

Esse processo de concretização ocorre na intimidade das funções legislativa, administrativa e judicial e é levado a efeito pelos atores de cada uma dessas funções do Estado.

A concretização em nível legislativo se dá por meio da edição de leis que dotam de maior densidade a prescrição contida no princípio. Nestes termos, a Lei 9.784/1999 reduziu a abstração e generalidade

---

31. "Art. 39. Quando for necessária a prestação de informações ou a apresentação de provas pelos interessados ou terceiros, serão expedidas intimações para esse fim, mencionando-se data, prazo, forma e condições de atendimento."

32. *Direito Constitucional*, 6ª ed., Coimbra, Almedina, 1993, p. 203.

36 REGIME JURÍDICO DOS PROCESSOS ADMINISTRATIVOS

do conteúdo do princípio do devido processo legal aplicável aos processos administrativos.

No exercício da função administrativa, a Administração Pública, por meio de seus agentes, também realiza operações que objetivam reduzir a abstração dos princípios jurídicos, tornando-os normas de decisão. Assim, quando um órgão da Administração Pública recebe requerimento subscrito por cidadão que veicule pleito fora do âmbito de sua competência e o encaminha ao órgão competente, está dando máxima concretude e eliminando qualquer abstração e generalidade ao princípio do informalismo.

De forma similar, o Poder Judiciário, no exercício de sua função típica, também densifica os princípios, dando-lhes concretude, quando soluciona problemas levados à sua apreciação. Cumprindo esse mister, o Supremo Tribunal Federal decidiu recentemente que a prática conhecida como nepotismo, que consiste na nomeação, por autoridade competente, de parentes para o exercício de cargos de livre provimento e exoneração, viola a Constituição da República,[33] em

33. Em uma das decisões que antecedeu a expedição da Súmula Vinculante 13, o Plenário do Supremo Tribunal Federal declarou, em sede cautelar, constitucional a Resolução do Conselho Nacional de Justiça que regulamenta a proibição do nepotismo no Judiciário. Em brilhante voto, cujo trecho merece transcrição, o Min. Carlos Ayres Britto asseverou: "(...) *35*. O mesmo é de se dizer, acredito, quanto à sintonia de tais conteúdos com os princípios regentes de toda a atividade administrativa do Estado, de modo especial os princípios da impessoalidade, da eficiência e da igualdade (este, somente omitido pelo art. 37 da Constituição porque já proclamado na cabeça do art. 5º e no inciso III do art. 19 da nossa Lei Fundamental). *36*. Em palavras diferentes, é possível concluir que o *spiritus rector* da Resolução do CNJ é debulhar os próprios conteúdos lógicos dos princípios constitucionais de centrada regência de toda a atividade administrativa do Estado. Princípios como: I – o da impessoalidade, consistente no descarte do personalismo. Na proibição do *marketing* pessoal ou da autopromoção com os cargos, as funções, os empregos, os feitos, as obras, os serviços e campanhas de natureza pública. Na absoluta separação entre o público e o privado, ou entre a Administração e o administrador, segundo a republicana metáfora de que 'não se pode fazer cortesia com o chapéu alheio'. Conceitos que se contrapõem à multi-secular cultura do patrimonialismo e que se vulnerabilizam, não há negar, com a prática do chamado 'nepotismo'. Traduzido este no mais renitente vezo da nomeação ou da designação de parentes não-concursados para trabalhar, comissionadamente ou em função de confiança, *debaixo da aba familiar* dos seus próprios nomeantes. Seja ostensivamente, seja pela fórmula enrustida do 'cruzamento' (situação em que uma autoridade recruta o parente de um colega para ocupar cargo ou função de confiança, em troca do mesmo favor); II – o princípio da eficiência, a postular o recrutamento de mão-de-obra qualificada para as atividades públicas, sobretudo em termos

REGIME JURÍDICO 37

especial o *caput* do art. 37. A decisão, que culminou com a expedição da Súmula Vinculante 13,[34] concretizou os princípios da igualdade, moralidade, eficiência e impessoalidade.

de capacitação técnica, vocação para as atividades estatais, disposição para fazer do trabalho um fiel compromisso com a assiduidade e uma constante oportunidade de manifestação de espírito gregário, real compreensão de que servidor público é, em verdade, servidor do público. Também estes conceitos passam a experimentar bem mais difícil possibilidade de transporte para o mundo das realidades empíricas, num ambiente de projeção do doméstico na intimidade das repartições estatais, a começar pela óbvia razão de que já não se tem a necessária isenção, em regra, quando se vai avaliar a capacitação profissional de um parente ou familiar. Quando se vai cobrar assiduidade e pontualidade no comparecimento ao trabalho. Mais ainda, quando se é preciso punir exemplarmente o servidor faltoso (como castigar na devida medida um pai, a própria mãe, um filho, um(a) esposo(a) ou companheiro(a), um(a) sobrinho(a), enfim, com quem eventualmente se trabalhe em posição hierárquica superior?). E como impedir que os colegas não-parentes ou não-familiares se sintam em posição de menos obsequioso tratamento funcional? Em suma, como desconhecer que a sobrevinda de uma enfermidade mais séria, um trauma psicofísico ou um transe existencial de membros de u'a mesma família tenda a repercutir negativamente na rotina de um trabalho que é comum a todos? O que já significa a *paroquial* fusão do ambiente caseiro com o espaço público. Para não dizer a confusão mesma entre tomar posse nos cargos e tomar posse dos cargos, na contramão do insuperável conceito de que 'administrar não é atividade de quem é senhor de coisa própria, mas gestor de coisa alheia' (Rui Cirne Lima); III – o princípio da igualdade, por último, pois o mais facilitado acesso de parentes e familiares aos cargos em comissão e funções de confiança traz consigo os exteriores sinais de uma prevalência do critério doméstico sobre os parâmetros da capacitação profissional (mesmo que não seja sempre assim). Isto sem mencionar o fato de que essa cultura da prevalente arregimentação de mão-de-obra familiar e parental costuma carrear para os núcleos familiares assim favorecidos uma superafetação de renda, poder político e prestígio social. *37*. É certo que todas essas práticas também podem resvalar, com maior facilidade, para a zona proibida da imoralidade administrativa (a moralidade administrativa, como se sabe, é outro dos explícitos princípios do art. 37 da CF). Mas entendo esse descambar para o ilícito moral já uma consequência da deliberada inobservância dos três outros princípios citados. Por isso que deixo de atribuir a ele, em tema de nepotismo, a mesma importância que enxergo nos encarecidos princípios da impessoalidade, da eficiência e da igualdade. *38*. À face destas premissas constitucionais, cabe perguntar: a Resolução que se faz de objeto desta ADC densifica apropriadamente os quatro citados princípios do art. 37 da Constituição? Respondo que sim. Ou, dizendo de modo inverso, não enxergo antinomia de conteúdos na comparação dos comandos que se veiculam pelos dois modelos normativos: o constitucional e o infraconstitucional. Logo, entendo que o CNJ fez adequado uso da competência que lhe outorga a Constituição Federal, após a Emenda 45/04" (Medida Cautelar em Ação Direta de Constitucionalidade 12-6 DF, rel. Min. Carlos Britto, Tribunal Pleno, j. 16.2.2006, *DJ* 1.9.2006, p. 1).

34. "Súmula Vinculante 13. A nomeação de cônjuge, companheiro ou parente em linha reta, colateral ou por afinidade, até o terceiro grau, inclusive, da autoridade

38 REGIME JURÍDICO DOS PROCESSOS ADMINISTRATIVOS

A realização do processo de concretização das normas principiológicas por uma das funções típicas do Estado não impede, e em certas hipóteses até exige, que o processo se repita em outra função. Vejamos: a Constituição da República assegura aos litigantes, em processo administrativo ou judicial, por meio do disposto no art. 5º, LV, a observância dos princípios do contraditório e da ampla defesa. Essa norma, que faz alusão a dois princípios, é dotada de alto grau de abstração e generalidade. Cumprindo o primeiro nível de concretização, o Poder Legislativo editou a Lei Federal de Processo Administrativo, que dispõe em seu art. 3º, III, ser direito dos administrados "formular alegações e apresentar documentos antes da decisão, os quais serão objeto de consideração pelo órgão competente".[35] Por sua vez, a Administração Pública, valendo-se do disposto na referida Lei, deve expedir uma intimação ao interessado, para que este apresente suas alegações no curso de um processo administrativo, dando máxima concretude à norma concebida originalmente com alto grau de abstração.

No atual estágio da ciência jurídica, não vemos argumentos aptos a fundamentar a conclusão pela inexistência da função normativa dos princípios. Percebemos resultado diverso, o de que o caminhar da ciência leva à preeminência dos princípios, diríamos, até, à sua supervalorização.

Oportuno advertir neste momento que alguns estudiosos do Direito na atualidade, ávidos por inovação, procuram apresentar novos princípios extraídos do ordenamento jurídico, cujos conteúdos estão, na maioria das situações, integralmente contidos em outros princípios.

nomeante ou de servidor da mesma pessoa jurídica investido em cargo de direção, chefia ou assessoramento, para o exercício de cargo em comissão ou de confiança ou, ainda, de função gratificada na administração pública direta e indireta em qualquer dos Poderes da União, dos Estados, do Distrito Federal e dos Municípios, compreendido o ajuste mediante designações recíprocas, viola a Constituição Federal" (STF, Sessão Plenária de 21.8.2008, *DO* 29.8.2008, p. 1).

35. Este é apenas um dos dispositivos da Lei 9.784/1999 que assegura o contraditório e a ampla defesa, há, ainda, muitos outros, a exemplo dos arts. 26, 27, parágrafo único, 37 e 46. Por outro lado, não é esse o único diploma legal a densificar os princípios do contraditório e da ampla defesa, outros também o fazem de forma expressa. Citamos, apenas a título de exemplo, e considerando somente matérias afetas ao Direito Administrativo, os arts. 44 da Lei 9.472/1997, 109 da Lei 8.666/1993, 4º, XVIII, da Lei 10.520/2002, 71 da Lei 9.605/1998, 33 da Lei 8.884/1994, 104 da Lei 8.112/1990.

Por vezes, também é possível notar que apenas ocorre a adoção de um novo rótulo para designar um velho conteúdo. Por outras, ainda, se vê um árduo esforço de desconstruir princípios da mais alta importância para o sistema, com o único propósito de desqualificar aqueles que tanto se dedicaram e dedicam à sua afirmação. Todas essas ações, ainda que possam ser motivo de reprovação por alguns, dentre os quais, com a devida vênia, nos incluímos, reforçam a importância dos princípios como base do sistema jurídico, revelando a sua função fundamentadora.

Os princípios são o "marco inicial"[36] do ordenamento jurídico, são as vigas que dão sustentação a todo o sistema normativo,[37] por isso têm, dentre tantas, a função de subordinar outras normas jurídicas que deles são emanadas. Os princípios são irradiações primárias do sistema que levam a outras irradiações derivadas. Conforme se avança na escala de irradiação, é possível verificar a redução paulatina dos níveis de abstração e generalidade.

A função fundamentadora dos princípios está ligada à característica da primariedade que eles ostentam. Os princípios são primários porque constituem o embrião do ordenamento jurídico, sendo o ponto de partida de toda a elaboração normativa. Por esta razão, qualquer norma que se contraponha ao conteúdo dos princípios gerais do Direito, ou que desrespeitar o mandamento normativo de um princípio regente da matéria em questão, será inválida e deverá ser alijada do sistema, uma vez que este não admite contradição.

Nas precisas palavras de Jesús González Pérez, "os princípios jurídicos constituem a base do ordenamento jurídico, 'a parte permanente e eterna do direito e também a cambiante e mutável, que determina a evolução jurídica'; são as ideias fundamentais e informadoras da organização jurídica da Nação".

---

36. Ricardo Marcondes Martins, "A estrutura normativa dos princípios", *Revista Trimestral de Direito Público* 40/131.

37. Francis-Paul Bénoit questiona: "Que sont en effet les principes généraux du droit dégagés par le Conseil d'État?". E afirma: "Un principe général de droit résulte d'une analyse et d'une décision. Le juge commence en effet par dégager l'essence des règles juridiques existantes (...). Imposer le respect de ce principe, reflet profond du droit positif existant, à tous ceux qui sont soumis à ce droit est fort opportun" (*Le Droit Administratif Français*, cit., p. 536).

40 REGIME JURÍDICO DOS PROCESSOS ADMINISTRATIVOS

Ao mesmo tempo em que os princípios constituem o ponto de partida do ordenamento, também podem ser considerados como o ponto de chegada desse sistema, na medida em que a interpretação das normas jurídicas deve reconduzir ao cumprimento dos ditames principiológicos. Esse retorno aos princípios jurídicos, por meio da interpretação,[38] revela a função interpretativa dessa espécie normativa.

Os princípios dirigem a interpretação das demais normas de modo a conformá-las com o seu conteúdo e por isso podem ser considerados verdadeiros vetores de interpretação. Impende salientar, no entanto, que essa função não os transforma em princípios interpretativos,[39] que são aqueles que servem à hermenêutica jurídica[40] e não atuam como norma jurídica.

A função interpretativa dos princípios não autoriza o operador do Direito a desconsiderar as regras existentes; lançando mão exclusivamente dos princípios, o intérprete deve estar atento para a natureza sistêmica do ordenamento, dando à regra a interpretação em conformidade com os princípios.[41]

---

38. A interpretação é a aplicação ao caso concreto de enunciados já estabelecidos pela ciência da hermenêutica.

39. Seguindo a doutrina dos professores Konrad Hesse (*A Força Normativa da Constituição*, Porto Alegre, Fabris, 1991) e J. J. Gomes Canotilho (*Direito Constitucional e Teoria da Constituição*, 3ª ed., Coimbra, Almedina, 1999), ao tratarem dos princípios de interpretação constitucional, destacamos: o princípio da unidade da Constituição; o princípio do efeito integrador; o princípio da máxima efetividade; o princípio da conformidade funcional; o princípio da harmonização; e o princípio da força normativa da Constituição.

40. A hermenêutica jurídica tem por objeto o estudo e a sistematização dos processos aplicáveis, para determinar o sentido e o alcance das expressões do Direito.

41. Atendo-se à função do juiz como aplicador do Direito, Carlos Maximiliano assevera: "Em geral, a função do juiz, quanto aos textos, é dilatar, completar e compreender, porém não alterar, corrigir, substituir. Pode melhorar o dispositivo, graças à interpretação larga e hábil; porém não negar a lei, decidir o contrário do que a mesma estabelece. A jurisprudência desenvolve e aperfeiçoa o Direito, porém como que inconscientemente, com o intuito de o compreender e bem aplicar. Não cria, reconhece o que existe, não formula, descobre e revela o preceito em vigor e adaptável à espécie. Examina o Código, perquirindo das circunstâncias culturais e psicológicas em que ele surgiu e se desenvolveu o seu espírito; faz a crítica dos dispositivos em face da ética e das ciências sociais, interpreta a regra com a preocupação de fazer prevalecer a justiça ideal (*richtiges Recht*), porém tudo procura achar e resolver com a lei, jamais com a intenção descoberta de agir por conta própria, *praeter* ou *contra legem*" (*Hermenêutica e Aplicação do Direito*, 14ª ed., Rio de Janeiro, Forense, 1994, p. 80).

A última, porém não menos importante, função dos princípios é a integradora. Os princípios permitem a colmatação de lacunas, ou seja, a eles incumbe a tarefa de integrar a ordem jurídica quando constatada a inexistência de norma específica disciplinando o caso concreto em exame. É o que expressamente prescreve a Lei de Introdução ao Código Civil,[42] verdadeira lei de introdução a todo o sistema jurídico pátrio.

A função integradora dos princípios deve ser examinada em conjunto com a função normativa, já que, diante de uma omissão legislativa, o operador do Direito extrairá do próprio sistema[43] normas principiológicas aptas a disciplinar a situação.

Feitas essas considerações sobre as funções dos princípios, que nos revelam a sua riqueza, extensão e profunda importância para o ordenamento jurídico, somos levados, agora, a tratar de sua aplicação, ao lado das regras jurídicas.

1.2.3 Aplicação

Já fizemos um apanhado, ainda que sucinto, da forma de aplicação das regras e dos princípios, afirmando que as primeiras aplicam-se por meio de uma operação de subsunção, ao passo que os segundos necessitam ser densificados para poderem ser concretizados.

A aplicação da norma é um ato posterior à sua interpretação, fase em que os princípios relevam-se de grande utilidade. Ao se deparar com o enunciado normativo, o operador o interpretará extraindo dele a norma jurídica para então passar à aplicação do mandamento.

---

42. "Art. 4º. Quando a lei for omissa, o juiz decidirá o caso de acordo com a analogia, os costumes e os princípios gerais de direito."

43. Ao tratar dos princípios gerais do Direito, o ilustríssimo Professor Oswaldo Aranha Bandeira de Mello os compreende como antecedentes do ordenamento jurídico-positivo, envolvendo tais princípios "teses jurídicas comuns à civilização e à cultura de dada época histórica, constituindo os princípios do direito natural mediato, de conteúdo progressivo, como expressão real do ideal de determinado tempo e em certo espaço como etapa da evolução e do progresso social dos povos, e de direito natural imediato, estável, que decorrem da natureza das coisas, necessárias para toda a vida social humana, e que não tenham sido expressamente acolhidos pelo direito positivo de cada Estado" (*Princípios Gerais de Direito Administrativo*, cit., p. 421).

42 REGIME JURÍDICO DOS PROCESSOS ADMINISTRATIVOS

Sobre a aplicação dos princípios e das regras, merecem destaque as obras de Ronald Dworkin[44] e Robert Alexy,[45] que tanto contribuíram para afirmar o caráter normativo dos princípios. Ao tratarem da aplicação das regras, os juristas norte-americano e alemão afirmam, cada qual ao seu modo, que as regras ou são aplicáveis ou não são, sendo impossível sopesá-las. Para ambos, todas as regras têm o mesmo peso, ao passo que os princípios são de pesos variáveis, mensuráveis diante do caso concreto.

Nas palavras de Dworkin, "as regras são aplicáveis à maneira do tudo-ou-nada. Dados os fatos que uma regra estipula, então ou a regra é válida, e nesse caso a resposta que ela fornece deve ser aceita, ou não é válida, e neste caso em nada contribui para a decisão".[46]

Fazendo uso da terminologia que adotamos, poderíamos dizer que diante de um caso concreto ou há a subsunção do fato à norma ou não há, hipótese em que ela não terá aplicação.

Em relação aos princípios a dinâmica é bem diversa. Não se aplica a regra "all or nothing", os princípios são aplicados, de acordo com os ensinamentos de Dworkin e Alexy, segundo os critérios de peso ou importância, pois encerram mandados de otimização, e por isso podem ser cumpridos em distintos graus.

Os autores citados apresentam a diferença entre regras e princípios a partir da colisão destes e do conflito daquelas.

Para Ronald Dworkin, "os princípios possuem uma dimensão que não é própria das regras jurídicas: a dimensão de peso ou importância. Assim, quando se entrecruzam (...), quem há de resolver o conflito deve levar em conta o peso relativo de cada um deles.

"(...) As regras não possuem tal dimensão. (...) Não podemos afirmar que uma delas, no interior do sistema normativo, é mais importante do que outra de modo que, deva prevalecer uma em virtude do seu peso maior. Se duas regras entram em conflito, uma delas não é válida."[47]

---

44. *Levando os Direitos a sério*, São Paulo, Martins Fontes, 2002.
45. *Teoria de los Derechos Fundamentais*, cit.
46. *Levando os Direitos a sério*, cit., p. 36.
47. Idem, pp. 77-78.

REGIME JURÍDICO   43

Nas palavras de Robert Alexy, *"princípios* são normas que ordenam que algo seja realizado na maior medida possível dentro das possibilidades jurídicas e fáticas existentes. Princípios são, por conseguinte, *mandados de otimização*, que estão caracterizados por poderem ser satisfeitos em graus variados e pelo fato de que a medida devida de sua satisfação não depende somente das possibilidades fáticas, mas também das possibilidades jurídicas. O âmbito das possibilidades jurídicas é determinado pelos princípios e regras colidentes".[48]

Para esses autores, o conflito de regras será solucionado no campo da validade, ou seja, se duas regras forem contrárias, uma delas será declarada inválida, ou, na observação de Alexy, será introduzida em uma das regras uma cláusula de exceção apta a eliminar o conflito.

A colisão de princípios não será solucionada da mesma forma; para cumprir essa missão, será utilizado o critério do peso, apresentado por Dworkin, ou o critério da ponderação [*lei do sopesamento*], formulado por Alexy. Ambos apregoam que quando dois princípios entram em colisão, um deve ceder frente ao outro, de acordo com as nuanças do caso concreto.

O princípio que cede espaço a outro não é invalidado, tampouco nele se insere uma cláusula de exceção, a sua força normativa estática continua sendo exatamente a mesma, apenas na dinâmica da norma, e naquele especialíssimo caso concreto é que ele será precedido por outro princípio.

Não temos aqui o objetivo de analisar a fundo as teorias formuladas por Ronald Dworkin e Robert Alexy, mas apenas de desvendar a forma de aplicação das regras e dos princípios.

Estamos de acordo com referidos autores quando afirmam que a regra ou se aplica ou não se aplica. No entanto, a consideração a respeito dos princípios, com a devida vênia, não nos parece tão correta quanto a primeira, mas isso se dá exclusivamente porque nosso conceito de princípio, já apresentado, é diferente dos autores que desenvolveram o critério do peso e da ponderação. A nosso ver, a regra da ponderação não vale para todos os casos. Dentro do sistema jurídico, como afirmamos anteriormente, há princípios que são categoriais em

48. *Teoria dos Diretos Fundamentais*, cit., p. 86.

44 REGIME JURÍDICO DOS PROCESSOS ADMINISTRATIVOS

relação a outros porque consolidam as pedras fundamentais do ordenamento jurídico.

Esses princípios categoriais são, a nosso juízo, absolutos e, consequentemente, não podem ser sopesados com outros princípios, isto é, não se submetem ao critério da ponderação.[49] Para outros princípios, que podemos denominar de relativizáveis, a ponderação é possível e oportuna. Vejamos.

A presunção de inocência é um princípio constitucional, albergado pelo art. 5º, LVII, da Constituição da República, e, como tal, de acordo com a teoria da ponderação, poderia ter seu mandamento sopesado com outro princípio em caso de colisão, sendo que as circunstâncias do caso concreto poderiam apontar para a prevalência *in casu* de outro princípio que precederia este. No entanto, não nos parece que a presunção de inocência comporte abrandamento.[50]

Impende salientar que a presunção de inocência é apenas um dos princípios absolutos que não comporta ponderação, escolhido aleato-

---

49. Importante destacar que Robert Alexy também afirma que alguns princípios são insuscetíveis de relativização, mas por fundamento diverso do nosso. Para nós a barreira à ponderação é a natureza categorial de dado princípio. Para o autor alemão, é a natureza de regra que alguns princípios ostentam, por não serem mandamentos de otimização, já que não admitem aplicação graduável. Assim, como verdadeiras regras, ou têm aplicação ou não têm.

50. Provocado pela Associação dos Magistrados Brasileiros, o Supremo Tribunal Federal decidiu, por nove votos a dois, pela improcedência da ação na qual se requeria que a Justiça Eleitoral pudesse barrar a candidatura de políticos que respondem a processos criminais ou que já tenham sido condenados, ainda que as condenações não sejam definitivas. O relator do processo privilegiou o princípio da presunção da inocência no julgamento e afirmou que a Constituição não deixa margem para interpretação quando fixa que é vedada a cassação dos direitos políticos, salvo em casos de condenação criminal transitada em julgado. Para o Ministro Celso de Mello, a discussão, ainda que de interesse eleitoral, invoca princípios de proteção da pessoa em relação ao poder do Estado: "Não faz sentido considerar um candidato inelegível que ainda não foi condenado em caráter definitivo. É tão grave a sanção que decorre de uma condenação transitada em julgado que ela afeta até a capacidade eleitoral do cidadão. Ela retira a pessoa do atributo da cidadania. Sendo assim, é razoável que se exija o trânsito em julgado para que se justifique tamanha restrição de um direito básico que é o de ser votado". Merece registro, nesse mesmo julgamento, o voto divergente do Ministro Carlos Ayres Britto, que aplicou a teoria da ponderação aos princípios da presunção de inocência e da moralidade, dando maior peso ao segundo (Arguição de Preceito Fundamental 144, rel. Min. Celso de Mello, Tribunal Pleno, j. 6.8.2008, *DJ* 18.8.2008).

riamente para demonstrar nosso ponto de vista. Ao lado dele, poderíamos fazer alusão aos princípios da dignidade da pessoa humana e da tipicidade penal, dentre outros.

Feito esse apanhado sobre os princípios e as regras, passaremos a cuidar do tema processo administrativo, para, em seguida, retomar a questão dos princípios quando do tratamento do seu regime jurídico.

Capítulo II
PROCESSO ADMINISTRATIVO

2.1 O processo administrativo como espécie do gênero processo. 2.2 A disciplina legal do processo administrativo: 2.2.1 A Lei 9.784/1999. 2.3 Conceito de processo administrativo. 2.4 Processo e procedimento: para além de uma questão semântica. 2.5 Finalidade do processo administrativo. 2.6 Processo administrativo e democracia: binômio indissociável.

2.1 O processo administrativo como espécie do gênero processo

A apreensão do conceito de processo administrativo e a definição de suas notas características dependem, antes, da compreensão de que esse instituto não passa de uma espécie do gênero processo,[1-2] de há muito estudado e dissecado pelos processualistas.

Para Jesús González Pérez, Professor da Faculdade de Direito de Madrid, é possível explicar, do ponto de vista histórico, a limitação do conceito de processo à função judicial, mas torna-se impossível sus-

---

1. Para Adolfo Merkl: "El derecho procesal administrativo no es más que un caso particular del derecho procesal o, como también suele designarse, del derecho formal en general, y el procedimiento administrativo un caso particular del procedimiento jurídico en general" (*Teoría General del Derecho Administrativo*, Granada, Editorial Comares, 2004, p. 273).

2. Nas palavras de Antonio Carlos de Araújo Cintra, Ada Pelegrini Grinover e Cândido Rangel Dinamarco, "Processo é conceito que transcende ao direito processual. Sendo instrumento para o legítimo exercício do poder, ele está presente em todas as atividades estatais (processo administrativo, legislativo) e mesmo não-estatais (processos disciplinares dos partidos políticos ou associações, processos das sociedades mercantis para aumento de capital)" (*Teoria Geral do Processo*, 26ª ed., São Paulo, Malheiros Editores, 2010, p. 302).

PROCESSO ADMINISTRATIVO

tentar essa redução do ponto de vista jurídico-teórico, porque, segundo o autor, o processo, em sua própria natureza, pode dar-se em todas as funções estatais.[3-4]

Afirmar que o processo administrativo constitui uma espécie de processo não diminui a sua importância no cenário jurídico, ao reverso, engrandece sua natureza de instrumento garantidor da democracia realizável pelo Direito.

Se o processo administrativo é, como o são também os processos legislativos e judiciais, uma espécie do gênero processo,[5] a elaboração do seu conceito e a investigação da respectiva natureza jurídica devem partir do exame das diversas teorias já produzidas na Ciência do Direito, dentre as quais merecem destaque aquelas cultivadas no campo do Direito Processual Civil, ramo que mais abundantemente dedicou-se ao exame da matéria.

Estamos certos de que o processo administrativo é uma espécie do gênero processo, com a particularidade de que este se desenvolve na intimidade da função administrativa,[6] enquanto os processos de criação das leis e de resolução dos conflitos mediante atuação do Po-

---

3. *Derecho Procesal Administrativo*, t. I, Madrid, Instituto de Estudios Políticos, 1957, p. 46.

4. Esta também é a posição de Celso Antônio Bandeira de Mello (*Curso de Direito Administrativo*, cit., pp. 489-490).

5. É o que se infere dos ensinamentos de José Antonio Ubierna: "El derecho que estatuye esas reglas y que trata de la función judicial en su desenvolvimiento en la práctica, es el chamado procesal, aceptando este término en el sentido estricto. No vamos á estudiar este derecho ni á analizar el concepto de procedimientos que de él se deriva (...), sino simplemente á hacer indicación de dichas ideas para deducir que cuando los procedimientos afectan á la tramitación técnica que ha de observarse en las actuaciones que se siguen ante la Administración para el ejercicio de las funciones propias del Poder ejecutivo, aquéllos tienen el carácter de administrativos, y con este título habrán de denominarse" (*Procedimientos Administrativos*, Madrid, Hijos de Reus Editores, 1914, p. 19).

6. Adotamos o conceito de função administrativa proposto por Celso Antônio Bandeira de Mello, que, ao eleger o critério formal para identificar as funções do Estado, afirma ser "a função que o Estado, ou quem lhe faça as vezes, exerce *na intimidade de uma estrutura e regime hierárquicos* e que no sistema constitucional brasileiro se caracteriza pelo fato de ser *desempenhada mediante comportamentos infralegais* ou, excepcionalmente, infraconstitucionais, submissos todos a *controle de legalidade pelo Poder Judiciário*" (*Curso de Direito Administrativo*, cit., p. 36).

48 REGIME JURÍDICO DOS PROCESSOS ADMINISTRATIVOS

der Judiciário ocorrem, respectivamente, no interior da função legislativa e judicial.[7]

Cada uma dessas espécies processuais – legislativa, judicial e administrativa – apresenta-se por meio de uma sucessão encadeada e itinerária de atos jurídicos, envoltas em um emaranhado de formalidades e se destinam, respectivamente, à elaboração das leis, à solução de conflitos em caráter definitivo e à aplicação da lei ao caso concreto. Cada uma das espécies de processo referidas instrumentaliza a ação estatal em uma de suas funções[8] e por isso está submetida a um regime jurídico peculiar que guarda compatibilidade com a função desempenhada, mas há um núcleo comum que permite identificá-las como espécies do mesmo gênero.

Apresentar a sistematização do regime jurídico processual administrativo de acordo com a classificação de processo que adota-

7. Para Odete Medauar, "o processo exprime o aspecto dinâmico de um fenômeno que se vai concretizando em muitos pontos do tempo. E vai refletir a passagem do poder em atos ou decisões. Assim, processo existe no exercício da função jurisdicional, sobretudo, como sua figura arquetípica, e também na função legislativa e na função administrativa" ("Bases do processo administrativo", in Odete Medauar, *Processo Administrativo: aspectos atuais*, São Paulo, Cultural Paulista, 1998, p. 11).

8. A Constituição Federal de 1988, mantendo a estrutura política das Cartas anteriores (já em 1891, a primeira Constituição Republicana previu, no seu art. 15, a separação orgânica e racional das funções do Estado em três poderes, harmônicos e independentes entre si. As demais Constituições que se seguiram mantiveram a mesma estrutura, embora cada um dos Poderes do Estado tivesse um papel mais ou menos importante de acordo com o momento histórico vivido), adotou a consagrada Teoria da Tripartição de Poderes, prescrevendo, em seu art. 2º, a divisão das funções estatais em três Poderes: o Legislativo, o Executivo e o Judiciário. Historicamente, o princípio da separação de poderes se apresenta como fórmula de enfraquecimento do poder real absoluto. Refletindo sobre esse tema na história da Inglaterra, Locke inicia o desenvolvimento desta doutrina, identificando dois poderes fundamentais: o de fazer leis, o Legislativo; e o de executá-las, se necessário com o auxílio da força, que é o Executivo. Mas é com o Barão de Montesquieu, em sua obra *O Espírito das Leis*, que esta doutrina ganha a dimensão que hoje conhecemos e se torna uma das características básicas no processo denominado constitucionalismo. Não se trata de uma discussão abstrata sobre como organizar o governo, mas de definir instrumentos que possam garantir a liberdade dos indivíduos contra os abusos de poder. Para tanto, é preciso que, pela disposição das coisas, o poder contenha o poder, pois a liberdade estaria perdida se o mesmo homem ou grupo exercesse esses três poderes. Importante destacar que a repartição orgânica e racional das funções do Estado não acarreta a divisão estanque do poder estatal, mas tão somente a especialização daquelas funções, pois é certo que cada um dos poderes exerce suas atividades típicas, mas cumula, também, o desempenho de atribuições atípicas.

PROCESSO ADMINISTRATIVO 49

mos é a nossa missão, mas, para cumpri-la, trataremos, antes, do conceito e da natureza jurídica do gênero processo e de sua espécie administrativa.

Não podemos, contudo, avançar sem fazer uma advertência: a de que o termo processo não é exclusivamente utilizado para designar uma realidade jurídica. Trata-se de um signo corrente na linguagem vulgar que se refere a uma sequência de atos tendentes a um resultado final e conclusivo.[9-10] Processo, analisado em sua etimologia, significa "marchar avante", "adiantar-se", "caminhar para diante", originando-se do substantivo latino *processus*. Assim, fala-se em processo de produção, em referência à prática de atividades que associam trabalho, matéria-prima e instrumentos de produção e que têm como resultado algum bem ou serviço. Da mesma forma, é comum a denominação "processo de criação" para retratar o *iter* de desenvolvimento de trabalhos intelectuais e artísticos. Vê-se, com isso, que o termo processo não tem, em nossa linguagem natural, um significado preciso, como ademais era de se esperar.

No campo da Ciência do Direito, por sua vez, a adoção de dado termo exige do cientista a sua compreensão e delimitação precisas, isto é, a árdua tarefa de desvendar seu significado a partir do signo apresentado. O magistral Sérgio Ferraz adverte que, como o Direito é sempre uma realidade social, deve preferir o jurista, na medida do possível e do útil, conservar o sentido comum das palavras, mas acrescenta que não se nega ao Direito a possibilidade de atribuir ao vocábulo um sentido diferente, confinado ao contexto da ciência jurídica.[11]

Dedicados a essa missão, processualistas de renome apresentaram conceitos de processo, empenhando-se também em revelar a natureza jurídica do referido instituto.

---

9. A expressão é de Celso Antônio Bandeira de Mello (*Curso de Direito Administrativo*, cit., p. 487).

10. Nesse sentido são as observações de Ugo Rocco: "Según una acepción general, se llama proceso el momento dinámico de cualquier fenómeno, es decir, de todo fenómeno en su devenir. Tenemos así un proceso físico, un proceso químico, un proceso fisiológico, un proceso patológico, modos todos ellos de decir que sirven para representar un momento de La evolución de una cosa cualquiera" (*Tratado de Derecho Procesal Civil*, vol. I, Buenos Aires, Depalma, 1976, p. 113).

11. "Processo administrativo: prazos; preclusões", *Revista Trimestral de Direito Público* 26/53-54.

50   REGIME JURÍDICO DOS PROCESSOS ADMINISTRATIVOS

Na busca por um conceito adequado com as premissas fixadas em cada época, a doutrina tratou do processo como contrato, quase-contrato, relação jurídica, situação jurídica, entidade jurídica complexa, instituição e procedimento, revelando ora uma visão privatista, ora uma visão publicista do instituto.[12] Como anota Couture,[13] o estudo da natureza jurídica do processo consiste em determinar se esse fenômeno faz parte de alguma das figuras conhecidas do Direito ou se constitui, por si só, uma categoria especial.

As teorias privatistas referem-se ao processo como sendo contrato e quase-contrato. Na primeira etapa do Direito Romano, o processo era considerado um contrato, na medida em que só era possível mediante acordo de vontades entre as partes envolvidas. Na fase mais remota do direito processual romano, o Estado não dispunha de instrumentos para impor sua decisão na solução de um conflito, então a solução da controvérsia se dava por uma espécie de contrato judicial, por meio do qual as partes se obrigavam a se submeter à decisão final do pretor responsável por dirimir o conflito havido.

A caracterização do processo como contrato perdeu força quando o Estado assumiu, com exclusividade, o exercício da jurisdição. A partir daí, desenvolveu-se a teoria do processo como quase-contrato. Essa classificação obedeceu ao critério de exclusão. Como o processo não ostentava características que lhe permitiam ser enquadrado na categoria dos delitos, nem dos quase-delitos, tampouco dos contratos, foi definido como quase-contrato. A nota característica do quase-contrato está no fato de as obrigações, recíprocas entre as partes, decorrerem da lei e não apenas da vontade das partes. A vontade dos quase-contratantes é condição essencial para a prática do ato, mas não para a produção das obrigações jurídicas dele resultantes, as quais são determinadas pela lei.[14] Compreendia-se que a parte que ingressava

---

12. Aprofundar em Antonio Carlos de Araújo Cintra, Ada Pellegrini Grinover, Cândido Rangel Dinamarco, *Teoria Geral do Processo*, cit., e José Frederico Marques, *Instituições de Direito Processual Civil*, 4ª ed., Rio de Janeiro, Forense, 1971.

13. Eduardo José Couture, *Fundamentos do Direito Processual Civil*, São Paulo, Saraiva, 1946.

14. O art. 1.371 do Código Civil Francês – o famoso Código de Napoleão estabelecia: "Les quasi-contrats sont les faits purement volontaires de l'homme, dont il résulte un engagement quelconque envers un tiers, et quelquefois un engagement réciproque des deux parties".

PROCESSO ADMINISTRATIVO

51

em juízo consentia com a decisão judicial, favorável ou desfavorável, ocorrendo um nexo entre autor e juiz, independente da adesão voluntária do sujeito passivo. A diferença substancial entre a teoria do processo como contrato é que nesta só há consentimento do demandante, obrigando-se o demandado, por força da lei, a acatar a decisão resultante do processo.

As teorias privatistas[15] tratavam do processo no plano do direito material, sem reconhecer-lhe autonomia, contudo elas não resistiram à necessidade de o Estado-juiz impor sua decisão às partes, independentemente de sua anuência. Deu-se, então, nos meados do século XIX, início à elaboração das teorias publicistas do processo. Dentre estas as que ganharam maior fôlego e resistem até os dias atuais são a teoria do processo como relação jurídica, como situação jurídica e como procedimento, que serão examinadas mais adiante. Ficaremos, por ora, com as teorias que, também de índole pública, logo foram superadas.

A teoria da entidade jurídica complexa nunca foi aceita pela ampla doutrina e logo foi rechaçada pela falta de clareza. Para seus defensores, o processo constituía-se ao mesmo tempo de uma relação jurídica complexa (aspecto normativo), situação jurídica complexa (aspecto estático) e ato jurídico complexo (aspecto dinâmico). A complexidade do processo, se não pode ser afastada, não é, de per si, suficiente para caracterizar a natureza do instituto.

A teoria do processo como instituição jurídica foi desenvolvida nos idos de 1940 e teve como seu mais notório representante o espanhol Guasp,[16-17] para quem instituição era um complexo de atividades relacionadas entre si pelo vínculo de uma ideia comum objetiva, ligada à vontade dos diversos sujeitos envolvidos.

Aplicando o conceito ao processo, vê-se que a ideia objetiva comum é a afirmação ou negação da pretensão, que está ligada ao ânimo

15. Jesús Gonzáles Pérez alerta para o fato de as doutrinas privatistas do processo guardarem relevância apenas histórica, dada sua incompatibilidade com o direito vigente (*Derecho Procesal Administrativo*, t. 1, p. 53).

16. Jaime Guasp, *Comentarios a la Ley de Enjuiciamiento Civil*, Madrid, Instituto de Estudios Políticos, 1943.

17. O avanço da teoria também se deve a Couture, que a adotou e divulgou em seus manuais, mas logo a abandonou para integrar a escola do processo como relação jurídica.

das partes do processo em ver solvido o conflito. A ideia comum cria entre as partes, sujeitos do processo, uma série de vínculos de caráter jurídico.

A teoria da instituição, de cunho eminentemente sociológico e não jurídico, concebe o processo como uma criação do Direito para atingir um dos seus fins precípuos, qual seja, solucionar conflitos existentes. Para essa teoria, o processo consiste em uma instituição histórico-cultural e, portanto, existente na realidade sociológica. É fácil perceber que faltam elementos científicos para a afirmação da teoria, especialmente porque o objeto de estudo não recai sobre o Direito, mas sobre o mundo fenomênico.

A apresentação das teorias acima referidas objetiva tão somente contextualizar a natureza jurídica do processo ao longo da história, perpassando sinteticamente pelas teorias mais discutidas, sem que se tenha, com isso, a intenção de abordar minuciosamente cada teoria e suas variantes, o que não seria cabível para os fins do presente trabalho.

Segue-se, agora, um breve exame sobre as teorias que ganharam mais adeptos entre os juristas e que resistem em maior ou menor grau até os dias atuais.

A teoria do processo como relação jurídica foi sistematizada e apresentada por Oskar von Bülow,[18] em 1868, ao escrever uma das primeiras obras científicas sobre direito processual como ramo autônomo da ciência jurídica, denominada "Teoria das exceções e dos pressupostos processuais". Nela, von Bülow afirmava: "o processo é uma relação de direitos e obrigações recíprocos, ou seja, uma relação jurídica".[19] Graças a seu trabalho e a partir dessa obra, o processo passou a ser tido, desenvolvido e visto como um ramo autônomo do Direito pelos processualistas.

---

18. O autor consigna em sua obra que o pioneiro em atribuir ao processo a natureza de relação jurídica foi Bethmann-Hollweg (*Teoria das Exceções e dos Pressupostos Processuais*, Campinas, LZN, 2003). Jesús Gonzáles Pérez, por sua vez, afirma que embora alguns doutrinadores atribuam a concepção desta teoria a juristas italianos, sua nacionalidade é genuinamente alemã. Noticia o douto Professor da Faculdade de Direito de Madrid que Hegel a concebe, Bethmann-Hollweg a sustenta e Bülow a desenvolve (*Derecho Procesal Administrativo*, cit., t. I, p. 56).

19. *Teoria das Exceções e dos Pressupostos Processuais*, cit., p. 1.

PROCESSO ADMINISTRATIVO

Nas palavras de Luiz Guilherme Marinoni, "deve-se a Oskar Bülow uma das mais importantes tentativas de explicar a natureza do processo. A sua teoria, que se tornou conhecida como teoria da relação jurídica processual, é a preferida pela doutrina clássica e pela quase totalidade dos processualistas brasileiros hoje. Dez anos após a polêmica travada entre Windscheid e Muther sobre ação, Büllow publicou [em 1868] a obra intitulada 'Teoria dos pressupostos processuais e das exceções dilatórias', através da qual deu conteúdo teórico à ideia de que no processo há relação jurídica. Frise-se que a ideia de uma relação jurídica entre as partes e o juiz já era intuída à época do direito romano e pelos juristas medievais. A importância da obra de Büllow foi a de sistematizar, embora a partir da teoria da relação jurídica já edificada pelo direito privado – mas com bases em premissas de autonomia do processo em relação ao direito material e da sua natureza pública –, a existência de uma relação jurídica processual de direito público, formada entre as partes e o Estado, evidenciando os seus pressupostos e os seus princípios disciplinadores".[20]

Necessário destacar que a doutrina de Bülow afirmou a natureza jurídica do processo como relação jurídica a partir de uma concepção privatista da mesma, caracterizada como o vínculo jurídico existente entre o credor e o devedor. Para a época em que a teoria foi desenvolvida, relação jurídica e obrigação eram expressões sinônimas.[21]

Ainda que se possa apontar algumas críticas à teoria de Bülow, como de fato foi feito, elas são válidas à medida que se direcionam à acepção em que a expressão relação jurídica foi adotada e não à afirmação de que o processo constitui uma autêntica relação jurídica. Por outro lado, é de se reconhecer que essa teoria teve o mérito de decompor os elementos identificadores da relação jurídico-processual, identificando o elemento subjetivo (autor, réu e juiz), o objeto (prestação jurisdicional) e os pressupostos ((a) a propositura da ação, (b) a capacidade de ser parte e (c) o reconhecimento de um Estado- juiz com poderes de dizer o direito de forma definitiva).

---

20. *Curso de Processo Civil: Teoria Geral do Processo*, vol. I, São Paulo, Ed. RT, 2006.

21. O conceito ainda se aplica ao direito patrimonial privado, mas está a ele restrito.

54 REGIME JURÍDICO DOS PROCESSOS ADMINISTRATIVOS

A teoria do processo como relação jurídica foi duramente criticada por James Goldschmidt.[22] O jurista alemão asseverou, de forma incisiva, que as situações processuais não constituem obrigações, mas ônus, já que, para a obtenção da vantagem prescrita em lei, o interessado tem de adotar o comportamento por ela exigido, e caso não o faça, não lesará a parte contrária, apenas deixará de obter a referida vantagem. Demonstrou que a teoria da relação jurídica não resiste à constatação de que o autor não pode, à margem da lei, exigir uma contraprestação do réu.

De acordo com essa teoria, o processo seria a faceta dinâmica do direito, com alterações estruturais em relação ao direito material; o que naquela esfera era direito subjetivo, converte-se, no processo, em meras possibilidades, expectativas e ônus de praticar atos tendentes a obter o reconhecimento do direito por meio de uma sentença favorável.

A crítica de Goldschmidt à teoria da relação jurídica mereceu acolhida, mas não garantiu a sobrevivência da teoria da situação jurídica, que foi suplantada pela nova acepção de relação jurídica apresentada pela Ciência do Direito. Embora essa teoria tenha sido rejeitada pela maioria da doutrina, teve o mérito de apresentar conceitos de direito processual, como ônus, sujeição, relação funcional do juiz com o Estado, dentre outros, de supina importância no desenvolvimento e evolução do processo civil como ramo autônomo da Dogmática Jurídica.

O conceito de relação jurídica como o vínculo que liga o sujeito ativo, titular de direito subjetivo, ao sujeito passivo, titular de dever jurídico, foi substituído pelo reconhecimento de que a relação jurídica é uma relação entre diversas situações jurídicas, que conectam as partes atribuindo-lhes direitos e poderes e os correspondentes deveres e sujeições.

Reafirmam-se, com isso, a autonomia do direito processual em relação ao direito material[23] e a natureza pública do processo, na medida em que a relação jurídica não se estabelece somente entre o autor

22. *Direito Processual Civil*, Campinas, Bookseller, 2003.
23. Afirma Egon Bockmann Moreira: "O conteúdo específico dessa relação jurídica são direitos, ônus e deveres de natureza processual – não existe relação jurídico-processual que tenha por fundamento autônomo uma hipótese normativa puramente de direito material" (*Processo Administrativo: Princípios Constitucionais e a Lei 9.784/1999*, cit., p. 40).

PROCESSO ADMINISTRATIVO

e o réu, mas especialmente entre cada uma das partes e o Estado-juiz.[24] O processo passa, assim, a ser compreendido como um instrumento de exercício do poder estatal e, portanto, um instituto de Direito Público.[25] Com essa conclusão, afastam-se definitivamente as associações entre o processo e o direito patrimonial privado.

Para Enrico Tullio Liebman, processo determina "a existência de toda uma série de posições e de relações recíprocas entre seus sujeitos, as quais são reguladas juridicamente e, em seu conjunto, formam uma relação jurídica, a *relação jurídica processual*".[26]

A teoria do processo como relação jurídica, com a conotação ora exposta, é amplamente adotada na atualidade, tanto pelo Direito pátrio como pelo alienígena, e evoluiu para o conhecido conceito de "instrumentalidade do processo", que examinaremos mais adiante, não sem antes dedicarmos algumas linhas à teoria do processo como procedimento.

A maioria dos doutrinadores não nega que processo seja também procedimento, ao revés, inclui o procedimento no conceito de processo.[27-28] No entanto, para a teoria do processo como procedimento, aquele é tão somente este, inexistindo outra faceta.

---

24. Anote-se que para Cândido Rangel Dinamarco, entre outros processualistas, a relação jurídica processual se dá de forma angular e exclusiva entre o autor e o Estado-juiz e entre este e o réu, refletindo apenas indiretamente sobre a situação da parte contrária.

25. Segundo o ilustre Chiovenda: "A relação processual é uma relação autônoma e complexa, pertencente ao direito público. Autônoma porque tem vida e condições próprias (...). Complexa, por não inserir um só direito ou obrigação, mas um conjunto indefinido de direitos (...)" (*Instituições de Direito Processual Civil*, vol. I, São Paulo, Saraiva, 2005, pp. 56-57).

26. *Manual de Direito Processual Civil*, trad. de Cândido Rangel Dinamarco, vol. I, 3ª ed., São Paulo, Malheiros Editores, 1985, pp. 63-64.

27. Mesmo Bülow e Goldschmidt afirmavam haver procedimento no processo, no entanto, reconheciam, cada um fiel à sua teoria, que o processo não se esgotava no procedimento. Para Bülow "poder-se-ia, segundo o velho uso, predominar o procedimento na definição do processo, não se descuidando de mostrar a relação processual como a outra parte da concepção" (*Teoria das Exceções e dos Pressupostos Processuais*, cit., p. 8).

28. Para José Roberto dos Santos Bedaque, "*Processo* é simples método de solução de controvérsias, que se desenvolve sob a direção do juiz, segundo determinado procedimento, devendo assegurar às partes ampla possibilidade de participação" (*Efetividade do Processo e Técnica Processual*, 2ª ed., São Paulo, Malheiros Editores, 2007, p. 574).

REGIME JURÍDICO DOS PROCESSOS ADMINISTRATIVOS

Ricardo Marcondes Martins, em artigo sobre processo administrativo,[29] noticia que o Ministro Cezar Peluso, em aula proferida em 1996, afastou todas as teorias sobre a natureza do processo como relação ou situação jurídica e afirmou tratar-se tão só de procedimento. Para o ínclito magistrado, "processo ou procedimento é um conjunto de atos necessários para a obtenção de um produto". Para Calamandrei, caracteriza-se pela "série de atos coordenados regulados pelo direito processual, através dos quais se leva a cabo o exercício da jurisdição".[30]

Para essa corrente doutrinária, o processo é uma sucessão de atos tendentes a uma finalidade, nada mais.

Para outros doutrinadores, que também negam as teorias da relação e da situação jurídica, só é processo o procedimento informado pelo contraditório. Essa posição, mais recente na doutrina processualista, ganhou fôlego entre os doutrinadores italianos. Elio Fazzalari,[31] por exemplo, propõe que, ao invés da relação jurídica, se passe a considerar como elemento do processo a participação das partes que é constitucionalmente garantida. Essa teoria coloca o contraditório no epicentro do processo, como elemento essencial.

Não negamos a importância que o contraditório tem nos processos de forma geral, contudo não podemos deixar de reconhecer que há processos em que inexiste contraditório, simplesmente por não haver tese a ser contraposta. Há sucessão de atos encadeados em que o binômio "informação-reação" não está presente, mas que constituem verdadeiros processos. Referimo-nos aos conhecidos processos de jurisdição voluntária, em que, conquanto haja direito de participação, não há contraditório na acepção técnica do termo.[32] Embora não haja con-

---

29. "O conceito científico de processo administrativo", *Revista de Direito Administrativo* 235/321-381.

30. *Apud* Humberto Theodoro Júnior, *Curso de Direito Processual Civil*, vol. I, 26ª ed., Rio de Janeiro, Forense, 1999, p. 44.

31. *Istituzioni di Diritto Processuale*, 8ª ed., Milano, CEDAM, 1996.

32. Acolhemos aqui o conceito apresentado por Ricardo Marcondes Martins, para quem: "Contraditório exige a participação, mas não se confunde com ela: significa que a cada ação de uma parte corresponda a possibilidade de reação de outra. O contraditório implica num método dialético de dicção e de contradição, pressupõe a existência de um conflito de interesses em que as partes tenham interesses contrapostos, de modo que nunca haja a supremacia de uma ação sem a possibilidade de uma contra-ação ou de uma reação" ("O conceito científico de processo administrativo", cit., p. 239).

PROCESSO ADMINISTRATIVO

traditório, nos processos de jurisdição voluntária há, a nosso ver, mais do que mero procedimento: há relação jurídica entre as partes, desenvolvida por meio de procedimento.

As teorias apresentadas fornecem um panorama bastante genérico de como o processo, como gênero, e especialmente o processo civil, foi tratado ao longo do desenvolvimento da Dogmática Jurídica. Hoje, no Direito pátrio, a doutrina majoritária considera o processo como relação jurídica, adotando, para esta, o conceito de pluralidade de vínculos jurídicos dos quais decorrem direitos e deveres, sujeições e ônus.

Fazemos coro, nesse particular, com a maioria da doutrina,[33] e reconhecemos que o processo, como gênero, e, por consequência, a espécie processo administrativo, tem a natureza de relação jurídica.[34] Não afastamos, contudo, a importância do procedimento, conceito este que desenvolveremos mais adiante.

Concluímos que o processo não pode ser enquadrado como espécie de uma dada categoria jurídica, pois apresenta autonomia que lhe permite ser considerado uma categoria geral do Direito, aplicável a todas as esferas jurídicas. Reiteramos nosso posicionamento de que o processo administrativo é apenas uma espécie de processo, termo mais abrangente e que designa a relação jurídica travada entre as partes para produção de uma decisão, tenha ela a natureza de ato administrativo, ato legislativo ou ato judicial. O processo será, em qualquer circunstância, instrumento de exercício do poder. A instrumentalidade, no entanto, não encerra plenamente a natureza do processo.

33. Para os notáveis processualistas da Universidade de São Paulo, "É inegável que o Estado e as partes estão, no processo, interligados por uma série muito grande e significativa de liames jurídicos, sendo titulares de situações jurídicas em virtude das quais se exige de cada um deles a prática de certos atos do procedimento ou lhes permite o ordenamento jurídico essa prática; e a relação jurídica é exatamente o nexo que liga dois ou mais sujeitos, atribuindo-lhes poderes, direitos, faculdades, e os correspondentes deveres, obrigações, sujeições, ônus. Através da relação jurídica, o direito regula não só os conflitos de interesses entre as pessoas, mas também a cooperação que estas devem desenvolver em benefício de determinado objetivo comum" (Antonio Carlos de Araújo Cintra, Ada Pellegrini Grinover, Cândido Rangel Dinamarco, *Teoria Geral do Processo*, cit., p. 306).

34. Nesse sentido também é a posição majoritária da jurisprudência. A respeito, oportuno consultar o Acórdão do Superior Tribunal de Justiça, proferido pela 3ª Turma nos autos do Agravo Regimental na Petição 1.059-CE, de relatoria do Min. Waldemar Zveiter, j. 8.2.2000, *DJU* 10.4.2000, p. 82.

58 REGIME JURÍDICO DOS PROCESSOS ADMINISTRATIVOS

A instrumentalidade[35] só pode ser considerada a essência do processo se tivermos em vista o antigo processo do praxismo, que era, de fato, meramente instrumental diante da preexistência e predominância do direito material. O processo era apenas o instrumento para aplicação do direito material, não se reconhecia a relação processual existente.

A partir do século XIX, o processo, dissociado do direito material, passou a ser objeto de estudo da ciência jurídica e deixou de ser visto como mero instrumento, incapaz de interferir na substância do direito. O processo passou a ser considerado como uma extensão do direito material, dada a necessária conexão entre eles.

Os juristas que mais profundamente estudaram a temática do processo, ao analisar a relação existente entre direito processual e direito material, enfatizavam a interdependência destes. Para Chiovenda,[36] o processo permite a atuação da vontade concreta da lei. Carnelutti[37] aludia ao processo como qualquer coisa que serve para completar alguma outra coisa, que é a lei. Para tornar mais clara sua assertiva, o insigne processualista italiano dizia que era preciso imaginar a lei como uma promessa que deve ser cumprida. Segundo ele, ao elaborar a lei, o Estado não faz todo o necessário para garantir sua observância, razão pela qual impõe algo mais, que é o que se realiza no processo. O processo constitui, então, o adimplemento da lei. Concluía Carnelutti que o legislador começa a dizer o direito, mas não termina, porque o direito não é dito senão para o caso concreto, o que só é realizado por meio do processo.

O direito processual não é apenas o conjunto de normas que disciplinam a aplicação do direito material, mero meio, que se quer simples, ágil e econômico, mas *uma forma especial do existir do direito*, como ensina Jorge de Figueiredo Dias.[38]

---

35. Rechaçamos a instrumentalidade do processo que o coloca como mero instrumento a serviço do direito material, no entanto, imperioso ressaltar que para Cândido Rangel Dinamarco, talvez o maior expoente dessa doutrina entre os juristas nacionais, falar em instrumentalidade não é tratar apenas da ligação entre direito material e processual, mas reconhecer no processo o instrumento para a realização dos escopos sociais, políticos e jurídicos. Sugerimos a consulta a Cândido Rangel Dinamarco, *A Instrumentalidade do Processo*, 14ª ed., São Paulo, Malheiros Editores, 2009.

36. *Instituições de Direito Processual Civil*, cit., p. 49.

37. *Diritto e Processo*, Napoli, Morano Editore, 1958, pp. 66-67.

38. *Direito Processual Penal*, vol. I, Coimbra, Coimbra Editora, 1974.

A instrumentalidade é assim apenas uma das notas características do processo, mas não sua essência. O que há de essencial na noção de processo, como vimos, é a relação jurídica entre as partes nele envolvidas.

O conceito genérico de processo jurídico passa, a nosso ver, necessariamente, por dois elementos: a relação jurídica havida entre as partes do processo e a sucessão de atos coordenados a um fim conclusivo.

É de notar que o conceito tradicional de processo apresentado pela mais festejada doutrina[39] o retrata como uma sucessão teleologicamente orientada para a realização da função jurisdicional. Bastaria, com o devido respeito pela extremada ousadia, substituir a expressão "função jurisdicional" por "resultado final e conclusivo", para termos um conceito genérico de processo, para além do processo judicial, podendo, assim, falar-se em processo legislativo e processo administrativo.

A origem do conceito que toma o processo como fenômeno privativo da função jurisdicional[40] está nas teorias que elegem os processos civil e penal como objeto de estudo, restringindo a noção para o campo de atuação do Poder Judiciário.

Necessário referir que, de alguns anos para cá, há juristas que têm envidado esforços memoráveis para superar um conceito restrito de processo, com o objetivo de apresentar traços comuns que contornem fenômenos diversos e permitam uma construção dogmática dos processos administrativo e legislativo, além do judicial, já sedimentado em nossa cultura jurídica.[41-42]

39. Nesse sentido ver Eduardo José Couture, *Fundamentos do Direito Processual Civil*, cit.; Jaime Guasp, *Derecho Procesal Civil*, Madrid, Instituto de Estudios Políticos, 1956; João Mendes de Almeida Júnior, *Direito Judiciário Brasileiro*, Rio de Janeiro, Freitas Bastos, 1960; Héctor Escola, *Tratado General de Procedimiento Administrativo*, Buenos Aires, Depalma, 1973 e José Frederico Marques, *Instituições de Direito Processual Civil*, cit.

40. José Frederico Marques afirma que "só por antonomásia fala-se em processo administrativo para a designação de procedimentos formados em repartições públicas, no tocante a atividades diversas que ali realizam órgãos da administração. Em tais casos o que existe é apenas procedimento administrativo. E o mesmo se diga do denominado processo legislativo, que é apenas o conjunto de formas e regras de tramitação procedimental para constituírem-se leis e atos normativos" (*Manual de Direito Processual Civil*, vol. I, 2ª ed., São Paulo, Saraiva, 1974, p. 9).

41. Merece destaque o trabalho dos juristas austríacos da Escola de Viena, em especial de Adolfo Merkl.

42. Sandulli pretende superar o conceito tradicional e restrito de processo, defendendo a existência de processo em sentido amplo sempre que a produção de um

60 REGIME JURÍDICO DOS PROCESSOS ADMINISTRATIVOS

Adotamos um conceito amplo de processo, para compreender os fenômenos desenvolvidos em quaisquer das atividades do Estado,[43] cujos elementos nucleares são a sucessão de atos encadeados tendentes a um resultado conclusivo e a relação existente entre as partes.

Nesta etapa, definidos os elementos nucleares que identificam a realidade que convencionamos chamar de processo, somos tentados a apresentar um conceito. Para nós, *processo é a relação jurídica estabelecida entre as partes que participam do círculo de formação do ato conclusivo que dará concretude ao exercício do dever-poder estatal, instrumentalizada por uma sucessão de atos encadeados relativamente autônomos.*

Necessário esclarecer que, por opção metodológica, não incluímos no conceito os denominados processos privados.

Feitas essas considerações gerais sobre o tema processo, passaremos a nos ater especificamente ao processo administrativo, ressaltando, desde já, a sua importância no cenário jurídico mundial e nacional como instrumento de garantia dos administrados frente à Administração Pública.

2.2 A disciplina legal do processo administrativo

Visto que o processo administrativo é uma espécie do gênero processo, resta-nos abordar a matéria específica do nosso estudo à luz

---

efeito jurídico dependa de uma sucessão coordenada de atos humanos tendentes àquele fim. Conclui que estão abarcadas nesse conceito as sucessões coordenadas de atos que visam à emissão de um ato legislativo ou administrativo, à formação dos contratos, os atos plurilaterais e atos complexos, situações em que a perfeição do ato depende de autorização, e as figuras de sucessão de fatos ilícitos, como os crimes continuados. Para o autor italiano o núcleo do conceito é a *fattispecie* de formação sucessiva (*Il Procedimento Amministrativo*, Milano, Giuffrè, 1959, pp. 1-16).

43. Embora esse não seja nosso objeto de estudo, vale referir a existência de doutrinadores que fazem alusão ao processo privado, como a sucessão de atos tendentes à produção dos atos jurídicos privados, criadores de normas individualizadas, a exemplo dos atos societários e das convenções coletivas de trabalho. Nesse sentido observa Nelson de Souza Sampaio: "Essa espécie de *processo* geralmente passa despercebida e não goza da autonomia, pelo fato de que as suas normas costumam vir inseridas em Códigos predominantemente de direito substantivo, como Códigos Civis, Comerciais ou do Trabalho. É inegável, entretanto, que, no bojo de tais diplomas não faltam normas de caráter *processual* sobre as transações jurídicas privadas" (*O Processo Legislativo*, São Paulo, Saraiva, 1968, p. 2).

do Direito Positivo pátrio. Para tanto, faremos um breve introito sobre o tratamento constitucional e legal dado ao tema.

A Administração Pública brasileira assumiu, quando da promulgação da Constituição da República em 5 de outubro de 1988, um compromisso com a sociedade em insistentemente buscar a satisfação do interesse público,[44] valendo-se, para tanto, das prerrogativas que lhe foram atribuídas pela própria Lei Maior e pela legislação infraconstitucional.

Ao lado dessas prerrogativas,[45] que, conforme nos ensina o Professor Bandeira de Mello, não são poderes manejáveis ao sabor da Administração, mas "deveres-poderes" exercitáveis como meio, isto é, como instrumento ao atendimento da finalidade de quem exerce função administrativa,[46] a Constituição da República fixou limites ao exercício dessa função estatal, impondo-lhe os rigores da legalidade, finalidade e impessoalidade, dentre outros.

Os limites impostos à atividade administrativa, todos eles decorrentes da ordem jurídica, são típicos de quem exerce função, isto é, de quem tem o dever de atender, no interesse de outrem, certa finalidade.[47]

O exercício da atividade administrativa se dá, nessa perspectiva, por uma perene tensão entre liberdade e autoridade. De um lado temos o indivíduo praticando atos disciplinados pelo Direito para atender as finalidades que tenha definido, valendo-se, para tanto, da liberdade que lhe é conferida e protegida pela Constituição da República. De outro, temos a Administração Pública restringindo, em certa medida, a liberdade e a propriedade dos particulares, para satisfazer o interes-

---

44. O rigor científico com o qual é elaborado não nos permite adotar outro conceito senão aquele apresentado por Celso Antônio Bandeira de Mello, para quem interesse público é o "interesse resultante do conjunto dos interesses que os indivíduos pessoalmente têm quando considerados em sua qualidade de membros da Sociedade e pelo simples fato de o serem" (*Curso de Direito Administrativo*, cit., p. 61).

45. Que podemos identificar, de forma genérica, com o conteúdo do princípio da supremacia do interesse público sobre o privado, com a dimensão e o significado que lhe empresta Celso Antônio Bandeira de Mello (*Curso de Direito Administrativo*, cit., pp. 55-58 e 96-99).

46. *Curso de Direito Administrativo*, cit., p. 97.

47. Lembre-se aqui a célebre assertiva de Cirne Lima, para quem: "Administração é a atividade do que não é proprietário – do que não tem a disposição da coisa ou do negócio administrado" (*Princípios de Direito Administrativo*, 7ª ed., São Paulo, Malheiros Editores, 2007, p. 41).

62 REGIME JURÍDICO DOS PROCESSOS ADMINISTRATIVOS

se público do qual eles próprios são titulares. Vê-se, portanto, que há limite tanto à atuação do Estado como à dos indivíduos, residindo a tensão existente, a nosso ver, na medida e na intensidade com que se apresentam essas atuações.

A história recente do nosso País demonstra que o processo administrativo é um importante instrumento nessa dialética entre liberdade e autoridade.[48]

Em um passado ainda muito próximo, a Administração Pública não era dissociada da figura do administrador e seus bens faziam parte do patrimônio deste, que, por esta razão, deles dispunha como bem entendesse. Como anota Carlos Ari Sundfeld, "administrar os interesses gerais da coletividade era tratar dos negócios do proprietário, de modo que as duas classes de interesse – os gerais e patrimoniais – se confundiam".[49]

Esse cenário que prestigiava uma visão patrimonialista tanto do indivíduo como do Estado não era um campo fértil para o desenvolvimento e aplicação do processo administrativo. É fácil verificar, nesse contexto, porque, embora o processo administrativo seja um instituto bastante caro ao Estado de Direito e especialmente à democracia, não gozava ele de tanto prestígio no denominado Estado absolutista.[50] Como afirma Cármen Lúcia Antunes Rocha, em monumental artigo sobre processo administrativo, "a história do processo retrata a própria história do homem em sua luta pela democratização da relação do poder e com o poder".[51]

Cabe aqui uma advertência: não podemos ser ingênuos o bastante a ponto de querer compreender o processo como instrumento de rea-

---

48. Para Roberto Dromi, o procedimento administrativo caracteriza-se por ser um instrumento jurídico regulador da relação jurídico-administrativa, articulando a relação poder-direitos (*El Procedimiento Administrativo*, Buenos Aires, Ediciones Ciudad Argentina, 1996, p. 24).

49. "Processo administrativo: um diálogo necessário entre Estado e cidadão", *Revista de Direito Administrativo e Constitucional* 23/40.

50. A fronteira entre o Estado absolutista e o Estado de Direito é, basicamente, a submissão do Estado à lei. Enquanto no Estado absolutista a Administração se apresentava legalmente incondicionada, o Estado de Direito impôs uma disciplina legal à Administração. A lei passou a ser um freio à atuação antes ilimitada do Estado.

51. "Princípios constitucionais do processo administrativo no direito brasileiro", *Revista Trimestral de Direito Público* 17/5.

PROCESSO ADMINISTRATIVO 63

lização da democracia em qualquer contexto social. O processo pode servir ao mal, pode ser meio de instrumentalizar a antidemocracia; sua só existência não é garantia de direitos.[52]

Para que o processo seja meio de realizar os princípios democráticos e sirva de escudo aos administrados, deve ser instaurado e conduzido com esse ânimo. É justamente para garantir que seja assim que a Declaração Universal dos Direitos do Homem prescreveu:

"Art. 8º. Toda pessoa tem direito a um recurso efetivo perante as jurisdições nacionais competentes contra os atos que violam os direitos fundamentais que lhe são reconhecidos pela constituição e pela lei."

"Art. 10. Toda pessoa tem direito, em plena igualdade, a que a sua causa seja ouvida equitativamente e publicamente por um tribunal independente e imparcial, que decidirá seja de seus direitos e obrigações, seja da legitimidade de toda acusação penal em matéria penal dirigida contra ela."

Embora de ampla abrangência, por referirem a qualquer espécie de processo, os dispositivos da Declaração Universal dos Direitos do Homem têm, sem qualquer margem de dúvida, aplicação ao processo administrativo.

Trilhando na mesma linha, a Constituição da República, de 1988,[53] passou a tratar do processo como direito fundamental, fazendo expressa menção ao processo administrativo no rol do art. 5º, dispositivo que compila os direitos e garantias fundamentais individuais.

Dispõe a Lei Maior: "Art. 5º. (...) LV – aos litigantes, em processo judicial ou administrativo, e aos acusados em geral são assegurados o contraditório e a ampla defesa, com os meios e recursos a ela inerentes". A introdução desse dispositivo na Lei das Leis marcou a constitucionalização do processo administrativo no Direito pátrio e seu reconhecimento como garantia fundamental do administrado[54] frente à

---

52. Essa é a faceta do processo apresentada por Pietro Verri (*Observações sobre a Tortura*, São Paulo, Martins Fontes, 2000) ao narrar a realização de diversos atos encadeados, todos forjados, para incriminar um sujeito previamente identificado.
53. Por opção metodológica, trataremos da temática proposta somente a partir da Constituição de 1988, não apenas por ser essa a ordem em vigor, mas também pela importância que o processo administrativo teve e tem em seu bojo.
54. A ministra Cármen Lúcia Antunes Rocha assinala: "O direito fundamental a um processo – e não a qualquer processo, mas ao que se designa 'devido processo

64 REGIME JURÍDICO DOS PROCESSOS ADMINISTRATIVOS

Administração, mas não é só nesse enunciado que a Constituição faz expressa referência ao processo administrativo: o termo é repetido nos arts. 5º, LXXII, "b",[55] e LXXVIII;[56] 37, XXI;[57] 41, § 1º, II;[58] 217, § 2º;[59] 247, parágrafo único;[60] e 26 § 2º, do ADCT.[61]

A consignação expressa do termo processo administrativo no âmago da Constituição da República fez irromper uma série de leis infraconstitucionais que deram concretude às garantias processuais fixadas na Lei Maior. De pronto houve repercussão nos estatutos dos servidores públicos em todos os níveis da federação, sobretudo na normatização do processo disciplinar, a fim de alijar seu ranço autoritário. Apenas a título de exemplo vale referir a Lei federal 8.112/1990, em especial os arts. 104 a 115 e 143 a 182.

A Lei de Licitações e Contratos Administrativos – Lei 8.666/1993 – passou a assegurar a participação efetiva dos licitantes e mesmo dos

---

legal' – passou a ser incluído, no curso do presente século, de maneira formal e expressa, entre aqueles arrolados no rol dos direitos garantidos nos diferentes sistemas constitucionais positivos e, inclusive, assegurado no plano do direito internacional" ("Princípios constitucionais do processo administrativo no direito brasileiro", *Revista Trimestral de Direito Público* 17/8).

55. "Art. 5º. (...) LXXII – Conceder-se-á 'habeas-data': (...) b) para a retificação de dados, quando não se prefira fazê-lo por processo sigiloso, judicial ou administrativo."

56. "Art. 5º. (...) LXXVIII – A todos, no âmbito judicial e administrativo, são assegurados a razoável duração do processo e os meios que garantam a celeridade de sua tramitação."

57. "Art. 37. (...) XXI – Ressalvados os casos especificados na legislação, as obras, serviços, compras e alienações serão contratados mediante processo de licitação pública que assegure igualdade de condições a todos os concorrentes, com cláusulas que estabeleçam obrigações de pagamento, mantidas as condições efetivas da proposta, nos termos da lei, o qual somente permitirá as exigências de qualificação técnica e econômica indispensáveis à garantia do cumprimento das obrigações."

58. "Art. 41. (...) § 1º. O servidor público estável só perderá o cargo: (...) II – mediante processo administrativo em que lhe seja assegurada ampla defesa."

59. "Art. 217. (...) § 2º. A justiça desportiva terá o prazo máximo de sessenta dias, contados da instauração do processo, para proferir decisão final."

60. "Art. 247. (...) Parágrafo único. Na hipótese de insuficiência de desempenho, a perda do cargo somente ocorrerá mediante processo administrativo em que lhe sejam assegurados o contraditório e a ampla defesa."

61. "Art. 26. (...) § 2º. Apurada irregularidade, o Congresso Nacional proporá ao Poder Executivo a declaração de nulidade do ato e encaminhará o processo ao Ministério Público Federal, que formalizará, no prazo de sessenta dias, a ação cabível."

PROCESSO ADMINISTRATIVO

cidadãos no processo de seleção da proposta mais vantajosa e, inclusive, na hipótese de desfazimento dele (arts. 49, § 3º, e 109, I, "c"). A Lei 8.884/1994, que dispõe sobre a prevenção e repressão às infrações contra a ordem econômica, dedica todo o Título VI à disciplina do processo administrativo. A Lei 8.987/1995, que regulamenta a concessão e permissão de serviços públicos, assegura a instauração de processo administrativo no caso de extinção da concessão (v. art. 38). Na mesma linha andaram as Leis 9.605/1998, que dispõe sobre sanções derivadas de condutas lesivas ao meio ambiente, e 10.520/2002, que institui a licitação na modalidade pregão, garantindo o direito de participação dos destinatários do ato no círculo de formação da decisão à qual se submeterão.

A relação dos diplomas normativos mencionados não esgota a disciplina legal sobre processo administrativo, nem se aproxima de fazê-lo, apenas fornece um panorama sintético sobre a tônica que a previsão constitucional do processo administrativo imprimiu na legislação infraconstitucional.

2.2.1 A Lei 9.784/1999

Sem desmerecer qualquer uma das leis supracitadas, nenhuma delas representou tamanho e tão importante avanço como a Lei 9.784/1999, batizada pelos doutos como Lei Geral de Processo Administrativo. O mérito dessa Lei está em disciplinar, de forma genérica, o processo administrativo, reconhecendo neste um instrumento de proteção dos direitos dos administrados e de melhor cumprimento dos fins da Administração.

A tão festejada Lei de Processo Administrativo eliminou a lacuna existente no ordenamento jurídico e ocupou espaço de há muito identificado pela doutrina.[62] Além de representar significativo avanço na democratização do processo de tomada de decisões pela Administra-

---

62. Themistocles Cavalcanti (*Curso de Direito Administrativo*, 5ª ed., São Paulo, Freitas Bastos, 1958) e Manoel de Oliveira Franco Sobrinho (*Introdução ao Direito Processual Administrativo*, cit.) lutaram pela edição, entre nós, de um Código de Processo Administrativo. Sérgio Ferraz e Adilson Abreu Dallari reputam um escândalo datar de 1999 a primeira lei federal geral de processo Administrativo (*Processo Administrativo*, cit., p. 21).

66   REGIME JURÍDICO DOS PROCESSOS ADMINISTRATIVOS

ção Pública,[63] a Lei 9.784/1999 merece destaque por sua primorosa técnica legislativa e conteúdo abrangente.[64]

As normas desse diploma legal têm aplicação restrita à Administração Pública federal, compreendendo tanto os órgãos da Administração Direta (Presidência da República, órgãos de assessoria e consultoria da Presidência e Ministérios, com toda a sua estrutura interna), como os da Indireta (autarquias, fundações públicas, sociedades de economia mista, empresas públicas e consórcios públicos), mas não se limitam ao Poder Executivo. Como, além de suas funções típicas, os Poderes Legislativo e Judiciário também exercem função administrativa, ficam sujeitos à disciplina da Lei 9.784/1999, exclusivamente quando no desempenho da referida função do Estado.

Impende salientar, que, embora a Lei Federal de Processo Administrativo não tenha afirmado sua aplicação ao Ministério Público e ao Tribunal de Contas da União, impõe-se-lhes sua incidência, ainda que de forma subsidiária, considerando que os processos de controle da Corte de Contas da União são disciplinados pela Lei 8.443/1992, enquanto o processo administrativo institucional do Ministério Público Federal é regido pela Lei Complementar 75/1993.

É de notar, portanto, que a Lei 9.784/1999 é uma norma federal, e não nacional,[65] cogente apenas para a Administração Pública federal, consoante, aliás, enunciado pela própria Lei em seu art. 1º.[66]

---

63. Carlos Ari Sundfeld salienta: "uma lei geral de processo administrativo não regula apenas os chamados processos administrativos em sentido estrito, mas *toda a atividade decisória da Administração,*sem exceções, independentemente do modo como ela se expressa" ("Processo e procedimento administrativo no Brasil", in Carlos Ari Sundfeld, Guillermo Andrés Muñoz, *As Leis de Processo Administrativo: Lei Federal 9.784/99 e Lei Paulista 10.177/98,* cit., p. 19).

64. O mérito deve ser creditado à competência dos insignes juristas que compuseram a Comissão que elaborou o projeto enviado ao Legislativo Federal: Caio Tácito (presidente), Odete Medauar (relatora), Adilson Abreu Dallari, Almiro do Couto e Silva, Cármen Lúcia Antunes Rocha, Diogo de Figueiredo Moreira Neto, Inocêncio Mártires Coelho, José Joaquim Calmon de Passos, Maria Sylvia Zanella Di Pietro e Paulo Modesto.

65. Nessa senda é a posição do Superior Tribunal de Justiça, manifestada por meio da Decisão Monocrática no Agravo de Instrumento 759.872-RS, de relatoria do Min. Nelson Naves, proferida em 10.5.2006, *DJ* 23.5.2006, oportunidade na qual se consignou que a Lei 9.784/99 "não tem eficácia própria relativamente aos entes federados diversos da União", admitindo tão somente aplicação subsidiária.

66. "Art. 1º. Esta Lei estabelece normas básicas sobre o processo administrativo no âmbito da Administração Federal direta e indireta, visando, em espe-

PROCESSO ADMINISTRATIVO

Entendemos que a competência concorrente[67] dos entes federados para legislar sobre processo administrativo encontra fundamento no fato de a matéria em comento constituir interesse próprio de cada unidade, impedindo a edição de legislação nacional, sob pena de ofensa ao princípio federativo. De acordo com esse princípio, apenas a própria Constituição da República pode excepcionar a competência legislativa dos Estados-membros e Municípios, por meio da reserva de competência privativa. Não encontramos dispositivo constitucional que limite a competência para dispor sobre processo administrativo à União, razão pela qual reiteramos nossa posição acerca da competência concorrente para legislar sobre o tema. Há, contudo, um conteúdo mínimo a ser observado pelas leis infraconstitucionais de processo administrativo editadas pelos diversos entes federados. Trata-se da pauta constitucional da matéria, que fixa os princípios constitucionais que presidem o instituto.

Nenhuma lei, seja de que âmbito for, pode disciplinar o processo administrativo sem dar estrito cumprimento aos ditames do devido processo legal, publicidade, eficiência, impessoalidade e duração razoável do processo, entre outros, sob pena de incorrer em vício de inconstitucionalidade. Mas poderá, em prestígio à autonomia dos entes federados, regular de forma diversa das demais leis o desenrolar dos processos administrativos que culminará com a decisão que dará concretude ao exercício do dever-poder estatal.

A edição da Lei Federal de Processo Administrativo reforçou o debate acerca da importância do processo no exercício da função administrativa[68] e, por isso, tem suscitado a necessidade de Estados

---

cial, à proteção dos direitos dos administrados e ao melhor cumprimento dos fins da Administração."

67. Ao comentar o campo de abrangência da Lei 9.784/1999, Luiz Tarcísio Teixeira Ferreira afirma: "é indubitável a aplicação da lei na órbita da União federal, na medida em que os demais entes federativos gozam igualmente de autonomia conferida pelo art. 18 da Carta Magna e consolidada pela capacidade de auto-organização, *autolegislação*, autogoverno e auto-administração" ("Princípios do processo administrativo e a importância do processo administrativo no Estado de Direito", in Lúcia Valle Figueiredo (Coord.), *Comentários à Lei Federal de Processo Administrativo: Lei 9.784/99*, Belo Horizonte, Fórum, 2004).

68. Sobre a importância do processo administrativo, recomendamos a leitura do brilhante artigo de Carlos Ari Sundfeld, "A importância do procedimento administrativo", *Revista de Direito Público* 84/64-74.

68 REGIME JURÍDICO DOS PROCESSOS ADMINISTRATIVOS

e Municípios elaborarem suas próprias leis, como ademais já fizeram alguns.

Não podemos deixar de referir a Lei Complementar 33/1996 do Estado do Sergipe[69] e a Lei paulista 10.177/1998, antecedentes da Lei federal em matéria de disciplina do processo administrativo e que só por essa razão já merecem exaltação. Apenas a título exemplificativo da disciplina da matéria em âmbito municipal, citamos, também, a Lei 14.141/2006, que estabelece normas aplicáveis aos processos administrativos da Administração do Município de São Paulo.

2.3 Conceito de processo administrativo

Apresentar um conceito de processo administrativo é tarefa extraordinariamente árdua, a uma porque não há sequer um esboço de conceituação legal[70] que sirva de ponto de partida, a duas porque conceituar uma realidade implica identificar os traços que a compõem e propor um rótulo que seja de alguma utilidade no campo do conhecimento em que se aventura, tarefa, como afirmado, de difícil execução.

Conceituar, nos dizeres de Celso Antônio Bandeira de Mello, é realizar uma "operação lógica pela qual se fixam *pontos de referência convencionais*, que servem como indicadores de realidades parificadas pelos pontos de afinidade previamente selecionados por quem o formulou".[71] É a possibilidade de eleição de traços distintos, pelos estudiosos do tema, que dá azo à diversidade de conceitos.

Alguns dos mais célebres doutrinadores que se dedicaram ao estudo do processo administrativo identificaram-no como a forma, o caminho pelo qual a Administração atua, primordialmente expedindo atos administrativos. Entre eles, merecem destaque os conceitos formulados por Manoel de Oliveira Franco Sobrinho[72] e Alberto Xa-

---

69. O Código de Organização e de Procedimento da Administração Pública do Estado de Sergipe foi pioneiro em disciplinar o processo administrativo.

70. À guisa de ilustração, vale noticiar a Lei 14.141/2006 do Município de São Paulo que dispõe: "Art. 1º (...). § 1º. Para os fins desta lei, consideram-se: (...) II – processo administrativo – todo conjunto de documentos, ainda que não autuados, que exijam decisão".

71. *Curso de Direito Administrativo*, cit., p. 378.

72. "O procedimento, ou o processo no significado legal ou técnico do vocábulo, está na forma pela qual a Administração realiza os seus fins" (*Introdução ao Direito Processual Administrativo*, cit., p. 11).

vier.[73] Ainda que haja diferença entre os conceitos apresentados, em ambos é possível notar a consideração do processo como meio de produção dos atos administrativos. Há, ainda, sempre presente o elemento orgânico, ou seja, para os referidos autores só se pode denominar de processo administrativo o trâmite que se desenrola no seio da Administração Pública.

Adolfo Merkl também conceituou o processo administrativo como o caminho para a produção dos atos administrativos.[74]

Oswaldo Aranha Bandeira de Mello via no processo administrativo uma sucessão de atos tendentes à produção do ato conclusivo, o que se assemelha a considerá-lo um caminho para a produção do ato administrativo (ato final), mas ressaltava a autonomia de cada ato em relação aos demais, como elemento nuclear do conceito.[75]

Celso Antônio Bandeira de Mello não se afastou das lições do saudoso Professor da Faculdade de Direito da Pontifícia Universidade Católica de São Paulo, entretanto, observou que cada um dos atos que compõem o processo administrativo guarda autonomia apenas relativa em relação aos outros, à medida que, embora conservem sua iden-

---

73. "Só são, pois, processos administrativos graciosos os que tendem à prática ou à execução de um ato administrativo por parte de um órgão administrativo" (*Do Procedimento Administrativo*, cit., p. 131).

74. "En el fondo, toda administración es procedimiento administrativo, y los actos administrativos se nos presentan como meros productos del procedimiento administrativo. Pero en sentido más riguroso y técnico se habla de procedimiento jurídico solamente cuando el camino que conduce a un acto estatal no se halla a la libre elección del órgano competente para el acto, sino que está previsto jurídicamente, cuando, por tanto, el camino que se recorre para llegar al acto constituye aplicación de una norma jurídica que determina, en mayor o menor grado, no solamente la meta, sino también el camino mismo y que por el objeto de su normación se nos ofrece como norma procesal". Prossegue o autor afirmando que "el derecho procesal administrativo es la suma de las reglas de producción de los actos administrativos" (*Teoría General del Derecho Administrativo*, cit., pp. 272-274).

75. "(...) englobam várias manifestações de vontade autônomas, por constituírem atos jurídicos distintos, mas que se sucedem e se ligam com o objetivo de produzir uma manifestação de vontade final, um ato jurídico conclusivo. São atos simples, individuais ou colegiados, complexos, compostos e simultâneos que colaboram para uma meta final. Cada qual traz a sua participação própria na formação do ato conclusivo, que resulta dessas etapas gradativas de atos sucessivos e com individualidade jurídica. Verifica-se a ação de vários atos autônomos para dar vida a um conclusivo final" (*Princípios Gerais de Direito Administrativo*, cit., p. 547).

70   REGIME JURÍDICO DOS PROCESSOS ADMINISTRATIVOS

tidade funcional própria, apresentam-se como elos da mesma corrente, destinados a compor um único e conclusivo resultado.[76]

A diversificação e o aprofundamento dos estudos sobre o tema do processo administrativo trouxeram novos traços que, agregados aos conceitos antes formulados, permitiram a elaboração de novas definições. Lúcia Valle Figueiredo, por exemplo, assinala a existência de controvérsia (litígio) como elemento nuclear do conceito de processo em sentido estrito.[77] No mesmo diapasão é a posição de Cármen Lúcia Antunes Rocha.[78]

Sérgio Ferraz e Adilson Abreu Dallari, em valiosíssima obra sobre processo administrativo, conceituam-no como "uma série de atos, lógica e juridicamente concatenados, dispostos com o propósito de ensejar a manifestação de vontade da Administração",[79] assinalando, mais uma vez, como elemento central do conceito, a sucessão de atos destinada a produzir o ato final, o *iter* que antecede a decisão.

Reconhecemos que o conjunto de atos encadeados destinado a produzir uma decisão é um elemento necessário para a conceituação de processo administrativo, mas não se revela suficiente. Para nós, o conceito só pode ser aperfeiçoado com a integração das noções de relação jurídica, essencial para compreender essa realidade dentro do gênero processo, e de função administrativa, imperiosa para apartá-lo como espécie autônoma de processo.

Propomos um conceito de processo administrativo a partir da noção geral de processo apresentada anteriormente, como a relação jurídica estabelecida entre as partes que participam do círculo de formação do ato conclusivo que dará concretude ao exercício do dever-poder estatal, instrumentalizada por uma sucessão de atos encadeados relativamente autônomos.

---

76. "*Procedimento administrativo* ou *processo administrativo* é uma sucessão itinerária e encadeada de atos administrativos que tendem, todos, a um resultado final e conclusivo. (...) cada ato cumpre uma função especificamente sua, em despeito de que todos co-participam do rumo tendencial que os encadeia: destinarem-se a compor o desenlace, em um ato final, pois estão ordenados a propiciar uma expressão decisiva a respeito de dado assunto, em torno do qual todos se polarizam" (*Curso de Direito Administrativo*, cit., p. 487).

77. *Curso de Direito Administrativo*, 9ª ed., São Paulo, Malheiros Editores, 2008, pp. 436-439.

78. "Princípios constitucionais do processo administrativo...", cit., p. 6.

79. *Processo Administrativo*, cit., p. 25.

PROCESSO ADMINISTRATIVO

Traçadas essas premissas, é possível conceituar processo administrativo como a *relação jurídica estabelecida, na intimidade da função administrativa, entre as partes que participam do círculo de formação do ato administrativo conclusivo que dará concretude ao exercício do dever-poder estatal, instrumentalizada por uma sucessão de atos encadeados relativamente autônomos, sindicáveis pelo Poder Judiciário.*

Os elementos que compõem a definição proposta são:

a) *Relação jurídica estabelecida entre as partes* – O processo administrativo é, antes de mais nada, relação jurídica havida entre as partes, onde há posições jurídicas processuais que as interligam. Todos os sujeitos do processo são titulares de posições jurídicas ativas e passivas, de deveres, ônus, sujeições, faculdades e poderes em relação aos demais partícipes. Exemplos dessas posições jurídicas são os direitos e deveres do administrado estabelecidos pelos arts. 3º e 4º da Lei 9.784/1999, que correspondem, respectivamente, a deveres e direitos da Administração considerada como julgadora, isto é, em posição suprapartes.

Cabe, aqui, fazer uma breve observação sobre as partes do processo administrativo. Fala-se usualmente em sujeitos ou interessados para referir-se às pessoas que integram o processo desenrolado no seio da Administração Pública, reservando-se o rótulo "partes" para aqueles que participam do processo judicial. Ainda nesse campo é possível notar outra delimitação: a doutrina costuma denominar de partes apenas os sujeitos que participam da jurisdição contenciosa, excluindo-os da jurisdição voluntária, onde só existiriam interessados.[80] Isso se deve ao fato de considerar parte de um processo quem pede e contra quem se pede a solução de um conflito. O conteúdo atribuído ao rótulo, nessa perspectiva, nos parece demasiadamente restrito. Para nós, parte é quem integra a relação jurídica processual, titularizando deveres, ônus, sujeições, faculdades, poderes, tais como a faculdade de requerer a instauração do processo administrativo, o direito de se defender, o dever de atuar com probidade, com lealdade.

Parte é um conceito formal, porque para tornar-se parte de um processo administrativo não é necessário nada além de integrá-lo.

---

80. Anote-se que o próprio Código de Processo Civil, Lei 5.869/1973, diferenciou partes e interessados, ao dispor no art. 2º: "Nenhum juiz prestará a tutela jurisdicional senão quando a parte ou o interessado a requerer, nos casos e forma legais".

São, portanto, sempre partes de um processo administrativo o administrado e a Administração Pública, que poderão compor a relação jurídica processual em diversas configurações.[81] É possível que a Administração ocupe apenas a posição de julgadora, competindo-lhe decidir a questão havida entre dois ou mais administrados, nessa hipótese a relação processual será triangular. Isto é o que ocorre em alguns processos de defesa da concorrência, diretamente relacionados à atividade preventiva antitruste, nos quais o Conselho Administrativo de Defesa Econômica-CADE, autarquia federal, analisa e decide sobre os atos que possam limitar ou de qualquer forma prejudicar a livre concorrência ou, ainda, resultar na dominação de mercados relevantes (art. 54 da Lei 8.884/1994).[82] Nessa hipótese, a Administração age exclusivamente como julgadora, não recaindo sobre ela os efeitos da decisão que proferir, que alcançará as demais partes do processo. A relação jurídica processual pode ser, também, instaurada de forma angular, vinculando tão somente Administração e administrado. É o que se dá nos processos administrativos de desapropriação, em que se formaliza um vínculo processual entre a Administração expropriante e o particular expropriado. Também será angular a relação jurídico-processual havida entre a Administração e o administrado quando aquela ocupar dois polos diversos. É o que se dá com os processos administrativos disciplinares, em que a Administração funciona, ao mesmo tempo, como parte e julgadora. Deve-se entender como partes do processo administrativo os sujeitos que o integram, incluindo-se sempre a Administração, que poderá atuar apenas como julgadora, ou, ainda, como parte e julgadora.

b) *Função administrativa* – O processo administrativo desenvolve-se necessariamente na intimidade da função administrativa. Cha-

---

81. Nas palavras de Sérgio Ferraz a Adilson Abreu Dallari: "duas figurações basilares são imagináveis: a parte-administrado pede a dirimência estatal administrativa, em face de outra parte-administrado, que se opõe ao direito ou interesse do autor; a parte-administrado pede a dirimência estatal administrativa, em face de um segmento da Administração, que se opõe ao direito ou interesse do autor" (*Processo Administrativo*, cit., p. 131).

82. Um bom exemplo de relação jurídica triangular em processo administrativo é aquela que se estabeleceu entre o CADE, figurando na posição de órgão julgador, as empresas Nestlé e Garoto, que pretendiam aprovação sobre o ato de concentração por elas realizado, e outras empresas do ramo que se opunham ao ato. A decisão do CADE nos autos do processo 08012.001697/2002-89, de relatoria do Conselheiro Thompson Andrade, datada de 4.2.2004 vale ser consultada.

PROCESSO ADMINISTRATIVO

mamos atenção, uma vez mais, para o fato de a função administrativa não ser desempenhada exclusivamente pelo Poder Executivo, como nos ensina Benoit.[83] Ainda que de forma atípica, todos os Poderes do Estado desempenham função administrativa.[84] Exemplos corriqueiros, mas bastante elucidativos, são os atos dos juízes que homologam concursos públicos para ingresso na magistratura ou que impõem sanção disciplinar a servidores hierarquicamente subordinados, bem como os atos praticados pelo Poder Legislativo no curso de um processo licitatório. Tanto na primeira, como na segunda hipótese há ato administrativo em sentido estrito, praticado por autoridades que estão fora do Poder Executivo. Além dessa possibilidade, há, ainda, que se destacar a prática de atos administrativos por pessoas não estatais, como os concessionários de serviços públicos, em relação às atividades diretamente ligadas à prestação do serviço objeto da concessão.

Haverá processo administrativo toda vez que o Estado, ou quem lhe faça as vezes, produzir um ato final, antecedido por outros atos relativamente autônomos, todos infralegais e submetidos ao controle de legalidade pelo Poder Judiciário, ou, de forma muito mais sintética, sempre que houver processo no exercício de função administrativa.

Ainda que considerássemos como traço distintivo do processo administrativo apenas o fato de este desenvolver-se na intimidade da função administrativa, isso já seria suficiente para afirmar a sua auto-

---

83. Para o lúcido autor, no plano científico não é correto definir o órgão pela função que ele desempenha. A análise das funções deve começar pelo aspecto orgânico, para depois se estender às suas missões. Agindo desta forma sentiremos no plano da terminologia a constante oposição entre os critérios finalista e formal. O jurista francês enfatiza que não existe nenhuma ligação necessária entre uma dada missão e um organismo e que, se porventura houvesse, inexistiriam problemas para desvendar as funções estatais, uma vez que o organismo definiria a missão e, reciprocamente, possibilitando que a formulação das funções fosse operada *a priori*. Ensina Bénoit que uma mesma missão pode ser dividida entre órgãos diferentes, porque, em si mesma considerada independente da sua atribuição, a missão não é inerente a nenhuma função, no sentido científico do termo (*Le Droit Administratif Français*, cit., pp. 27-52).

84. Com a genialidade que o caracteriza, Antonio Royo-Villanova assevera: "No sólo el Poder ejecutivo administra. Aunque el Poder ejecutivo es, por su carácter práctico, el que realiza los actos concretos de administración, no deja por eso de ocupar su posición relativa, junto con los demás poderes, con los cuales comparte la actividad administrati*va" (Elementos de Derecho Administrativo*, t. I, 24ª ed., Valladolid, Librería Santarén, 1955, p. 11).

74 REGIME JURÍDICO DOS PROCESSOS ADMINISTRATIVOS

nomia em relação às demais espécies processuais, por impor a presidência do regime jurídico-administrativo.

c) *Participação no círculo de formação do ato administrativo final* – O processo administrativo implica a necessária participação daqueles que serão os destinatários do ato administrativo[85] final, daqueles que terão sua esfera jurídica afetada pela decisão conclusiva resultante do processo. Nesse sentido, o processo é o instrumento de formação da vontade da Administração,[86] submissa, evidentemente, aos comandos legais, já que a atividade administrativa está subordinada à lei, nela encontrando seus limites. É no interior do processo que são formadas as convicções e os juízos de valor que permitirão a aplicação da lei ao caso concreto, com a extensão e intensidade devidas. Poder-se-ía aludir à revogação de um processo de licitação, com fulcro no art. 49 da Lei 8.666/1993.[87] Nessa hipótese, a demonstração da existência de razões de interesse público, decorrente de fato superveniente e suficiente para justificar tal conduta, dar-se-ía no bojo de um processo administrativo, assegurada a participação dos interessados, como, aliás, garante o § 3º do referido dispositivo legal.[88]

"declaração do Estado (ou de quem lhe faça as vezes – como, por exemplo, um concessionário de serviço público), no exercício de prerrogativas públicas, manifestada mediante providências jurídicas com-

85. Colhemos a conceituação de ato da inestimável lição de Celso Antônio Bandeira de Mello, para quem ato administrativo é a "declaração do Estado (ou de quem lhe faça as vezes – como, por exemplo, um concessionário de serviço público), no exercício de prerrogativas públicas, manifestada mediante providências jurídicas complementares da lei a título de lhe dar cumprimento, e sujeitas a controle de legitimidade por órgão jurisdicional" (*Curso de Direito Administrativo*, cit., p. 385).

86. Para Carlos Ari Sundfeld, "Como a 'vontade' manifestada pelo Estado, na produção de seus atos (sejam legislativos, administrativos ou jurisdicionais), traduz sempre o exercício de função, segue-se que o processo é o modo normal de agir do Estado. Em outras palavras: a realização do processo é indispensável à produção ou execução dos atos estatais" (*Fundamentos de Direito Público*, 4ª ed., 10ª tir., São Paulo, Malheiros Editores, 2009, p. 173).

87. "Art. 49. A autoridade competente para a aprovação do procedimento somente poderá revogar a licitação por razões de interesse público decorrente de fato superveniente devidamente comprovado, pertinente e suficiente para justificar tal conduta, devendo anulá-la por ilegalidade, de ofício ou por provocação de terceiros, mediante parecer escrito e devidamente fundamentado."

88. "§ 3º. No caso de desfazimento do processo licitatório, fica assegurado o contraditório e a ampla defesa."

PROCESSO ADMINISTRATIVO

plementares da lei a título de lhe dar cumprimento, e sujeitas a controle de legitimidade por órgão jurisdicional".

A participação do administrado[89] na formação da vontade administrativa é um importante mecanismo na luta contra o autoritarismo[90] e uma ferramenta das mais relevantes para a concretização de um Estado Democrático de Direito,[91] porque funciona como um hiato entre a lei e sua aplicação.

A participação do administrado no curso dos atos que ensejarão a decisão final a legitima. Aliás, a nosso ver, essa é a contrapartida da participação. À medida que as pessoas tomam parte no círculo de formação do ato conclusivo, submetem-se a ele, mesmo que voluntariamente não desejem fazê-lo. Essa submissão não se dá pela força da Administração, mas pela legitimidade do processo, que vincula seus partícipes à decisão dele oriunda, ressalvada a possibilidade de controle pelo Poder Judiciário.

Imperioso salientar, neste momento, que a importância do processo administrativo avoluma-se cada vez mais, à medida que se reconhece que, em regra, os atos administrativos são produtos de um

89. Na percuciente lição de Carlos Ari Sundfeld: "A grande ideia do processo é fazer com que haja participação, com que os que têm interesses direta ou indiretamente atingidos, dialoguem, aberta e integralmente. Mas é fundamental que também a autoridade que decide seja obrigada não só a ouvir, mas a dialogar. Dar oportunidade para manifestação real e igualitária exige esforço, tempo e técnica. Mas isso seria absolutamente inócuo, se aquele que ouve pudesse decidir, em seguida, sem dialogar. Então, o que há de fundamental no processo é obrigar quem decide a dialogar com as partes. Não para saber se elas estão de acordo com a decisão. É um diálogo com os argumentos. Por isso que, ao decidir, o juiz precisa motivar sua sentença" ("Processo administrativo...", cit., pp. 46-47).

90. Para a Ministra Cármen Lúcia Antunes Rocha "na organização administrativa democrática o processo surge como uma forma de superação da atuação estatal autoritária. É por ele, fundamentalmente, que o princípio da legitimidade do poder desempenhado por meio da atividade administrativa ganha densidade e foros de eficiência social e política. Mais ainda, é por meio do processo administrativo – em suas diferentes concepções, aplicações e demonstrações – que a legitimidade administrativa democrática concretiza e estampa os princípios da responsabilidade e da moralidade administrativas" ("Princípios constitucionais do processo administrativo...", cit., pp. 9-10).

91. "Ora, somente se pode pensar em efetiva realização do princípio democrático quando (e onde) possa o administrado participar da feitura do querer administrativo, ou da sua concretização efetiva" (Sérgio Ferraz e Adilson Abreu Dallari, *Processo Administrativo*, cit., pp. 21-22).

76   REGIME JURÍDICO DOS PROCESSOS ADMINISTRATIVOS

processo, isto é, fruto de um *iter* marcado pela participação da Administração e do administrado. A Administração atua primordialmente por meio de processo, ressalvados os atos decorrentes de providência cautelar, atos que não dependem de processo para serem realizados (como a exoneração de servidores ocupantes de cargo de livre provimento e exoneração) ou aqueles em que não há diretamente volição (ex.: passagem de um sinal de trânsito luminoso do amarelo para o vermelho[92]).

O processo é um instrumento dialético pelo qual se chega à síntese (decisão final) a partir da tese (argumentos expostos por uma das partes) e da antítese (contra-argumentação produzida pela outra parte).

d) *Concretude do exercício do dever-poder estatal* – O resultado do processo administrativo, o ato administrativo final e conclusivo, consiste na concretização do exercício do dever-poder estatal: é a Administração aplicando a lei, retirando-a do mundo do "dever-ser" e imprimindo-a no mundo fenomênico. Ao expedir o ato administrativo decorrente do processo, o Estado torna dinâmica e concreta a previsão legal até então estática, genérica e abstrata e interfere, de forma imperativa, na esfera jurídica do administrado, seja ampliando-a, seja restringindo-a. Assim como no processo jurisdicional o Estado-juiz diz o direito com força de coisa julgada, no processo administrativo a autoridade competente aplica a lei constituindo, extinguindo, declarando um direito, resolvendo um conflito existente, enfim, atuando nos limites que lhe conferiu a ordem jurídica para satisfação do interesse público. Ressalte-se que a decisão fruto do processo administrativo não faz coisa julgada, na acepção própria do termo.

e) *Sucessão de atos encadeados relativamente autônomos* – O processo se desenrola por meio de uma sucessão de atos e fatos[93-94]

---

92. O exemplo é de Sérgio Ferraz e Adilson Dallari (*Processo Administrativo*, cit., p. 25).

93. Consideramos procedente a observação de Mônica Martins Toscano Simões, para quem o processo vai muito além de uma cadeia de atos administrativos para englobar igualmente os atos praticados por particulares e os fatos jurídicos (*O Processo Administrativo e a Invalidação de Atos Viciados*, cit., p. 39).

94. Também para Alberto Xavier, "os processos são constituídos na sua maior parte por manifestações de vontade dos órgãos e agentes da Administração ou dos particulares e, nessa medida, por atos jurídicos; mas uma generalização mostra-se impossível, pois não dá conta doutras realidades, integradas no processo e que não

encadeados, que representa a sua vestimenta e denomina-se procedimento. O *iter* processual pode ser comparado a uma escada, no final da qual se alcança o ato conclusivo, mas seu percurso exige a passagem por todos os degraus que servirão de antecedentes e consequentes uns dos outros, sendo certo que só se pode alcançar o segundo degrau se o primeiro tiver sido devidamente superado, e assim sucessivamente. Cada um dos atos do processo conserva relativa autonomia em relação aos seus antecessores e sucessores, pois cumpre finalidade específica, porém, se considerados como parte de um todo, elos da mesma corrente, ver-se-á que no conjunto tendem à decisão final que encerrará o processo. À guisa de exemplo citam-se alguns atos do processo licitatório, como a aprovação da minuta do edital pela assessoria jurídica para controle de legalidade do instrumento convocatório, a publicação do edital como forma de dar-lhe publicidade, a decisão, na fase de habilitação, que objetiva eliminar competidores que não cumpram os requisitos (de habilitação jurídica, regularidade fiscal, qualificação técnica, qualificação econômico-financeira e cumprimento ao disposto no art. 7º, XXXIII, da Constituição da República) previamente fixados no edital, o julgamento das propostas, que tem por escopo classificar as ofertas apresentadas de acordo com o critério objetivamente adotado. Cada um desses atos cumpre uma finalidade específica, conservando sua autonomia em relação ao processo, mas, considerados no conjunto, tendem todos à seleção da proposta mais vantajosa para a Administração, fazendo prova de que essa autonomia é apenas relativa.

f) *Sindicabilidade pelo Poder Judiciário* – A possibilidade de revisão do processo administrativo pelo Poder Judiciário alcança tanto o produto final como o processo em si. O Poder Judiciário está autorizado, pelo disposto no art. 5º, XXXV, da Constituição da República, que garante a inafastabilidade da jurisdição, a conhecer e decidir sobre qualquer ação ou comportamento de pessoa privada ou pública que cause lesão ou ameaça a direito, ainda quando a questão tenha sido ou pudesse ser objeto de prévio processo administrativo. O Poder Judiciário é, portanto, competente para controlar o curso do processo, de modo a garantir a observância dos princípios e das regras aplicá-

são atos: é o que acontece com os prazos e com certas operações materiais" (*Do Procedimento Administrativo*, cit., p. 104).

REGIME JURÍDICO DOS PROCESSOS ADMINISTRATIVOS

veis, bem como para invalidar o ato final em caso de ilegalidade.[95] Em nossa organização constitucional, de jurisdição una, só ao Poder Judiciário compete dizer o direito de forma definitiva.

Fica ressalvado, contudo, da apreciação do Poder Judiciário o mérito do ato administrativo, isto é, o estreito núcleo de liberdade conferido pela lei, que permaneça diante das condicionantes do caso concreto. Existindo essa margem de liberdade, na aplicação da norma, a competência será de exclusividade do administrador público. A extensão do controle judicial dos atos administrativos tem sido ampliada ao longo dos anos. No passado era comum o entendimento de que os atos administrativos praticados no exercício de competência discricionária só poderiam ser anulados no caso de incompetência da autoridade administrativa que os praticou ou quando apresentassem vício na sua formalização. Nesse sentido era a orientação do Supremo Tribunal Federal, que compreendia a discricionariedade como ampla margem de liberdade conferida pela lei ao administrador.[96] A evolução do Es-

95. Ao julgar um Recurso Especial cuja questão de fundo era a suspensão de um processo de expropriação, o Superior Tribunal de Justiça reafirmou a sindicabilidade dos atos administrativos pelo Poder Judiciário mesmo quando à primeira vista houver um óbice processual, ao proclamar: "(...) 5. A desapropriação por interesse social para fins de reforma agrária assenta-se em decreto presidencial que, como todo ato administrativo, goza de presunção de legitimidade e executoriedade. Assim, não é dado ao réu contrapor-se à força executiva do decreto e ao 'interesse social' nele declarado nos autos da própria ação, até porque o processo se desenvolve sob o rito especial sumário, nos termos da LC 76/93. (...) 8. Em razão do princípio da inafastabilidade do controle dos atos jurídicos pelo Judiciário, pode o expropriado discutir a improdutividade do imóvel, fundamento que embasa o decreto presidencial, em ação própria, declaratória ou desconstitutiva. 9. Nada impede que essa ação seja precedida de medida cautelar para suspender o processo administrativo prévio à desapropriação, desde que preenchidos seus pressupostos específicos e efetivamente demonstrada a plausibilidade do direito e a urgência do provimento. 10. Se a prova da produtividade do imóvel ficasse restrita à fase judicial da desapropriação, estaria o réu irremediavelmente lesado, já que a conclusão da perícia se daria somente após a imissão provisória do expropriante na posse, suportando o expropriado todos os prejuízos decorrentes da perda antecipada da propriedade" (Recurso Especial 1.006.285-MT, rel. Min. Castro Meira, j. 6.11.2008, *DJ* 2.12.2008). Em qualquer situação haverá um procedimento apto a levar a matéria ao conhecimento do Poder constituído para dizer o direito com grau de definitividade.

96. "O Poder Judiciário no julgamento das demissões dos funcionários públicos, pode rever o ato administrativo nos aspectos que configurem a sua ilegalidade, excluída a apreciação de mera conveniência ou oportunidade da medida. A apreciação de mérito interdita ao Judiciário é a que se relaciona com a conveniência ou oportunidade

PROCESSO ADMINISTRATIVO

tado brasileiro rumo à democracia, a consolidação do império da lei e o amadurecimento da relação entre os Poderes do Estado levaram à redução da discrição na prática dos atos administrativos, reconhecendo-se a relatividade da competência discricionária[97] e ampliando, por conseguinte, o âmbito da revisão judicial. Atualmente, nenhum impedimento há para que o controle judicial dos atos administrativos alcance a causa, a finalidade e o motivo do ato. Essa é a orientação corrente entre os mais ilustres doutrinadores e também entre a jurisprudência[98]

da medida, não o merecimento por outros aspectos que possam configurar uma aplicação falsa, viciosa ou errônea da lei ou regulamento, hipóteses que se enquadram, de um modo geral, na ilegalidade por indevida aplicação do direito vigente. As medidas de caráter discricionário só poderão ser anuladas se incompetente for a autoridade ou preterida houver sido formalidade prescrita na lei. A função do Judiciário, no terreno dos fatos, deve ser comedida e discreta. Deve inclinar-se antes a placitar a medida disciplinar do que a revogá-la, quando encontre razoáveis fundamentos no ato administrativo. Aplicação da Lei 221, de 1894" (STF, Embargos na Apelação Cível 7.307, rel. Min. Castro Nunes, j. 20.12.1944, *Revista de Direito Administrativo* 3/70).

97. Sobre o assunto é imprescindível consulta às obras de Celso Antônio Bandeira de Mello, *Curso de Direito Administrativo*, cit., pp. 958-992, e *Discricionariedade e Controle Judicial*, 2ª ed., 9ª tir., São Paulo, Malheiros Editores, 2008.

98. "Mandado de segurança – Sanção disciplinar imposta pelo Presidente da República – Demissão qualificada – Admissibilidade do mandado de segurança – Preliminar rejeitada – Processo administrativo-disciplinar – Garantia do contraditório e da plenitude de defesa – Inexistência de situação configuradora de ilegalidade do ato presidencial – Validade do ato dimensório – Segurança denegada. 1. A Constituição brasileira de 1988 prestigiou os instrumentos de tutela jurisdicional das liberdades individuais ou coletivas e submeteu o exercício do poder estatal – como convém a uma sociedade democrática e livre – ao controle do Poder Judiciário. Inobstante estruturalmente desiguais, as relações entre o Estado e os indivíduos processam-se, no plano de nossa organização constitucional, sob o império estrito da lei. A *rule of law*, mais do que um simples legado histórico-cultural, constitui, no âmbito do sistema jurídico vigente no Brasil, pressuposto conceitual do estado democrático de direito e fator de contenção do arbítrio daqueles que exercem o poder. É preciso evoluir, cada vez mais, no sentido da completa justiciabilidade da atividade estatal e fortalecer o postulado da inafastabilidade de toda e qualquer fiscalização judicial. A progressiva redução e eliminação dos círculos de imunidade do poder há de gerar, como expressivo efeito consequencial, a interdição de seu exercício abusivo. O mandado de segurança desempenha, nesse contexto, uma função instrumental do maior relevo (...). 2. A nova Constituição do Brasil instituiu, em favor dos indiciados em processo administrativo, a garantia do contraditório e da plenitude de defesa, com os meios e recursos a ela inerentes (art. 5º, LV). O legislador constituinte consagrou, em norma fundamental, um direito do servidor público oponível ao poder estatal. A explícita constitucionalização dessa garantia de ordem jurídica, na esfera do procedimento administrativo-disciplinar, representa um fator de clara limitação dos poderes da ad-

80 REGIME JURÍDICO DOS PROCESSOS ADMINISTRATIVOS

do nosso País, ainda que aqui e alhures se verifiquem decisões que tornam os atos administrativos quase imunes ao controle judicial.

Examinados todos os elementos que compõem o conceito apresentado, pode-se afirmar, em apertada síntese, e enfocando apenas os elementos nucleares, que o processo administrativo é a soma da relação jurídica e do procedimento que se realizam no seio da função administrativa.

2.4 Processo e procedimento: para além de uma questão semântica

Rios de tinta já foram derramados por doutrinadores de enorme envergadura intelectual na missão de apresentar a terminologia adequada para rotular o fenômeno que aqui temos chamado de processo administrativo. A doutrina discute se se trata de processo ou procedimento administrativo.

A questão apresentada, e à qual nos dedicaremos a responder nas linhas a seguir, não nos parece ter relevância apenas semântica, já que, a nosso juízo, processo e procedimento não são apenas rótulos diferentes que se podem utilizar para delimitar a mesma realidade, mas expressões diversas para designar conteúdos também distintos, que, embora mantenham uma relação de imbricação, não se confundem.

A importância da distinção está precisamente em definir qual o regime jurídico que presidirá dado instituto. Por exemplo, se dermos ao processo uma conotação tão restrita que o reserve apenas à função jurisdicional, não teremos de tratar de questões como a necessidade ou não de defesa técnica na seara administrativa, já que só podemos falar em defesa técnica quando há processo, ou seja, relação jurídica entre as partes que culminará com uma decisão imperativa.

Nota-se, pois, que a relevância da questão não está adstrita a uma preferência linguística, mas diz respeito ao conjunto de normas que terão aplicação ao referido instituto, isto é, ao seu regime jurídico.

ministração pública e de correspondente intensificação do grau de proteção jurisdicional dispensada aos direitos dos agentes públicos" (STF, Mandado de Segurança 20.999-DF, rel. Min. Celso de Mello, j. 21.3.1990, *DJ* 25.5.1990, p. 4.605).

PROCESSO ADMINISTRATIVO

Entendemos que entre processo e procedimento há uma diferença essencial, ontológica e que por isso, com o devido respeito aos que optam por tratar os termos como se sinônimos fossem,[99] não se deve fazer uso indiscriminado das expressões.

O Direito, assim como as demais ciências, faz-se pelo uso da linguagem. O Direito posto é linguagem assim como o é o Direito aplicado, seja por meio de decisão judicial, seja por meio de decisão administrativa. Dissociar o Direito da linguagem seria privá-lo da sua essência.

Ao debruçar-se sobre seu objeto de estudo, o cientista do Direito faz uso exclusivamente da linguagem para fazer ciência, já que o próprio objeto é linguagem e o resultado de seu trabalho também será linguagem, na forma descritiva.

Nunca é demais reiterar que em um estudo que se pretenda científico deve haver rigor semântico,[100] evitando-se palavras vagas e polissêmicas. Deve haver precisão terminológica. Para tanto, mister se faz colher no Direito posto e na respectiva ciência dados que permitam utilizar a expressão mais útil e adequada ao fenômeno que se descreve. É por esta razão que cuidamos, desde o início deste trabalho, incluindo o título, de utilizar apenas a expressão processo administrativo, demonstrando, desde logo, que não consideramos processo e procedimento expressões sinônimas.

Ademais, há no ordenamento jurídico nacional uma barreira intransponível, a nosso ver, para aqueles que usam indistintamente as duas expressões. Trata-se do disposto no art. 24, XI da Constituição

---

99. Esclarecemos desde já que, embora utilize indiscriminadamente as expressões, o Professor Celso Antônio Bandeira de Mello afirma, categoricamente, que "a terminologia adequada para designar o objeto em causa é 'processo', sendo 'procedimento' a modalidade ritual de cada processo" (*Curso de Direito Administrativo*, cit., p. 488).

100. É essa a lição do festejado J. J. Calmon de Passos, ao afirmar que, "se o rigor terminológico é algo indissociável de qualquer saber com pretensões de racionalidade, portanto de respeitabilidade, esse rigor se faz muito mais exigente num saber, como o jurídico, quase que totalmente constituído daquele conhecimento conceitual a que já aludimos. Nele, precisão e rigor terminológicos são essenciais. Faltando isso falta a *ciência* do direito, substituída pelo *discurso* (no sentido comum da palavra) jurídico, totalmente desprovido de autoridade" ("Instrumentalidade do processo e devido processo legal", *Revista Diálogo Jurídico*, vol. 1, n. 1, disponível em *www.direitopublico.com.br*; acesso em 10.12.2008).

da República.[101] Se processo e procedimento fossem signos designativos do mesmo conteúdo, com idêntica significação, o dispositivo constitucional seria um sem-sentido, contrariando o princípio basilar de hermenêutica jurídica segundo o qual não se presume na lei palavras inúteis (*verba cum effectu sunt accipienda*), ou seja, as palavras devem ser compreendidas como tendo alguma eficácia.[102]

A celeuma que envolve os dois termos parece ter se instalado inicialmente no bojo do processo civil, quando da discussão sobre a natureza jurídica dos processos de jurisdição voluntária, chegando ao Direito Administrativo tempos depois. Os processualistas travaram acalorado debate. Para alguns,[103] os chamados processos de jurisdição voluntária não poderiam ostentar esse rótulo já que prescindiam de lide, ou seja, da pretensão de uma parte resistida por seu opositor. Segundo essa corrente, que se tornou majoritária entre os processualistas brasileiros,[104] o termo processo estaria reservado à celebração contraditória do procedimento, sendo este uma relação sucessiva de atos dependentes entre si, unificados pela finalidade comum.[105] Para esses doutrinadores, na jurisdição voluntária há negócio jurídico privado, celebrado entre os interessados, por meio de um procedimento de administração pública de interesses privados. O juiz participa do ato apenas para velar pela regularidade e observação dos princípios de ordem pública.

101. "Art. 24. Compete à União, aos Estados e ao Distrito Federal legislar concorrentemente sobre: (...) XI – procedimento em matéria processual."

102. Carlos Maximiliano, *Hermenêutica e Aplicação do Direito*, p. 262.

103. Para José Frederico Marques, "na jurisdição voluntária, não há lide, e sim um negócio jurídico que depende de um ato administrativo que o complete e integre", também, "não há processo, e sim, procedimento, e não se pode falar em *ação*, mas tão-só em *pedido*, empregando-se este vocábulo no sentido comum, e não com o significado de dedução de pretensão em juízo" (*Ensaio sobre a Jurisdição Voluntária*, ed. rev. atual. e complementada por Ovídio Rocha Barros Sandoval, Campinas, Millennium, 2000, pp. 228 e 306).

104. O Código de Processo Civil, Lei 5.869/1973, adotou o termo "procedimento" ao tratar dos atos de jurisdição voluntária (arts. 24. 34 e 1.103 e ss.).

105. Embora Antonio Carlos de Araújo Cintra, Ada Pelegrini Grinover e Cândido Rangel Dinamarco entendam que na jurisdição voluntária há apenas um negócio com a participação do magistrado, valem-se do conceito de processo por considerarem que "Não há por que restringir à jurisdição contenciosa os conceitos de parte e de processo (mesmo porque este, em teoria geral, vale até para funções não-jurisdicionais e mesmo não-estatais)" (*Teoria Geral do Processo*, cit., p. 174).

PROCESSO ADMINISTRATIVO

Essa foi, ao que nos consta, a origem da discussão sobre o alcance da expressão processo e a consequente possibilidade, ou não, de usá-la diante da inexistência de pretensão resistida e para além do território da função jurisdicional.

Conforme noticiamos em linhas precedentes, apoiado em doutrinadores de renome, não há mais dúvida sobre a existência de processo em todas as funções desempenhadas pelo Estado. Sobre esse aspecto, ainda que haja significativa divergência quanto à nomenclatura e à natureza do instituto, processualistas e administrativistas parecem convergir.

No âmbito do Direito Administrativo, a controvérsia acerca da utilização dos termos processo e procedimento remonta à origem do instituto[106] e à sua inspiração oriunda do direito continental europeu, especialmente do direito francês.[107]

Alguns países com sistemas jurídicos de base romanística, como a França e a Itália, têm dualidade de jurisdição. Ao lado de uma estrutura responsável pelo contencioso judicial, há outra estrutura com competência para conhecer e julgar o contencioso administrativo. São duas ordens jurisdicionais com competências distintas. Embora não haja um único critério para definir a competência do juiz judiciário e do juiz administrativo, poderíamos, de forma demasiadamente simplista, afirmar que a primeira destina-se a proteger liberdades entre particulares, enquanto a segunda oferece proteção aos cidadãos contra a atuação da Administração Pública.[108]

Nesses países de jurisdição dupla, o termo processo administrativo ficou reservado para rotular o fenômeno processual originado e

106. Em sede constitucional, a expressão "processo administrativo" foi pioneiramente apresentada pela Constituição de 1934 ao dispor sobre a necessidade de processo administrativo para a perda do cargo por servidores públicos ("Art. 169. Os funcionários públicos, depois de dois anos, quando nomeados em virtude de concurso de provas, e, em geral, depois de dez anos de efetivo exercício, só poderão ser destituídos em virtude de sentença judiciária ou mediante processo administrativo, regulado por lei, e, no qual lhes será assegurada plena defesa").

107. Aprofundar em Maria Sylvia Zanella Di Pietro, "500 anos de direito administrativo brasileiro", *Revista da Procuradoria Geral do Estado da Bahia*, vol. 26, n. 2, pp. 29-54.

108. Detalhado panorama sobre a dualidade de jurisdição na França é apresentado por Francis-Paul Bénoit, na terceira parte de sua primorosa obra *Le Droit Administratif Français*, cit., pp. 275-462.

84   REGIME JURÍDICO DOS PROCESSOS ADMINISTRATIVOS

concluído no interior da jurisdição administrativa, cuja decisão final faz coisa julgada em sentido material, impedindo a revisão por qualquer outra autoridade, já que proferida por autoridade judicial-administrativa. A expressão procedimento administrativo,[109] por sua vez, é utilizada para designar o trâmite dos pleitos que se desenrolam perante a Administração Pública e cuja decisão tem natureza meramente administrativa, uma vez que se dá no exercício de função administrativa e não judicial.

A diferença, então, entre processo e procedimento nos países com dualidade de jurisdição não sugere maiores debates, já que a distinção se dá em razão da função estatal desempenhada. Quando, no exercício da função jurisdicional, as autoridades judiciais dos tribunais administrativos são chamadas a decidir a lide, está-se diante de processo administrativo; quando, de outra feita, a competência é de uma autoridade administrativa, no típico desempenho de função administrativa, trata-se de procedimento administrativo.

No Brasil, país em que vigora a unidade de jurisdição,[110] a importação dos conceitos e respectiva distinção são impossíveis. Para nós, o critério da função estatal desempenhada não será suficiente para apartar as realidades rotuladas de processo e procedimento administrativo, já que ambas ocorrem no interior da função administrativa.

Vimos, ao tratar do conceito de processo administrativo, que seus elementos nucleares são a relação jurídica que se estabelece entre as partes, somada ao procedimento. O procedimento, por sua vez, caracteriza-se por uma sucessão encadeada de atos relativamente autônomos, interligados por uma relação de dependência, destinados à produção do ato final.

Fácil notar que o conteúdo do termo processo é para nós mais amplo do que o de procedimento,[111] sendo possível extrair dessa cons-

---

109. Sobre o conceito de procedimento administrativo ver Renato Alessi, *Principi di Diritto Amministrativo*, t. I, Milano, Giuffrè, 1966, pp. 320 e ss.

110. Em nosso País, tradicionalmente e de acordo com a Constituição da República de 1988, o Poder Judiciário tem o monopólio da função jurisdicional, ou seja, competência exclusiva para julgar, com força de coisa julgada, a lesão ou ameaça de lesão a direitos individuais e coletivos, qualquer que seja a questão de direito material subjacente. O fundamento constitucional do sistema da unidade de jurisdição é o art. 5º, XXXV, da Lei Maior.

111. Não podemos deixar de referir que Romeu Felipe Bacellar Filho, em sua completa obra *Princípios Constitucionais do Processo Administrativo Disciplinar*,

PROCESSO ADMINISTRATIVO

trução que em todo processo há procedimento, mas a recíproca não se impõe, pois não há relação jurídica no procedimento administrativo, senão mera sucessão de atos tendentes a um resultado conclusivo.[112]

Há entre processo e procedimento uma relação de inclusão, pois o procedimento está contido no processo, como elemento necessário desse. Qualquer que seja a relação jurídica processual existente, ela será exteriorizada por meio de uma sequência de atos que permitirão alcançar o ato final.

O procedimento administrativo nada mais é do que a vestimenta do processo, a forma pela qual ele é exteriorizado. Procedimento é rito, que será mais ou menos formal, com maior ou menor lapso temporal para sua conclusão, com intervenção de poucas ou muitas autoridades e órgãos técnicos, enfim, que variará de acordo com a espécie de processo em causa e com a respectiva disciplina legal.

Exemplo bastante ilustrativo é a licitação, processo administrativo concorrencial, destinado à seleção da proposta mais vantajosa para a Administração Pública que pretenda contratar a execução de uma

afirma ser o procedimento gênero do qual o processo é espécie. Para o célebre administrativista, o procedimento é a forma de explicitação de uma competência e o processo é a "forma de exteriorização da função administrativa qualificado pela participação dos interessados em contraditório, imposto diante da circunstância de se tratar de procedimentos celebrados em preparação a algum provimento (ato de poder imperativo por natureza e definição), capaz de interferir na esfera jurídica das pessoas" (*Princípios Constitucionais do Processo Administrativo Disciplinar*, São Paulo, Max Limonad, 1998, pp. 45-46). Embora Lúcia Valle Figueiredo concorde com Romeu Felipe Bacellar Filho quanto à necessária presença do elemento contraditório para que haja processo administrativo, apresenta sistematização diversa. Para ela, processo em sentido amplo é gênero no qual se encartam as espécies: "1) procedimento, como forma de atuação normal da Administração Pública; 2) procedimento, sequência de atos ordenada para a emanação de um ato final, dependendo a validade do ato posterior sempre de seu antecedente, subdividindo-se em: a) procedimentos nominados; b) procedimentos inominados; 3) processo, em sentido estrito, em que a litigiosidade ou as 'acusações' encontram-se presentes, obrigando-se o contraditório e a ampla defesa: a) processos revisivos; b) processos disciplinares; c) processos sancionatórios" (*Curso de Direito Administrativo*, cit., pp. 435-436).

112. Concordamos integralmente com a lúcida assertiva de Egon Bockmann Moreira, para quem "processo e procedimento têm clássica diferenciação quanto ao seu conteúdo jurídico: o primeiro retrata *relação jurídica* específica, de caráter processual em sentido estrito; já o segundo define puramente o desenrolar dos atos e fatos que configuram o começo, meio e fim do processo" (*Processo Administrativo: Princípios Constitucionais e a Lei 9.784/1999*, p. 43).

86 REGIME JURÍDICO DOS PROCESSOS ADMINISTRATIVOS

obra ou serviço ou realizar uma compra ou alienação. A licitação é um processo administrativo porque, sendo manifesto exercício de função administrativa, constitui vínculos jurídicos entre os partícipes (os licitantes não podem agir de modo a frustrar a competição, devem guardar sigilo das suas propostas, a Administração deve garantir iguais oportunidades de acesso a todos os interessados, tem o dever de decidir de acordo com os critérios previamente fixados), que concorrem para a formação (os participantes, muito mais do que a Administração, é que serão responsáveis pelo resultado da licitação, já que tudo dependerá das ofertas por eles feitas e dos documentos apresentados, restando à Administração apenas cumprir o que foi previamente fixado no instrumento convocatório) do ato final (adjudicação), por meio de uma sucessão encadeada de atos (pluralidade de atos sequenciais que constituem as fases desse processo).

Revelada a natureza de processo administrativo da licitação, cumpre fazer referência ao seu procedimento, já que afirmamos que todo processo se instrumentaliza por meio de um procedimento. A Lei 8.666/1993 denominou de modalidades os diversos procedimentos da licitação e prescreveu para cada uma delas um caminhar diferente para o atingimento do ato final e conclusivo. O que fez o diploma normativo, em seu art. 22,[113] foi criar ritos diversos para o mesmo

---

113. "Art. 22. São modalidades de licitação: I – concorrência; II – tomada de preços; III – convite; IV – concurso; V – leilão. § 1º. Concorrência é a modalidade de licitação entre quaisquer interessados que, na fase inicial de habilitação preliminar, comprovem possuir os requisitos mínimos de qualificação exigidos no edital para execução de seu objeto. § 2º. Tomada de preços é a modalidade de licitação entre interessados devidamente cadastrados ou que atenderem a todas as condições exigidas para cadastramento até o terceiro dia anterior à data do recebimento das propostas, observada a necessária qualificação. § 3º. Convite é a modalidade de licitação entre interessados do ramo pertinente ao seu objeto, cadastrados ou não, escolhidos e convidados em número mínimo de 3 (três) pela unidade administrativa, a qual afixará, em local apropriado, cópia do instrumento convocatório e o estenderá aos demais cadastrados na correspondente especialidade que manifestarem seu interesse com antecedência de até 24 (vinte e quatro) horas da apresentação das propostas. § 4º. Concurso é a modalidade de licitação entre quaisquer interessados para escolha de trabalho técnico, científico ou artístico, mediante a instituição de prêmios ou remuneração aos vencedores, conforme critérios constantes de edital publicado na imprensa oficial com antecedência mínima de 45 (quarenta e cinco) dias. § 5º. Leilão é a modalidade de licitação entre quaisquer interessados para a venda de bens móveis inservíveis para a administração ou de produtos legalmente apreendidos ou penhorados,

PROCESSO ADMINISTRATIVO 87

processo. No mesmo sentido foi a prescrição da Lei 10.520/2002, que criou mais um procedimento para a realização da licitação (institui a licitação na modalidade pregão).

Uma análise detida acerca das diversas modalidades de licitação – concorrência, tomada de preços, convite, concurso, leilão e pregão – revela que só há diferenças procedimentais. De fato, as distinções correspondem aos prazos mínimos obrigatórios entre a publicação do instrumento convocatório e a realização da primeira sessão pública, prazos para interposição de recursos, autoridades responsáveis pela condução do processo etc. Há, contudo, identidade quanto aos vínculos jurídicos estabelecidos, comprovando que a licitação é um processo administrativo que se realiza por meio de seis diferentes procedimentos, nos termos da legislação vigente.

À guisa de arremate, impende destacar que não nos parece, com a devida vênia aos que defendem posição diversa, haver liberdade de escolha ao cientista do Direito para optar entre os termos processo e procedimento administrativo para designar a relação jurídica estabelecida na intimidade da função administrativa entre as partes que concorrem para a formação do ato final, instrumentalizada por uma sucessão de atos encadeados, por não se tratar de questão meramente terminológica, de encontrar o melhor termo, o mais adequado segundo critérios históricos[114] ou políticos,[115] e, sim, de respeitar a ordem jurídica vigente e a opção feita pelo poder constituinte.

À luz da Constituição de 1988, é equivocado falar-se em procedimento administrativo para designar a realidade que temos chamado de processo, pois inexiste dúvida de que esse rótulo aplica-se também ao âmbito administrativo, não estando reservado à função jurisdicio-

---

ou para a alienação de bens imóveis prevista no art. 19, a quem oferecer o maior lance, igual ou superior ao valor da avaliação. (...).”

114. Para José dos Santos Carvalho Filho, a expressão processo deve ser utilizada porque está consagrada, sendo reconhecida pelas mais diversas camadas da população (*Processo Administrativo Federal: Comentários à Lei 9.784 de 29/1/1999*, cit., p. 21).

115. Para Agustín Gordillo, a expressão processo deve ser afastada, diante de razões históricas e políticas, que dão ao processo uma ideia maior do que de mera sequência finalista de atos, atribuindo-lhe fim específico de decidir uma controvérsia entre partes por uma autoridade imparcial e independente, com autoridade de coisa julgada (*Tratado de Derecho Administrativo*, t. 1, pp. IX-2).

nal. Como dissemos,[116] a Lei Maior adota a expressão processo administrativo e não só para tratar de situações onde há pretensão resistida. Também cuida expressamente do processo administrativo, e não do procedimento, a Lei 9.784/1999. Por este critério, de índole normativa, deve-se adotar a expressão processo administrativo, reservando o termo procedimento para designar o caráter instrumental daquele, a sucessão itinerária dos sucessivos atos que culminarão com o ato final.

Há outro argumento hábil a reforçar a adoção da expressão processo, que podemos denominar de critério científico.[117] Se em toda a ciência do Direito, nos diversos ramos da Dogmática Jurídica, o termo processo é utilizado para designar uma dada realidade, não é possível afastá-lo para descrever fenômeno análogo, se não idêntico, em certas circunstâncias. Da mesma forma que não se deve, na linguagem científica, fazer uso de um só termo para designar diversas realidades, hipótese em que se estaria diante de palavra ambígua ou plurissignificativa, também é inadequado utilizar diversas palavras para aludir a uma única realidade.

A admissão dos critérios acima expostos leva inexoravelmente à adoção da expressão processo administrativo para designar o exercício da função administrativa, com os caracteres anteriormente apresentados, razão pela qual nos manteremos fiéis a este termo até o final do trabalho.

2.5 Finalidade do processo administrativo

Tratar da finalidade do processo administrativo implica revelar o seu objetivo, identificando a que se presta o instituto de acordo com sua configuração constitucional e legal.

Tendo em vista que o processo administrativo desenvolve-se no seio da Administração Pública e caracteriza-se pelo exercício de sua

---

116. V., *supra*, item "2. A disciplina legal do processo administrativo".

117. Sérgio Ferraz e Adílson Abreu Dallari em valiosíssima contribuição aludem aos critérios lógico, que preferimos denominar de científico, normativo, que adotamos, acrescentando apenas a referência à Lei 9.784/1999, e ideológico que, com a devida permissão, refutamos por considerarmos inadequado para um estudo científico, que deve, tanto quanto possível, afastar-se de acepções ideológicas (*Processo Administrativo*, cit., pp. 39-41).

PROCESSO ADMINISTRATIVO

função típica, é fácil perceber, desde logo, que sua finalidade é a satisfação do interesse público, conceituado este como o "interesse resultante do conjunto de interesses que os indivíduos pessoalmente têm quando considerados em sua qualidade de membros da Sociedade e pelo simples fato de o serem".[118]

Assim, pode-se afirmar que a finalidade genérica de todo e qualquer processo administrativo, independentemente de sua espécie, é o cumprimento do interesse público,[119] razão pela qual, ao conduzir um processo administrativo e decidir a questão nele discutida, o administrador deve manusear as competências que lhe foram atribuídas pela ordem jurídica em estrita consonância com os objetivos por ela eleitos,[120] já que interesse público é, em última instância, o respeito pela ordem jurídica.[121]

Anote-se que a simples instauração de um processo administrativo não é garantia para a validade do ato final: além de existente, o processo há de ser válido, ou seja, conforme o Direito, incluindo-se a necessária observância da finalidade legal. Como se sabe, não é juridicamente possível valer-se de um processo, cuja finalidade a lei prescreveu, para atingir finalidade diversa, sob pena de restar caracterizado o desvio de finalidade ou de poder.[122] Há essa espécie de má-

118. O conceito é de Celso Antônio Bandeira de Mello (*Curso de Direito Administrativo*, cit., p. 61).

119. De acordo com Themistocles Cavalcanti, "é efetivamente o interesse público, o interesse social que domina todo o processo, qualquer que seja" (*Curso de Direito Administrativo*, cit., p. 487).

120. Nas palavras de Ruy Cirne Lima, "O fim, e não a vontade, domina todas as formas de administração. Supõe, destarte, a atividade administrativa a preexistência de uma regra jurídica, reconhecendo-lhe uma finalidade própria. Jaz, consequentemente, a Administração Pública debaixo da legislação, que deve enunciar e determinar a regra de direito" (*Princípios de Direito Administrativo*, cit., pp. 39-40).

121. A lição é do pioneiro Manoel de Oliveira Franco Sobrinho: "numa visão geral, de conceito também geral, o que objetiva o processo está no respeito pela ordem jurídica atual, ou presente" (*Introdução ao Direito Processual Administrativo*, cit., p. 103).

122. "1. Mandado de segurança impetrado contra ato do Governador do Estado da Bahia, consubstanciado na edição de decreto expropriatório que declarou de utilidade pública, para fins de implantação de unidade industrial, imóveis de propriedade da recorrente. (...) 3. O exame da oportunidade e da conveniência do ato ora impugnado não se sujeita a controle judicial. Entretanto, a hipótese legal de desapropriação elencada pelo administrador como fundamento do decreto expropriatório – art. 5º, I, do Decreto-Lei 3.365/41, no caso dos autos – deverá ser compatível com o fim a que

90 REGIME JURÍDICO DOS PROCESSOS ADMINISTRATIVOS

cula jurídica tanto quando o agente busca uma finalidade diversa do interesse público, intentando prestigiar interesses particulares próprios ou de terceiros, como quando se vale de processo destinado a uma finalidade específica para cumprir outra, ainda que afeta ao interesse público.

Além da finalidade genérica, a que aludimos, o processo administrativo presta-se, ainda, a outros escopos, decorrentes igualmente do direito posto e que são comuns a todas as espécies de processos administrativos, são eles: preservar os direitos do administrado, concorrer para uma atuação administrativa consentânea com os fins da Administração e produzir o ato final e conclusivo.

A doutrina tem frisado a finalidade do processo administrativo como instrumento de garantia dos administrados em face da Administração,[123] sinalizando, uma vez mais, que o Direito Administrativo não é um conjunto de poderes titularizados e manejáveis pelo Estado, mas um rol de deveres deste para com os administrados. Nessa perspectiva, o processo administrativo materializa-se como forma de cumprimento do dever-poder do Estado e torna-se verdadeira barreira ao arbítrio do administrador, ao exigir que a aplicação da lei ocorra no bojo de uma relação jurídica procedimentalizada, em que todos os interessados tenham oportunidades de se manifestar e acompanhar, passo a passo, a formação da vontade funcional. Impede-se, com a

ele se destina, sob pena de se viciar o ato praticado. 4. Por distritos industriais deve-se entender 'a área de concentração de indústrias e atividades complementares delas, ordenada pelo Poder Público mediante plano urbanístico especial de urbanificação do solo, com possibilidade de desapropriação da gleba e revenda ou locação dos lotes aos estabelecimentos industriais interessados' (SILVA, José Afonso da. 'Direito Urbanístico Brasileiro', 4ª ed., rev. e atual., São Paulo: Malheiros, 2006, p. 377). 5. O decreto expropriatório editado com fundamento no art. 5º, I, do Decreto-Lei 3.365/41, beneficiando uma única empresa privada, contém vício de finalidade que o torna nulo, na medida em que se desvia do interesse público, contrariando, ainda, os princípios da impessoalidade e da moralidade administrativa, consagrados no art. 37 da Constituição Federal. (...) 9. Recurso provido para se conceder a segurança pleiteada, declarando-se a nulidade do Decreto 7.917/2001, expedido pelo Governador do Estado da Bahia" (STJ, Recurso em Mandado de Segurança 18.703-BA, rel. Min. Denise Arruda, j. 28.11.2006, *DJ* 29.3.2007, p. 217).

123. Nesse sentido, ver Celso Antônio Bandeira de Mello, *Curso de Direito Administrativo*, cit., p. 486; Cármen Lúcia Antunes Rocha, "Princípios constitucionais do processo administrativo...", cit., p. 7; e Mônica Martins Toscano Simões, *O Processo Administrativo e a Invalidação de Atos Viciados*, cit., pp. 55-59.

PROCESSO ADMINISTRATIVO 91

instauração do processo administrativo, que questões do mais alto relevo para o administrado e para a sociedade sejam decididas de uma só penada, como se fazia no passado.

É neste contexto que afirma Royo-Villanova ser o processo administrativo forma de tutelar os direitos e interesses particulares que o ato, produto do processo administrativo, afeta ou possa afetar.[124]

A finalidade do processo, incluído no gênero a espécie administrativa, como instrumento de garantia dos direitos individuais foi prescrita pela Constituição da República ao condicionar a privação da liberdade e dos bens ao devido processo legal. A norma disposta no art. 5º, LIV, da Lei Maior, não origina efeitos somente no campo do processo judicial, mas também no administrativo. Daí decorre que a intervenção do Estado na propriedade particular, de forma individualizada e especial, deve ser feita mediante processo administrativo, a exemplo do que ocorre na desapropriação, obedecendo-se aos fins e limites dispostos na lei, ou seja, prestigiando a ordem jurídica.

A Administração não está autorizada, salvo em caso de atos urgentes, nos quais atuará legitimada por seu poder de cautela, a interferir na esfera jurídica dos particulares sem que estes se possam opor ao ato. Em nosso sistema jurídico, o meio hábil para essa oposição é justamente o processo administrativo.

A Lei Federal de Processo Administrativo também fez expressa alusão a essa finalidade do processo administrativo ao dispor, na oportuna redação do art. 1º, que ele visa "em especial, à proteção dos direitos dos administrados".

Mas, ao contrário do que pode aparentar à primeira vista, o processo administrativo não é apenas instrumento de garantia dos administrados em face da Administração, mas também diante de outros administrados, conforme anotam Sérgio Ferraz e Adilson Abreu Dallari.[125]

Há alguns processos administrativos que resguardam não só os direitos dos particulares contra os desmandos e abusos da Administração Pública, como também o fazem em relação a outros particulares que, no afã de proteger seus interesses privados, realizam ou concor-

---

124. *Elementos de Derecho Administrativo*, cit., p. 884.
125. *Processo Administrativo*, cit., p. 25.

REGIME JURÍDICO DOS PROCESSOS ADMINISTRATIVOS

rem para a realização de atos contrários ao Direito. Os processos concorrenciais, como a licitação e o concurso público,[126] são exemplos úteis, nos quais a preservação do administrado tem um duplo aspecto: exigir o cumprimento da lei pela Administração e pelos demais concorrentes.

Além de servir de garantia aos administrados, o processo administrativo destina-se a auxiliar a Administração na produção de uma decisão consentânea com seus fins. E esses fins a que fazemos referência não são de livre escolha pela Administração, são os fins prescritos pela ordem jurídica e que em duas palavras poderíamos denominar de interesse público.

A Lei 9.784/1999 não ignorou essa missão do processo administrativo, ao contrário, explicitou logo no primeiro dos seus dispositivos que o processo administrativo presta-se a dar melhor cumprimento aos fins da Administração.

À medida que o processo administrativo permite a participação efetiva de todos os interessados no círculo de formação da decisão que terão de cumprir mais adiante, faz com que a Administração considere diferentes perspectivas ao apreciar a questão e eleja a que lhe parecer mais conveniente e oportuna, segundo as condicionantes do caso concreto, quando houver essa margem de liberdade para a ação administrativa.

Nessa senda, imperioso reconhecer que a Lei 9.784/1999 garantiu diversas formas de participação do interessado no *iter* de formação da

---

126. "(...) 3. Diante do indeferimento de seu pedido de prorrogação de 75 dias do prazo para sua posse, a fim de que pudesse concluir o curso superior e, assim, assumir o cargo de psicóloga no Polo de Lages/SC, a ora recorrente apresentou requerimento de licença-saúde pelo período de 90 dias, mediante atestado médico apontando como causa de impedimento para o ato de posse a CID F 43.0 (estresse), incapacidade esta que foi descaracterizada pela Junta Médica formada por técnicos do Estado. 4. A declaração de fraude no deferimento do pedido de prorrogação de posse efetuado pela recorrente, foi precedido de regular procedimento administrativo, com os consectários do contraditório e da ampla defesa, afastada, assim, a atuação arbitrária da Administração. 5. A anulação do ato de nomeação da impetrante foi fundada na legalidade, uma vez que não foram preenchidos os requisitos exigidos no instrumento convocatório, que estabelece normas garantidoras da isonomia e igualdades de condições no ingresso no serviço público. Recurso desprovido, em conformidade com o parecer ministerial" (STJ, Recurso em Mandado de Segurança 25.909-SC, rel. Min. Napoleão Nunes Maia Filho, j. 19.6.2008, *DJ* 4.8.2008, p. 7).

PROCESSO ADMINISTRATIVO 93

decisão, prevendo, até mesmo, a realização de consulta (art. 31) e audiência pública (art. 32), quando a matéria do processo, respectivamente, envolver questão de interesse geral ou tiver relevância para além das partes do processo.[127]

A participação do interessado com a exposição de suas razões e contrarrazões permite-lhe influir na formação do ato final, tornando-o agente ativo do processo de tomada de decisões.[128] O administrado passa de mero expectador a partícipe do exercício do dever-poder estatal.[129]

Atuando dessa forma, a Administração conhece, previamente à decisão, os prós e os contras de adotá-la, o que lhe permite atuar de uma forma mais ponderada e segura, sempre tendo como finalidade máxima a satisfação do interesse público. O processo administrativo aproxima a Administração do administrado, desmistificando a atuação daquela.

Para que essa finalidade seja cumprida, não basta oportunizar a manifestação do particular; imprescindível a consideração, pela autoridade competente, dos argumentos por ele apresentados.[130] Somente

127. A importância da participação da sociedade em questões de relevância geral expandiu-se para além do âmbito do Poder Executivo e levou o Supremo Tribunal Federal, em 20.2.2009, a editar a Emenda Regimental 29, que permite ao presidente da Corte convocar audiência pública para ouvir o depoimento de pessoas com experiência e conhecimentos específicos em determinada matéria. Segundo a norma, a audiência pública será realizada sempre que o presidente entender necessário o esclarecimento de questões ou circunstâncias de fato, com repercussão geral e de interesse público relevante, debatidas no âmbito do Tribunal.

128. Nesse sentido, Adolfo Merkl: "La más eficaz de todas estas garantías está supuesta por la colaboración en el procedimiento de personas para las que se derivarán o se podrían derivar derechos u obligaciones del mismo y, por eso, la institución fundamental del derecho procesal consiste en la regulación de esta colaboración. La colaboración de las partes, que han de resultar facultadas y obligadas a consecuencia del procedimiento, hace posible la inspección de actuar de la autoridad, es más previsible el resultado de esa actuación y, en circunstancias, concede posibilidad al interesado para influir sobre el acto en cuestión" (*Teoría General del Derecho Administrativo*, cit., p. 277).

129. De acordo com Gordillo, "la administración no puede ni debe administrar sola: el pueblo administrativo *debe participar en la decisión administrativa misma*" (*Tratado de Derecho Administrativo*, cit., p. I-15).

130. "1. Mandado de Segurança. 2. Cancelamento de pensão especial pelo Tribunal de Contas da União. Ausência de comprovação da adoção por instrumento jurídico adequado. Pensão concedida há vinte anos. 3. Direito de defesa ampliado com

94 REGIME JURÍDICO DOS PROCESSOS ADMINISTRATIVOS

a participação substancial e efetiva dos interessados no processo leva à edificação de uma decisão calcada nos princípios que presidem a atividade administrativa.

Quando o particular destinatário do ato final toma parte no processo formador da vontade da Administração, tende a aceitá-la com mais facilidade, ainda que seja diametralmente oposta a seus interesses privados, porque sabe ser essa vontade o resultado de um complexo percurso, trilhado com a participação de todos os interessados que já tiveram, em momento prévio ao ato final, a oportunidade de lançar mão de seus argumentos. O processo administrativo é, sob esse prisma, forma de dar legitimidade à decisão administrativa.

Tratar da finalidade do processo administrativo sem mencionar a produção do ato final é menosprezar o mais concreto dos seus objetivos, pois todo processo culmina com a edição de um ato conclusivo que lhe põe termo. A unanimidade dos autores a que fizemos referência ao tratar do conceito de processo administrativo[131] o define como o meio para a produção do ato derradeiro, que, dissemos nós, é a concretização do dever-poder estatal, ou seja, a expedição de um ato no exercício da função administrativa.

a Constituição de 1988. Âmbito de proteção que contempla todos os processos, judiciais ou administrativos, e não se resume a um simples direito de manifestação no processo. 4. Direito constitucional comparado. Pretensão à tutela jurídica que envolve não só o direito de manifestação e de informação, mas também o direito de ver seus argumentos contemplados pelo órgão julgador. 5. Os princípios do contraditório e da ampla defesa, assegurados pela Constituição, aplicam-se a todos os procedimentos administrativos. 6. O exercício pleno do contraditório não se limita à garantia de alegação oportuna e eficaz a respeito de fatos, mas implica a possibilidade de ser ouvido também em matéria jurídica. 7. Aplicação do princípio da segurança jurídica, enquanto subprincípio do Estado de Direito. Possibilidade de revogação de atos administrativos que não se pode estender indefinidamente. Poder anulatório sujeito a prazo razoável. Necessidade de estabilidade das situações criadas administrativamente. 8. Distinção entre atuação administrativa que independe da audiência do interessado e decisão que, unilateralmente, cancela decisão anterior. Incidência da garantia do contraditório, da ampla defesa e do devido processo legal ao processo administrativo. 9. Princípio da confiança como elemento do princípio da segurança jurídica. Presença de um componente de ética jurídica. Aplicação nas relações jurídicas de direito público. 10. Mandado de Segurança deferido para determinar observância do princípio do contraditório e da ampla defesa (CF, art. 5º, LV)" (STF, Mandado de Segurança 24.268-MG, rel. para Acórdão Min. Gilmar Mendes, j. 5.2.2004, *DJ* 17.9.2004, p. 53).

131. V., supra, item "3. Conceito de processo administrativo".

PROCESSO ADMINISTRATIVO 95

Imprescindível, portanto, incluir entre o rol de finalidades do processo administrativo a produção do ato final, já que, se por qualquer razão o processo for interrompido, impedindo-se a prática do ato conclusivo, sua finalidade não terá sido alcançada, ainda que tenha havido ampla participação dos interessados, apta a formar o mais correto e lídimo convencimento por parte da autoridade competente. A ausência de explicitação dessa vontade, a sua não formalização, compromete o atingimento da finalidade do processo administrativo.

A vontade declarada tem, no universo jurídico, poderosa força criadora, uma vez que, pela realização das condições de fato disciplinadas pela norma, estabelece relações jurídicas entre as pessoas, determinando, em particular, a criação, a modificação e a extinção de direitos.

O processo administrativo terá atingido a sua finalidade somente quando concomitantemente preservar os direitos do administrado, concorrer para uma atuação administrativa consentânea com os fins da Administração e produzir o ato final e conclusivo. Por esta razão optamos tratar do tema sob o título de finalidade do processo administrativo, utilizando o substantivo no singular e não no plural (finalidades), já que, a nosso ver, a finalidade do processo administrativo é complexa, podendo ser sistematicamente tripartida para melhor compreensão, no entanto só será satisfeita de forma integral se atendidos os três escopos mencionados, pois, caso contrário, a finalidade será apenas parcialmente cumprida.

2.6 Processo administrativo e democracia: binômio indissociável

A evolução recente do processo administrativo em nosso ordenamento jurídico, provocada pelo tratamento constitucional que lhe dispensou a Lei Maior de 1988 e alavancada fortemente pela edição da Lei Federal de Processo Administrativo, em 1999, somada aos esforços memoráveis da doutrina e, em algumas oportunidades, da jurisprudência,[132] transformou-o em uma efetiva forma de relaciona-

---

132. Apenas para justificar a afirmação de que nem sempre o Poder Judiciário caminha no sentido de prestigiar o processo administrativo, concorrendo para sua evolução, aludimos a duas recentes súmulas vinculantes editadas pelo Supremo Tribunal Federal, que cuidam de matérias afeta ao tema. Por meio da Súmula 3, aprova-

96 REGIME JURÍDICO DOS PROCESSOS ADMINISTRATIVOS

mento entre o administrado e a Administração Pública, garantindo a participação daquele no processo de tomada da decisão a ser por esta proferida.

A percepção de que a ideia de participação do cidadão nos atos do Estado é essencial à democracia[133] nos leva a concluir que o processo administrativo é imprescindível ao Estado Democrático de Direito,[134] mantendo com este uma íntima relação de dependência.

Por Estado de Direito compreendemos aquele que cria o Direito e a ele se submete, prestigiando a supremacia da Constituição, em uma constante busca pelo equilíbrio entre liberdades individuais e prerrogativas públicas. O conceito de Estado de Direito só ganha sentido e justificação em função da garantia e da promoção dos direitos individuais fundamentais, que devem ser buscadas pelo Estado sob o império da lei.[135] O Direito passa a ser, ao mesmo tempo, fundamento

da em 30.5.2007, a Corte assegurou a aplicação do contraditório e da ampla defesa em processos realizados perante o Tribunal de Contas da União, quando da decisão puder resultar anulação ou revogação de ato administrativo que beneficie o interessado, excetuada a apreciação da legalidade do ato de concessão inicial de aposentadoria, reforma e pensão. A decisão contribui, sem qualquer margem de dúvida, para a sedimentação do processo administrativo como instrumento de garantia dos administrados. A Súmula 5, por sua vez, aprovada em 7.5.2008, expressou o entendimento do Tribunal de que a falta de defesa técnica por advogado no processo administrativo disciplinar não ofende a Constituição, consubstanciando, para nós, claro retrocesso no que diz respeito à importância do processo e sua efetividade como instrumento de participação real do interessado no curso da formação do ato final.

133. "Da idade clássica a hoje o termo 'democracia' foi sempre empregado para designar uma das formas de governo, ou melhor, um dos diversos modos com que pode ser exercido o poder político. Especificamente designa a forma de governo na qual o poder político é exercido pelo povo" (Norberto Bobbio, *Estado, Governo, Sociedade...*, cit., p. 135).

134. Não podemos, nos limites deste trabalho, realizar minuciosa análise sobre os conceitos de Estado de Direito e democracia, assuntos tão complexos e tão bem tratados pela Dogmática Jurídica e Ciência Política, sendo nosso esforço limitado a apresentar conceitos genéricos e amplamente aceitos. A propósito do tema, são valiosos os escritos de Celso Ribeiro Bastos, *Teoria do Estado e Ciência Política*, 6ª ed., São Paulo, Celso Bastos Editor, 2004; Norberto Bobbio, *Liberalismo e Democracia*, 6ª ed., São Paulo, Brasiliense, 1997; e Dalmo de Abreu Dallari, *Elementos de uma Teoria Geral do Estado*, São Paulo, Saraiva, 2000.

135. É nesse sentido a orientação do Supremo Tribunal Federal: "(...) O esbulho possessório – mesmo tratando-se de propriedades alegadamente improdutivas – constitui ato revestido de ilicitude jurídica. – Revela-se contrária ao Direito, porque constitui atividade à margem da lei, sem qualquer vinculação ao sistema jurídico, a con-

PROCESSO ADMINISTRATIVO 97

do poder e forma de sua limitação, de modo que todas as pessoas, ao invés de dever obediência a outras pessoas, ficam submissas ao ordenamento jurídico, que também vincula o exercente do poder.

O adjetivo democrático refere-se à forma de governo adotada. Democracia é sinônimo de governo do povo que exerce o poder político diretamente ou mediante representação. Trata-se do governo de todos em contraposição ao governo de um ou de alguns. Sinteticamente, a democracia, conhecida como o governo do povo, para o povo e pelo povo, determina que a atuação do Estado se dê em conformidade

duta daqueles que – particulares, movimentos ou organizações sociais – visam, pelo emprego arbitrário da força e pela ocupação ilícita de prédios públicos e de imóveis rurais, a constranger, de modo autoritário, o Poder Público a promover ações expropriatórias, para efeito de execução do programa de reforma agrária. – O processo de reforma agrária, em uma sociedade estruturada em bases democráticas, não pode ser implementado pelo uso arbitrário da força e pela prática de atos ilícitos de violação possessória, ainda que se cuide de imóveis alegadamente improdutivos, notadamente porque a Constituição da República – ao amparar o proprietário com a cláusula de garantia do direito de propriedade (CF, art. 5º, XXII) – proclama que 'ninguém será privado (...) de seus bens, sem o devido processo legal' (art. 5º, LIV). – O respeito à lei e à autoridade da Constituição da República representa condição indispensável e necessária ao exercício da liberdade e à prática responsável da cidadania, nada podendo legitimar a ruptura da ordem jurídica, quer por atuação de movimentos sociais (qualquer que seja o perfil ideológico que ostentem), quer por iniciativa do Estado, ainda que se trate da efetivação da reforma agrária, pois, mesmo esta, depende, para viabilizar-se constitucionalmente, da necessária observância dos princípios e diretrizes que estruturam o ordenamento positivo nacional. – O esbulho possessório, além de qualificar-se como ilícito civil, também pode configurar situação revestida de tipicidade penal, caracterizando-se, desse modo, como ato criminoso (CP, art. 161, § 1º, II; Lei 4.947/1966, art. 20). – Os atos configuradores de violação possessória, além de instaurarem situações impregnadas de inegável ilicitude civil e penal, traduzem hipóteses caracterizadoras de força maior, aptas, quando concretamente ocorrentes, a infirmar a própria eficácia da declaração expropriatória. Precedentes. *O respeito à lei e a possibilidade de acesso à jurisdição do estado (até mesmo para contestar a validade jurídica da própria lei) constituem valores essenciais e necessários à preservação da ordem democrática.* – A necessidade de respeito ao império da lei e a possibilidade de invocação da tutela jurisdicional do Estado – que constituem valores essenciais em uma sociedade democrática, estruturada sob a égide do princípio da liberdade – devem representar o sopro inspirador da harmonia social, além de significar um veto permanente a qualquer tipo de comportamento cuja motivação derive do intuito deliberado de praticar gestos inaceitáveis de violência e de ilicitude, como os atos de invasão da propriedade alheia e de desrespeito à autoridade das leis da República (...)" (Medida Cautelar em Ação Direta de Inconstitucionalidade 2.213-DF, rel. Min. Celso de Mello, j. 4.4.2002, *DJ* 23.4.2007, p. 7).

98 REGIME JURÍDICO DOS PROCESSOS ADMINISTRATIVOS

com o consenso da maioria, mas impedindo o esmagamento das minorias, que terão, de qualquer sorte, seus direitos preservados. Essa forma de governo, que exige a participação popular na vontade diretiva do Estado,[136] tem como pilares básicos as ideias de liberdade e igualdade, que devem ser efetivamente protegidas, sob pena de existir uma democracia apenas formal e não substancial.[137]

Nos Estados que a adotam, a democracia apresenta-se como marco insubstituível da ordem jurídica e social, sendo verdadeira limitação à atuação despótica do Estado. O que se quer em uma democracia é o compartilhamento das decisões estatais entre os que titularizam o poder e aqueles que em seu nome o exercem.

Não se pode negar a existência de processo administrativo fora de um Estado Democrático de Direito, no entanto, não com o conteúdo que lhe atribuímos, só possível em um regime democrático; fora daí haverá apenas simulacro de processo, mera encenação, mantendo-se unicamente o mesmo rótulo para designar realidade completamente distinta da que denominamos processo administrativo.

Como a Constituição da República de 1988, reconhecendo que todo poder emana do povo, institui o Estado Democrático de Direito objetivando assegurar o exercício efetivo dos direitos por ela criados, o processo administrativo não pode ser concebido senão em estreita relação com a lei e com a democracia.

Sob esse ângulo, em uma democracia representativa como a nossa,[138] o cidadão não tem apenas o direito de participar da formação das decisões administrativas mediante escolha dos seus representantes, o que realiza por meio do voto direto, mas também de influenciar individualizadamente na construção das decisões que possam atingir sua esfera jurídica, o que se dá, como vimos, por meio do processo administrativo.

O processo administrativo é, então, um instrumento de exercício da democracia. E não poderia ser diferente. Se essa espécie de proces-

136. A expressão é de Hans Kelsen em *A Democracia*, São Paulo, Martins Fontes, 1993, p. 28.

137. Sobre essa distinção ver Norberto Bobbio, *Estado, Governo, Sociedade...*, pp. 157-158.

138. Ver arts. 1º, parágrafo único, 14, 27, 28, 29, 45, 46, 76 e 77 da Constituição da República.

so é ferramenta para concretização da função administrativa, como acreditamos que seja, tem de desempenhar a mesma função em relação à democracia, já que esta se caracteriza por ser um governo de funções.[139]

Em um Estado Democrático, o processo administrativo ocupa papel de elevada importância, pois funciona como obstáculo à atuação estatal autoritária, colocando-se como intermediário necessário entre a estática e a dinâmica da norma jurídica.

De muito pouco valeria a ordem jurídica criar uma série de direitos individuais protetores se ela não dispusesse acerca dos instrumentos manejáveis para o exercício dos respectivos direitos e oposição, contra quem quer que fosse, em caso de lesão ou ameaça de lesão.

O processo, como gênero, é o mais adequado instrumento de proteção dos direitos que integram a esfera jurídica de cada pessoa e a sua espécie administrativa não se afasta desse mister.

Por meio da estruturação do processo administrativo, procura-se dar condições ao administrado de fazer valer o direito que a ordem jurídica lhe atribui, permitindo-lhe participar das decisões que o afetem direta ou indiretamente.

É nesse contexto que as leis gerais de processo administrativo, em âmbito federal, estadual e municipal, e também aquelas que dispõem sobre processos especiais, disciplinam meios diversos de participação do administrado no curso de formação da vontade da Administração.

A edição dessas leis foi um importante passo no reconhecimento da valia do processo administrativo para um Estado Democrático de Direito. Resta agora incutir na prática da Administração esse instrumento jurídico, com toda a carga protetiva que lhe é inerente, o que não é tarefa das mais simples, considerando o forte ranço de autoritarismo que ainda paira sobre nossa sociedade.

---

139. A expressão é de Fábio Konder Comparato, "Um quadro institucional para o desenvolvimento democrático", in Hélio Jaguaribe (Coord), *Brasil, Sociedade Democrática*, Rio de Janeiro, José Olympio Editor, 1985, p. 398.

Capítulo III
ESPÉCIES DE PROCESSO ADMINISTRATIVO

3.1 Considerações iniciais. 3.2 Processos ampliativos de direito: 3.2.1 Conceito; 3.2.2 Classificação. 3.3 Processos restritivos de direito: 3.3.1 Conceito; 3.3.2 Classificação.

3.1 Considerações iniciais

As classificações são utilizadas em toda espécie de estudo científico, e a investigação do processo administrativo, assim como de outros tantos institutos jurídicos, não fugiu a essa regra. Os trabalhos desenvolvidos por juristas nacionais e estrangeiros geralmente apresentam classificações do processo administrativo segundo diferentes critérios eleitos por quem se propõe a classificar. Mas por quê classificar? Qual é a razão de apresentar um estudo segmentado ao invés de total?

Para nós a resposta é bastante simples. As classificações, nos domínios de qualquer ciência, somente são úteis se o objeto classificado apresentar características distintas de acordo com o critério eleito e esta diferença influenciar no tratamento que deve ser dado à matéria. Se objetos pertencentes a grupos diversos merecerem o mesmo tratamento, a classificação será prescindível. Assim, nos parece de valia classificar os resíduos sólidos pelo critério de risco potencial ao meio ambiente, em resíduos perigosos, não-inertes e inertes, já que o tipo de disposição final adequado dependerá das potencialidades lesivas de cada espécie de resíduo.[1]

---

1. Apenas para aclarar o exemplo que não cuida de matéria jurídica, informamos que de acordo com a norma NBR-10.004 da ABTN (Associação Brasileira de Normas

ESPÉCIES DE PROCESSO ADMINISTRATIVO   101

Na Dogmática Jurídica, a serventia de qualquer classificação está condicionada à alteração do regime jurídico do instituto em questão em consonância com o grupo a que ele pertença. Não há proveito, senão para fins exclusivamente didáticos e em certas circunstâncias, em separar em classes institutos que serão presididos pelas mesmas normas. É o que se dá, por exemplo, com a classificação dos processos administrativos quanto à natureza da atividade, em processos ativos (criam uma utilidade pública), consultivos (esclarecem providências necessárias à prática de um ato), de controle (se destinam a verificar a conformação do ato com a ordem jurídica), de verificação (apuram e declaram uma situação de fato ou de direito) e contenciosos (decidem, em via administrativa, um litígio). Essa divisão não está diretamente ligada ao regime que presidirá cada espécie de processo administrativo, razão pela qual reputamo-la vã.

Por sua vez, de reconhecida utilidade é a classificação que aparta os processos administrativos dos judiciais, adotando como critério diferenciador a função estatal na qual são desempenhados. O proveito dessa classificação está justamente em verificar que cada uma das espécies de processo citada é presidida por diferentes regimes jurídicos.

A possibilidade de classificar dado instituto é bastante ampla, podendo existir tantas classificações quantos sejam os critérios selecionados. Assim, se elegermos o critério da esfera da federação em que o processo administrativo é instaurado e conduzido teremos: processo municipal, estadual, distrital e federal. Se, de outra banda, nos ativermos aos sujeitos que participam do processo, conheceremos os processos internos, que se desenvolvem apenas entre órgãos administrativos, sem a participação de terceiros, e processos externos, que contam

Técnicas), os resíduos são classificados em: Classe I – Perigosos: são os que apresentam riscos ao meio ambiente e exigem tratamento e disposição especiais, ou que apresentam riscos à saúde pública. Classe II – Não-Inertes: são basicamente os resíduos com as características do lixo doméstico. Classe III – Inertes: são os resíduos que não se degradam ou não se decompõem quando dispostos no solo, como restos de construção. Os resíduos compreendidos nas Classes II e III podem ser incinerados ou dispostos em aterros sanitários, desde que preparados para tal fim e que estejam submetidos aos controles e monitoramento ambientais. Os resíduos da Classe I somente podem ser dispostos em aterros construídos especialmente para eles, ou devem ser queimados em incineradores especiais.

102 REGIME JURÍDICO DOS PROCESSOS ADMINISTRATIVOS

com a presença dos administrados.[2] Se colocarmos em mira a legislação que rege os processos administrativos, poderemos classificá-los em gerais e especiais. Os primeiros serão aqueles regidos pelas leis gerais de processo administrativo, para os quais o legislador não criou um procedimento típico, os segundos serão os presididos pelas leis especiais, como ocorre com o processo administrativo disciplinar dos servidores públicos federais, disciplinados pela Lei 8.112/1990 (arts. 143-182).[3]

Não convém aos objetivos deste trabalho examinar as diversas classificações de processo administrativo intentadas pelos doutos estudiosos do tema,[4] muito menos tecer críticas a esse respeito, pois certamente se apresentaram de alguma valia para aqueles que as formularam.

Como ensina Carrió, sempre há muitas formas de agrupar um fenômeno e o critério para decidir-se por uma delas é dado por considerações de conveniência científica, didática ou prática. Nas precisas palavras do autor, "as classificações não são nem verdadeiras nem falsas, são úteis ou inúteis".[5]

Valendo-nos dessa premissa, e por opção metodológica, apresentaremos um único critério para classificar os processos administrativos, que nos parece bastante rentável quanto à definição do respectivo regime jurídico, sem que isso implique negar utilidade a outras classificações. O critério toma como referencial os efeitos produzidos na esfera jurídica do administrado.

Sob essa perspectiva, os processos administrativos se distinguem pelo caráter positivo ou negativo dos efeitos que produzem para os destinatários e serão denominados, respectivamente, de atos ampliativos ou restritivos de direito. Essa distinção, quase inexplorada pela

---

2. Mônica Martins Toscano Simões aborda essa classificação em sua obra *O Processo Administrativo e a Invalidação de Atos Viciados*, cit., pp. 50-51.

3. Sérgio Ferraz e Adilson Dallari reputam ser essa a única classificação relevante (*Processo Administrativo*, cit., p. 43).

4. Sugere-se consulta às classificações propostas por Lúcia Valle Figueiredo (*Curso de Direito Administrativo*, cit., pp. 434-440), Odete Medauar (*Direito Administrativo Moderno*, 3ª ed., São Paulo, Ed. RT, 1999, p. 196) e Maria Sylvia Zanella Di Pietro (*Direito Administrativo*, 17ª ed., São Paulo, Atlas, 2004, pp. 531-533).

5. *Notas sobre Derecho y Lenguaje*, cit., p. 99.

ESPÉCIES DE PROCESSO ADMINISTRATIVO 103

doutrina,[6-7] não passou despercebida por Celso Antônio Bandeira de Mello, que alude a esse critério tanto ao tratar dos atos como dos processos administrativos.[8]

A adoção do critério de classificação dos processos administrativos segundo o resultado que causam sobre a esfera jurídica dos administrados é de grande utilidade, uma vez que o seu regime jurídico será diferenciado relativamente àqueles que ampliam a esfera jurídica dos administrados e àqueles que a restringem.

Os processos administrativos ampliativos, assim como os restritivos, são constitutivos de direito, pois, seja criando uma nova situação jurídica, benéfica ou não para o administrado, seja extinguindo ou modificando situação já existente, alteram a órbita jurídica do destinatário.

Tratando da classificação dos atos administrativos, que serve de inspiração para a temática do processo administrativo, Marcello Caetano afirma que "no Direito português a classificação deve ser feita entre *actos constitutivos* e *não constitutivos*, mas o primeiro dos seus termos tem de abranger duas subclasses: a dos *actos constitutivos de direitos* e a dos *actos constitutivos de deveres ou encargos*. *Acto constitutivo de direitos* é o *acto administrativo* que cria ou modifica um poder jurídico ou extingue restrições ao seu exercício. *Acto constitutivo de deveres* é o *acto administrativo* que impõe a alguém a obrigação de prestar coisas ou serviços ou de cessar actividades".[9]

6. Antevendo a importância dessa distinção, ao tratar dos atos administrativos, Oswaldo Aranha Bandeira de Mello anotou: "Como regra geral, os atos administrativos podem ser classificados como pertencentes a duas espécies diferentes: (a) A primeira espécie compreende os atos que atribuem situações jurídicas aos particulares, isto é, constituem atos pelos quais se lhes conferem prerrogativas jurídicas, ou criam, mesmo, a favor deles direitos subjetivos. Na primeira hipótese, tornam possível determinada atividade; e na segunda atribuem o poder de agir e de exigir de terceiros o cumprimento de certas obrigações, na satisfação dos seus interesses individuais juridicamente protegidos. b) E a segunda espécie compreende os atos que estabelecem deveres e limitações à atividade dos particulares" (*Princípios Gerais de Direito Administrativo*, cit., p. 614).
7. Daniele Coutinho Talamini, sem cuidar do tema processo, faz referência aos atos ampliativos e restritivos de direitos ao tratar do dever de indenizar decorrente da revogação do ato (*Revogação do Ato Administrativo*, São Paulo, Malheiros Editores, 2002, pp. 232-241).
8. *Curso de Direito Administrativo*, cit., pp. 479-481 e 499-500.
9. *Manual de Direito Administrativo*, t. I, Rio de Janeiro, Forense, 1970, pp. 412-413.

REGIME JURÍDICO DOS PROCESSOS ADMINISTRATIVOS

Os processos administrativos que não fazem irromper uma situação jurídica podem ser denominados de declaratórios, porque apenas declaram uma situação preexistente, sem imprimir qualquer alteração na esfera jurídica dos seus destinatários, razão pela qual não são nem ampliativos nem restritivos de direito.

3.2 Processos ampliativos de direito

Antes de tratarmos do regime jurídico dos processos ampliativos de direito, cuidaremos de conceituá-los e de apresentar suas modalidades.

3.2.1 Conceito

Os processos ampliativos de direito são aqueles que alargam a esfera jurídica do destinatário, causando-lhe um efeito favorável, seja porque autorizam o exercício de um novo direito, seja porque ampliam direito já existente, ou, ainda, restringem ou extinguem limitações a direitos dos destinatários.

É exemplo de processo administrativo ampliativo de direito aquele que culmina com a expedição da licença para edificar, pois por meio dele a Administração autoriza o administrado a exercer direito que lhe é garantido pela lei diante da comprovação de cumprimento de todos os requisitos legalmente impostos. Também serve de exemplo o processo de licenciamento ambiental, pelo qual o interessado requer a concessão da licença ambiental devida.

Note-se que, para ser enquadrado na espécie dos processos administrativos ampliativos de direito, o processo não tem de efetivamente, no mundo fenomênico, aumentar a esfera jurídica do administrado, basta que tenha a possibilidade de fazê-lo, isto é, que seu ato final, uma vez expedido, seja apto a ampliar o rol de direitos dos quais o interessado é titular. Assim, o processo de licenciamento ambiental continua a ser ampliativo de direito mesmo que, ao seu término, a licença requerida seja indeferida. O mesmo ocorre com os processos administrativos previdenciários. Ainda que o interessado não comprove qualquer dos requisitos exigidos pela lei que disciplina a concessão do benefício requerido, o processo instaurado destina-se à concessão da benesse previdenciária.

ESPÉCIES DE PROCESSO ADMINISTRATIVO

Os processos administrativos ampliativos de direito não são aqueles que, de fato, acarretam alguma vantagem relevante para o administrado enquanto titular de direito, mas os que juridicamente são pré-ordenados a fazê-lo, ou seja, que têm aptidão para ampliar a esfera jurídica do destinatário do ato final.

Não poderão ser considerados processos administrativos ampliativos de direito aqueles que, diante do indeferimento da pretensão, causem qualquer diminuição na esfera de ação jurídica do administrado. Os processos ampliativos ou agregam um *plus* ao rol de direitos do administrado ou o mantêm exatamente como era antes da instauração do processo em causa. É o que se dá, por exemplo, com o processo de licenciamento ambiental que citamos há pouco. Em caso de deferimento da licença, haverá um alargamento da esfera jurídica do requerente, representado pela anuência do órgão competente para que o particular pratique a ação por ele almejada, mas, na hipótese de indeferimento, não há que se falar na imposição de um dever ou gravame, uma vez que o interessado estará, como já estava, impedido de praticar a ação. O impedimento, no caso, não decorre do processo administrativo, ele o precedia por imposição legal.

Também são processos administrativos ampliativos de direito aqueles que, sem inovarem na esfera jurídica do administrado, lhe conferem uma ampliação de direito já existente. Pense-se em uma servidora pública que se encontrava no gozo de licença-maternidade concedida pelo período de 120 dias quando entrou em vigor lei dispondo sobre o prazo de cento e oitenta dias para a referida licença, omitindo-se quanto ao direito das servidoras que já estavam usufruindo do benefício. Se a interessada der início a um processo administrativo requerendo a extensão do benefício para mais sessenta dias, conforme a nova disciplina legal, esse processo será ampliativo de direito, embora não lhe tenha acrescido um novo direito, mas apenas estendido um já existente.

Os processos administrativos ampliativos de direito ainda compreendem aqueles que restringem ou extinguem limitações a direitos dos destinatários, pois, embora à primeira vista pareçam restritivos, são verdadeiramente destinados a ampliar a esfera jurídica do interessado. Oportuno exemplo é o processo administrativo instaurado por provocação do médico interessado para que automóvel de sua pro-

106 REGIME JURÍDICO DOS PROCESSOS ADMINISTRATIVOS

priedade fique isento da restrição imposta quanto à circulação de veículos no Município de São Paulo.[10]

Se entre nós a classificação dos processos administrativos quanto aos efeitos que causam na esfera jurídica do administrado é recente, o mesmo não ocorre na Alemanha. A lei de processo administrativo germânica, de 1976, traça essa distinção ao definir, em seu § 48, 1.2, o ato favorável como sendo aquele que cria ou reconhece um direito ou uma vantagem juridicamente relevante.

A nossa Lei federal de Processo Administrativo, embora não tenha disposto acerca da classificação que adotamos, a ela não ficou completamente alheia. Ao disciplinar o prazo decadencial da Administração para anular os atos administrativos, aludiu aos "atos administrativos de que decorram efeitos favoráveis",[11] que, sem dúvida alguma, identificam-se com os atos ampliativos de direito.

3.2.2 Classificação

A classificação dos processos ampliativos de direito pode ser feita, como ponderamos, de múltiplas formas, conforme sejam os critérios distintivos eleitos. Optamos, contudo, por apresentar apenas uma classificação que, a nosso ver, é relevante para o estabelecimento do regime jurídico dos processos administrativos porque influencia na aplicação dos princípios que os presidem.

O critério eleito é a existência ou não de competição no interior do processo administrativo. Sob esse prisma, os processos serão concorrenciais e não concorrenciais.

Nos processos administrativos ampliativos de direito concorrenciais, há disputa entre os interessados porque todos têm a mesma pretensão em relação à Administração Pública, que terá de escolher algum ou alguns deles em detrimento dos demais.

---

10. Os médicos foram beneficiados com a edição da Lei 12.632/1998, do Município de São Paulo, regulamentada pelo Decreto 39.563/2000, que excluiu os veículos de sua propriedade de qualquer restrição referente ao rodízio municipal, desde que identificados por selo e cartão, ambos emitidos pelo DSV – Departamento de Operação do Sistema Viário.

11. "Art. 54. O direito da Administração de anular os atos administrativos de que decorram efeitos favoráveis para os destinatários decai em cinco anos, contados da data em que foram praticados, salvo comprovada má-fé."

ESPÉCIES DE PROCESSO ADMINISTRATIVO

O concurso público exigido pelo art. 37, II, da Constituição da República, é um típico processo administrativo ampliativo de direito concorrencial. Inúmeros candidatos disputam, segundo critérios previamente estabelecidos, uma vaga para provimento de cargo ou emprego público. Os vencedores da concorrência, ou seja, aqueles que restarem melhor classificados, e observado o número de vagas abertas, serão nomeados para o cargo ou emprego a que se candidataram, tendo sua esfera jurídica de direito ampliada. Os demais concorrentes, sem tanto êxito, não terão qualquer diminuição em sua esfera jurídica, somente não gozarão da ampliação a que os mais bem aprovados farão jus.

3.3 Processos restritivos de direito

Antes de tratarmos do regime jurídico dos processos restritivos de direito, cuidaremos de conceituá-los e de apresentar suas modalidades.

3.3.1 Conceito

Se para ampliar a esfera jurídica do administrado a Administração deve ouvi-lo, garantindo-lhe a participação no círculo de formação da vontade que ele terá de cumprir adiante, com muito maior razão terá de assim proceder quando intentar estreitar-lhe a esfera jurídica.

Os processos restritivos de direito são aqueles que diminuem a esfera jurídica do destinatário, causando-lhe gravame, seja porque impõem um novo dever ou restrição, seja porque estendem dever já existente, ou, ainda, suprimem direito existente. Em qualquer hipótese haverá um feito negativo para o administrado.

Os processos administrativos disciplinares, os que objetivam apurar uma infração cometida pelo particular na execução de um contrato administrativo, as desapropriações e todos os demais que resultam em atos administrativos limitadores da liberdade e da propriedade do particular são exemplos de processos restritivos de direito.

As observações feitas em relação aos processos ampliativos de direito também aqui têm cabimento. Para ser enquadrado na espécie dos processos administrativos restritivos de direito, o processo não tem de efetivamente, no mundo fenomênico, diminuir a esfera jurídi-

REGIME JURÍDICO DOS PROCESSOS ADMINISTRATIVOS

ca do administrado, basta que tenha a possibilidade de fazê-lo, isto é, que seu ato final, uma vez expedido, seja apto a restringir o rol de direitos dos quais o interessado é titular. Assim, o processo administrativo que precede a rescisão de contrato administrativo por descumprimento de obrigação pelo contratado será considerado processo restritivo de direito mesmo que ao final se verifique a existência de justa causa para o inadimplemento contratual e a Administração decida levar adiante o ajuste.

A classificação de um processo administrativo como restritivo de direito não depende dos efeitos por ele produzidos no mundo fenomênico, mas da finalidade que lhe atribui a ordem jurídica. Destarte, se de um processo administrativo puder resultar a imposição de restrição à propriedade de certo particular, ou culminar com a aplicação de sanção administrativa, estaremos diante de um típico processo restritivo de direito, independentemente do resultado fático dele colhido.

Os processos administrativos restritivos de direito jamais ampliarão a esfera jurídica do administrado. Deles só poderão advir duas consequências: ou haverá a imposição de um gravame, um efeito desfavorável para o destinatário do ato final, ou nada será alterado, mantendo-se o campo de ação jurídica do interessado tal como antes da instauração do processo administrativo.

Anote-se que os processos administrativos que objetivam o desfazimento de um ato, como os destinados à revogação ou anulação de um ato administrativo, não serão sempre restritivos de direito. A classificação desses processos depende, a nosso ver, da classificação do ato que será desfeito, sendo-lhe sempre oposta. Assim, se o processo objetivar desconstituir um ato ampliativo de direito, terá a natureza de processo restritivo. Se a revogação fulminar uma permissão por meio da qual a Administração autorizava o particular a fazer uso de um bem público, o processo será restritivo, porque será o instrumento de desconstituição do direito. Contudo, se a Administração, por inobservância ao direito de defesa garantido constitucionalmente, anular uma penalidade imposta a concessionário de serviço público, o processo de anulação será da espécie dos ampliativos de direito, por desconstituir uma restrição.

ESPÉCIES DE PROCESSO ADMINISTRATIVO

3.3.2 Classificação

Os processos administrativos restritivos de direito também admitem mais de uma classificação, no entanto, nos ateremos a apenas uma, dado o enorme impacto que causa nos princípios e regras que compõem o regime jurídico dessas espécies processuais. A classificação tem em vista agora a aptidão dos processos para impor sanções administrativas. Valendo-nos desse critério, temos processos meramente restritivos e processos sancionadores.

Ao tratar do tema, tendo como objeto de estudo o ato administrativo, o mestre italiano Renato Alessi classificou os atos de efeito desfavorável em ablativos (que restringem direito, como o decreto de expropriação e o ato de requisição), impositores de obrigação ou ônus (que impõe obrigação negativa ou positiva), e negativos (um ato que rejeita recurso ou coisa que o valha).[12]

Os processos administrativos meramente restritivos de direito causam um gravame ao administrado, diminuindo-lhe a esfera jurídica, mas deles não se origina a imposição de sanções administrativas. Citam-se como exemplo as revogações de atos ampliativos de direito.

Os processos sancionadores, por sua vez, objetivam impor uma consequência negativa[13] atribuída pelo ordenamento jurídico ao sujeito que não cumpre o comportamento por ele previamente determinado.[14]

O dever-poder[15] de punir decorre do próprio conceito de Direito, considerado como o conjunto das normas postas por um órgão estatal competente, com o objetivo de regular a vida em sociedade.

Para que o Estado cumpra seu papel, vale-se da edição de normas jurídicas que regulam o comportamento humano, prescrevendo ações obrigatórias, permitidas e proibidas. A norma jurídica faz mais do que

---

12. *Principi di Diritto Amministrativo*, t. I, Milano, Giuffrè, 1966, p. 362.

13. Para os efeitos deste trabalho, não consideraremos as sanções premiais, também conhecidas como positivas, que constituem recompensas criadas pelo ordenamento jurídico para interferir subjetivamente na vontade das pessoas, incentivando-as a cumprir o comportamento por ele prescrito.

14. Sobre o conceito e função das sanções administrativas, ver Angélica Petian, "Sanções administrativas nas licitações e contratações públicas", *Boletim de Licitações e Contratos* 10/945-952.

15. Utilizamos o termo "dever-poder de punir" e não "direito de punir" por entender que este é um dever do Estado, que não goza de liberdade para cumpri-lo ou não.

110 REGIME JURÍDICO DOS PROCESSOS ADMINISTRATIVOS

prescrever a consequência jurídica resultante da realização do fato descrito na hipótese da norma primária, também prescreve a sanção que resultará do descumprimento do comportamento determinado pelo Direito. Por essa razão diz-se que a norma jurídica tem composição dúplice.

Como dissemos, a aplicação da sanção de maneira coercitiva por parte dos órgãos do Estado é o que caracteriza a norma jurídica, diferenciando-a das outras espécies de normas.

A aplicação das sanções administrativas não se dá por meio de uma só penada da autoridade competente, que, tendo verificado a conduta ilícita, impõe a sanção correspondente previamente definida na norma. A tarefa de aplicar a penalidade, isto é, de impor concretamente a sanção prevista nas normas jurídicas pertinentes pelo não cumprimento do dever normativo, exige que a autoridade competente percorra o caminho que tem início na prescrição normativa genérica e abstrata e fim no ato sancionador individual e concreto, ou seja, que instaure, conduza e conclua o respectivo processo administrativo.

Nenhuma sanção é validamente imposta sem que tenha sido originada de um processo com ampla participação de todas as partes interessadas.

O processo administrativo sancionador, por sua essência restritiva, guarda certa semelhança com o processo judicial penal e, por isso, empresta esse ramo da Dogmática Jurídica alguns princípios que lhe são próprios e que passam a delinear o regime jurídico dessa espécie de processos restritivos de direito. À guisa de ilustração, citamos os princípios da anterioridade e do *non bis in idem*.

Capítulo IV
REGIME JURÍDICO
DO PROCESSO ADMINISTRATIVO

4.1 Considerações sobre o regime jurídico do processo administrativo: 4.1.1 Princípios gerais do Direito Administrativo e sua relação com o processo administrativo: 4.1.1.1 Princípio da supremacia do interesse público sobre o interesse privado; 4.1.1.2 Princípio da legalidade; 4.1.1.3 Princípio da finalidade; 4.1.1.4 Princípio da razoabilidade; 4.1.1.5 Princípio da proporcionalidade; 4.1.1.6 Princípio da impessoalidade; 4.1.1.7 Princípio da moralidade; 4.1.1.8 Princípio da publicidade; 4.1.1.9 Princípio da eficiência; 4.1.1.10 Princípio da motivação. 4.2 Princípio do devido processo legal: 4.2.1 Origem e evolução na Inglaterra e nos Estados Unidos; 4.2.2 O princípio do devido processo legal no Direito brasileiro. 4.3 Princípios do processo administrativo; 4.3.1 O Direito Processual Administrativo como disciplina jurídica autônoma.

4.1 Considerações sobre o regime jurídico do processo administrativo

A identificação do regime jurídico do processo administrativo será feita a partir da apresentação dos princípios básicos que o presidem e lhe conferem identidade e dos outros princípios deles decorrentes, considerando o processo administrativo como gênero, sem adentrar as particularidades de suas espécies. Só por esta razão, é possível afirmar que o rol de princípios a seguir apresentados não encerra o conjunto que tem aplicação a todo e qualquer processo administrativo, apenas compreende os princípios gerais aplicáveis a todos eles, independentemente da matéria que concretizem.

O processo administrativo, assim como os processos judiciais, está submisso aos princípios constitucionais gerais, regentes de toda

112 REGIME JURÍDICO DOS PROCESSOS ADMINISTRATIVOS

atividade jurídica realizada no País, dentre os quais merecem destaque os princípios da dignidade da pessoa humana,[1] da segurança jurídica, da igualdade, da inafastabilidade do controle jurisdicional e da boa-fé.

A Constituição de 1988 erigiu a dignidade humana como um dos fundamentos da República Federativa do Brasil (art. 1º, III), alçando-a à condição de princípio matriz da ordem constitucional,[2] dotado de força normativa. Os desdobramentos desse princípio podem ser vistos por todo o Texto Constitucional, a exemplo dos arts. 4º, II, que prescreve a prevalência dos direitos humanos como um dos princípios da República Federativa do Brasil; 5º, III, que veda a tortura e o tratamento desumano e degradante; 5º, XLIX, que garante aos presos o respeito à integridade física e moral; 170 que impõe como finalidade da ordem econômica assegurar a todos existência digna, entre outros.

Por dignidade humana[3] compreendemos a garantia intrínseca e irrenunciável conferida pelo Estado a toda pessoa, consolidada em um denso conjunto de direitos fundamentais que a protegem contra a

---

1. Nas palavras de Nelson Nery Junior, "respeito e proteção da dignidade humana como dever (jurídico) fundamental do Estado Constitucional (*Verfassungsstaat*) constitui a premissa para todas as questões jurídico-dogmáticas particulares. Dignidade humana constitui a *norma fundamental do Estado*, porém é mais do que isso: ela fundamenta também a sociedade constituída e eventualmente a ser constituída" (*Princípios do Processo na Constituição Federal: Processo Civil, Penal e Administrativo*, 9ª ed., São Paulo, Ed. RT, 2009, p. 76).

2. "A constitucionalização do princípio da dignidade da pessoa humana modifica, em sua raiz, toda a construção jurídica: ele impregna toda a elaboração do Direito, porque ele é o elemento fundante da ordem constitucionalizada e posta na base do sistema. Logo, a dignidade da pessoa humana é princípio havido como superprincípio constitucional, aquele no qual se fundam todas as escolhas políticas estratificadas no modelo de Direito plasmado na formulação textual da Constituição" (Cármen Lúcia Antunes Rocha, "O princípio da dignidade da pessoa humana e a exclusão social", *Revista Interesse Público* 4/23).

3. Para Ingo Wolfgang Sarlet, dignidade humana é a "qualidade intrínseca e distintiva de cada ser humano que o faz merecedor do mesmo respeito e consideração por parte do Estado e da comunidade, implicando, neste sentido, um complexo de direitos e deveres fundamentais que assegurem à pessoa tanto contra todo e qualquer ato de cunho degradante e desumano, como venham a lhe garantir as condições existenciais mínimas para uma vida saudável, além de propiciar e promover sua participação ativa e co-responsável nos destinos da própria existência e da vida em comunhão com os demais seres humanos" (*Dignidade da Pessoa Humana e Direitos Fundamentais na Constituição Federal de 1988*, Porto Alegre, Livraria do Advogado, 2001, p. 60).

REGIME JURÍDICO DO PROCESSO ADMINISTRATIVO

violação de sua vida e liberdade e lhe garantem ser tratada com igualdade, além de propiciarem condições mínimas existenciais.

Nenhum ato, seja da esfera penal, cível ou administrativa, deve ser praticado com desatenção ao princípio da dignidade da pessoa humana, sob pena de afronta à Constituição Federal e, *ipso facto*, de ilegalidade do ato.

Aplicada ao processo, a dignidade da pessoa humana releva-se um limite para a ação investigativa e julgadora do Estado,[4] tanto nos processos judiciais como no administrativo.

O princípio da segurança jurídica, por sua vez, é um dos alicerces do Estado Democrático de Direito, uma das vigas que sustentam e caracterizam o ordenamento jurídico brasileiro, de aplicação irrestrita a todos os segmentos do Direito. O conteúdo desse princípio, conforme ensina Celso Antônio Bandeira de Mello, não pode ser radicado em qualquer dispositivo constitucional específico, porque faz parte do sistema constitucional como um todo.[5]

O princípio da segurança jurídica se estratifica em duas partes, uma de natureza objetiva, que diz respeito aos limites da atuação do Estado e dos administrados, barrada pela proteção ao direito adquirido, ao ato jurídico perfeito e à coisa julgada. Dessa faceta do princípio da segurança jurídica tratou a Constituição da República em seu art. 5º, XXXVI.

A outra parte desse princípio, de natureza subjetiva, refere-se à proteção à confiança dos cidadãos nos atos praticados pelo Estado,[6]

---

4. Infelizmente, exemplos de investigações e julgamentos realizados em detrimento desse princípio basilar do Estado Democrático de Direito não faltam, tanto aqui como em terras além-mar, basta recordar a famosa prisão de Guantánamo, a admissão da tortura como instrumento probante válido, as interceptações telefônicas não autorizadas previamente pelo Poder Judiciário e a criminalização dos imigrantes.

5. *Curso de Direito Administrativo*, cit., p. 123.

6. O Supremo Tribunal Federal já reconheceu a confiança como elemento do princípio da segurança jurídica, conforme ementa a seguir transcrita: "1. Mandado de Segurança. 2. Acórdão do Tribunal de Contas da União. Prestação de Contas da Empresa Brasileira de Infra-estrutura Aeroportuária – INFRAERO. Emprego Público. Regularização de admissões. 3. Contratações realizadas em conformidade com a legislação vigente à época. Admissões realizadas por processo seletivo sem concurso público, validadas por decisão administrativa e acórdão anterior do TCU. 4. Transcurso de mais de dez anos desde a concessão da liminar no mandado de segurança. 5. Obrigatoriedade da observância do princípio da segurança jurídica enquanto subprincípio

114   REGIME JURÍDICO DOS PROCESSOS ADMINISTRATIVOS

no exercício das funções legislativa, jurisdicional, administrativa e até política ou de governo.

O princípio da segurança jurídica[7] não obsta a evolução do Direito, mas exige que sua realização não afete a estabilidade das relações jurídicas firmadas à luz do direito posto. Esse princípio preordena-se à garantia da estabilidade *pelo* Direito e *do* próprio Direito.

A Lei 9.784/1999 expressamente arrolou, no *caput* do art. 2º, o princípio da segurança jurídica entre aqueles que informam o processo administrativo. Mas não parou por aí. De forma magistral, vedou a aplicação retroativa de nova interpretação, conforme dicção do art. 2º, parágrafo único, XIII.[8]

do Estado de Direito. Necessidade de estabilidade das situações criadas administrativamente. 6. Princípio da confiança como elemento do princípio da segurança jurídica. Presença de um componente de ética jurídica e sua aplicação nas relações jurídicas de direito público. 7. Concurso de circunstâncias específicas e excepcionais que revelam: a boa-fé dos impetrantes; a realização de processo seletivo rigoroso; a observância do regulamento da INFRAERO, vigente à época da realização do processo seletivo; a existência de controvérsia, à época das contratações, quanto à exigência, nos termos do art. 37 da Constituição, de concurso público no âmbito das empresas públicas e sociedades de economia mista. 8. Circunstâncias que, aliadas ao longo período de tempo transcorrido, afastam a alegada nulidade das contratações dos impetrantes. 9. Mandado de Segurança deferido" (Mandado de Segurança 22.357-DF, rel. Min. Gilmar Mendes, j. 27.5.2004 pelo Tribunal Pleno).

7. Conforme o magistério de Almiro do Couto e Silva: "o futuro não pode ser um perpétuo prisioneiro do passado, nem podem a segurança jurídica e a proteção à confiança se transformar em valores absolutos, capazes de petrificar a ordem jurídica, imobilizando o Estado e impedindo-o de realizar as mudanças que o interesse público estaria a reclamar. Mas, de outra parte, não é igualmente admissível que o Estado seja autorizado, em todas as circunstâncias, a adotar novas providências em contradição com as que foram por ele próprio impostas, surpreendendo os que acreditaram nos atos do Poder Público. Entre esses dois polos trava-se a luta entre o novo e o velho dentro do Estado, ao qual caberá escolher os instrumentos jurídicos que lhe permitam aproximar-se o mais possível do ideal de justiça material, pela inserção, em seus quadros normativos, de preceitos que definam o que pode e o que não pode ser modificado, e como pode ser modificado, e quais, ainda, os limites a serem observados pelas alterações" ("O princípio da segurança jurídica (proteção à confiança) no direito público brasileiro e o direito da Administração Pública de anular seus próprios atos administrativos: o prazo decadencial do art. 54 da Lei de Processo Administrativo da União", *Revista Brasileira de Direito Público* 6/13).

8. "Art. 2º. A Administração Pública obedecerá, dentre outros, aos princípios da legalidade, finalidade, motivação, razoabilidade, proporcionalidade, moralidade, ampla defesa, contraditório, segurança jurídica, interesse público e eficiência. Parágrafo único. Nos processos administrativos serão observados, entre outros, os

REGIME JURÍDICO DO PROCESSO ADMINISTRATIVO

Também impôs prazo decadencial de cinco anos para que a Administração anule atos administrativos de que decorram efeitos favoráveis aos administrados,[9] instrumentalizando, uma vez mais, o princípio da segurança jurídica.

O princípio da igualdade, capitulado no *caput* do art. 5º da Constituição da República, é mandamento que, à primeira vista, parece dirigir-se apenas ao aplicador da lei. No entanto, se a concretização da norma deve dar-se de forma isonômica, o que a precede deve seguir a mesma trilha. Assim, a elaboração das normas, fonte de prescrições genéricas e abstratas, deve ser orientada pelo cânone da igualdade, de forma a dispensar tratamento igualitário aos seus destinatários. A Constituição da República de 1988 garante a igualdade dos indivíduos *perante* a lei e *na* lei.[10]

Não é demais repetir a sempre valiosa lição de Aristóteles, que ensinou estar a igualdade preservada diante do tratamento igualitário despendido aos iguais e não igualitário dado aos desiguais.[11] A afirma-

critérios de: (...) XIII – interpretação da norma administrativa da forma que melhor garanta o atendimento do fim público a que se dirige, vedada aplicação retroativa de nova interpretação."

9. "Art. 54. O direito da Administração de anular os atos administrativos de que decorram efeitos favoráveis para os destinatários decai em cinco anos, contados da data em que foram praticados, salvo comprovada má-fé."

10. Dedicando-se ao tema da igualdade, Celso Antônio Bandeira de Mello asseverou: "o preceito magno da igualdade como já tem sido assinalado, é norma voltada quer para o aplicador da lei quer para o próprio legislador. Deveras, não só perante a norma posta se nivelam os indivíduos, mas, a própria edição dela assujeita-se ao dever de dispensar tratamento equânime às pessoas" (*O Conteúdo Jurídico do Princípio da Igualdade*, 3ª ed., 18ª tir., São Paulo, Malheiros Editores, 2010, p. 9).

11. Vale destacar algumas passagens de autoria do Min. Carlos Ayres Britto, contidas no voto da Ação Direta de Inconstitucionalidade 3.330-1-DF: "O substantivo 'igualdade' mesmo significando qualidade das coisas iguais (e, portanto, qualidade das coisas idênticas, indiferenciadas, colocadas no mesmo plano ou situadas no mesmo nível de importância), é valor que tem no combate aos fatores de desigualdade e seu modo próprio de realização. Quero dizer: não há outro modo de concretizar o valor constitucional da igualdade senão pelo decidido combate aos fatores reais de desigualdade. O desvalor da desigualdade a proceder e justificar a imposição do valor da igualdade". Continua o Ministro: "Nessa vertente de ideias, anoto que a desigualação em favor dos estudantes que cursaram o ensino médio em escolas públicas e os egressos de escolas privadas que hajam sido contemplados com bolsa integral não ofende a Constituição pátria, porquanto se trata de um discrímen que acompanha a toada da compensação de uma anterior e factual inferioridade. Isso, lógico, debaixo do primacial juízo de que a desejada igualdade entre as partes é quase sempre obtida

REGIME JURÍDICO DOS PROCESSOS ADMINISTRATIVOS

tiva é incontestável, no entanto a dificuldade impõe-se ao identificar "que tipo de desigualdade faculta a discriminação de situações e de pessoas, sem quebra e agressão aos objetivos transfundidos no princípio constitucional da isonomia".[12]

Celso Antônio Bandeira de Mello responde a essa questão ao afirmar que deve haver uma correlação lógica abstrata (no plano da norma) e concreta (na aplicação da norma) entre o fator diferencial e a diferenciação consequente, em consonância com as finalidades reconhecidas como valiosas na Constituição.[13]

A igualdade no processo administrativo deve ser prestigiada a todo e qualquer custo, isto porque nessa espécie de processo "o Estado é, ao mesmo tempo, parte e juiz, evidenciando, de plano, uma desigualdade fundamental. Mas essa inamovível desigualdade deve ser compensada por uma atuação a mais isenta possível na condução do processo, tendo como norte a igualdade entre as partes".[14]

Em observância ao princípio da igualdade, a Lei 9.784/1999 vedou a atuação em processo administrativo de servidor ou autoridade enquadrado nas hipóteses de impedimento descritas pelo art. 18[15] do referido diploma legal. O objetivo da norma é impedir que circunstâncias outras que não sejam afetas aos fatos apresentados no processo sejam consideradas como forma de beneficiar ou prejudicar o administrado.

O princípio da inafastabilidade do controle jurisdicional, explícito no art. 5º, XXXV, da Constituição da República, impede que qualquer ato que cause lesão ou ameaça a direito seja subtraído da apre-

---

pelo gerenciamento do entrechoque de desigualdades (uma factual e outra jurídica, esta última a contrabalançar o peso da primeira). Com isso se homenageia a insuperável máxima aristotélica de que a verdadeira igualdade consiste em tratar igualmente os iguais e desigualmente os desiguais, máxima que Ruy Barbosa interpretou como o ideal de tratar igualmente os iguais, sim, porém na medida em que se igualem; e tratar desigualmente os desiguais, também na medida em que se desigualem".

12. Celso Antônio Bandeira de Mello, *O Conteúdo Jurídico*..., cit., p. 11.

13. Idem, p. 22.

14. Sérgio Ferraz e Adilson Abreu Dallari, *Processo Administrativo*, cit., p. 69.

15. "Art. 18. É impedido de atuar em processo administrativo o servidor ou autoridade que: I – tenha interesse direto ou indireto na matéria; II – tenha participado ou venha a participar como perito, testemunha ou representante, ou se tais situações ocorrem quanto ao cônjuge, companheiro ou parente e afins até o terceiro grau; III – esteja litigando judicial ou administrativamente com o interessado ou respectivo cônjuge ou companheiro."

REGIME JURÍDICO DO PROCESSO ADMINISTRATIVO 117

ciação do Poder Judiciário, Poder investido na função de dizer o direito com força de coisa julgada. Os atos e decisões emanados de quaisquer dos Poderes do Estado, no exercício da função administrativa, ficam submetidos ao controle de legalidade pelo Poder Judiciário, que tem competência para invalidá-los no caso de vícios, conforme já salientamos ao tratar do conceito do processo administrativo, mais especificamente da sindicabilidade deste pelo Poder Judiciário.

A inafastabilidade do controle jurisdicional é um princípio geral do Direito que não está adstrito a qualquer ramo da Dogmática Jurídica, mas tem aplicação indistinta a todos eles, alcançando, por óbvio, o Direito Administrativo e o processo administrativo.

O princípio da boa-fé, de íntima relação com os princípios da moralidade e da segurança jurídica, ganha transcendental importância nas relações sujeitas ao regime jurídico-administrativo, dadas as prerrogativas da Administração e a sujeição dos administrados. Pelo princípio da boa-fé a atuação das partes de uma relação jurídica deve dar-se de forma franca, sincera, almejando-se o atendimento dos fins perseguidos pela ordem jurídica, com prestígio à finalidade da lei.

Os efeitos dos atos jurídicos por sua vez, incluindo as decisões administrativas e judiciais, devem considerar a boa-fé presente nas relações jurídicas e prestigiá-la de modo a não afetar a estabilidade das relações constituídas sob o manto da boa-fé.[16]

---

16. "Constitucional. Servidor público: provimento derivado: inconstitucionalidade: efeito *ex nunc*. Princípios da boa-fé e da segurança jurídica. I – A Constituição de 1988 instituiu o concurso público como forma de acesso aos cargos públicos. CF, art. 37, II. Pedido de desconstituição de ato administrativo que deferiu, mediante concurso interno, a progressão de servidores públicos. Acontece que, à época dos fatos 1987 a 1992, o entendimento a respeito do tema não era pacífico, certo que, apenas em 17.2.1993, é que o Supremo Tribunal Federal suspendeu, com efeito *ex nunc*, a eficácia do art. 8º, III; art. 10, parágrafo único; art. 13, § 4º; art. 17 e art. 33, IV, da Lei 8.112, de 1990, dispositivos esses que foram declarados inconstitucionais em 27.8.1998: ADI 837/DF, Relator o Ministro Moreira Alves, 'DJ' de 25.6.1999. II – Os princípios da boa-fé e da segurança jurídica autorizam a adoção do efeito *ex nunc* para a decisão que decreta a inconstitucionalidade. Ademais, os prejuízos que adviriam para a Administração seriam maiores que eventuais vantagens do desfazimento dos atos administrativos. III – Precedentes do Supremo Tribunal Federal. IV – RE conhecido, mas não provido" (STF, Recurso Extraordinário 442.683, rel. Min. Carlos Velloso, j. 13.12.2005, *DJ* 24.3.2006, p. 55).

118   REGIME JURÍDICO DOS PROCESSOS ADMINISTRATIVOS

No campo do processo administrativo, o referido princípio impõe aos administrados e à Administração o dever de proceder com lealdade e boa-fé, agindo de forma a elucidar a verdade dos fatos, conforme preceituam os arts. 3º e 4º da Lei Federal de Processo Administrativo.

A Lei Federal de Processo Administrativo fez expressa referência ao princípio da boa-fé como um dos critérios a serem observados (art. 2º, parágrafo único, IV), incorporando-o como um dos pilares e diretrizes dos processos daquela espécie.

Os princípios da dignidade da pessoa humana, da segurança jurídica, da igualdade, da inafastabilidade do controle jurisdicional e da boa-fé, assim como os demais princípios constitucionais, não devem ser lidos, interpretados e aplicados isoladamente, senão em completa integração e inter-relação,[17] como partes integrantes de um todo, único e indivisível: a ordem constitucional.

A força normativa e a supremacia da Constituição fazem com que esses princípios permeiem todo o sistema jurídico, irradiando os seus efeitos também sobre os processos administrativos, subordinados que são aos ditames constitucionais.

Não poderíamos passar ao exame dos princípios que informam o regime jurídico do processo administrativo sem referir a sua submissão aos princípios constitucionais que destacamos, ainda que de forma breve. No entanto, nosso objetivo exige a abordagem mais amiúde dos princípios constitucionais aplicáveis aos processos administrativos que sejam decorrência do princípio do devido processo legal e que consubstanciam os mais elementares direitos fundamentais a serem observados na realização de qualquer espécie de processo. Nossa tarefa será, portanto, eleger, dentre uma vasta gama de princípios processuais, aqueles que são mandamentos nucleares do subsistema do processo administrativo. Para cumprir esse mister, partiremos da Constituição da República, mais especificamente do princípio do *due process of law*, para nós o princípio fundante do regime jurídico processual, base sobre a qual todos os outros princípios e regras se apoiam.

---

17. O Supremo Tribunal Federal já reconheceu, quando do julgamento do Mandado de Segurança 24.448-DF, que o princípio da segurança jurídica é projeção objetiva do princípio da dignidade da pessoa humana e elemento conceitual do Estado de Direito, conforme Acórdão publicado no *DJ* de 14.11.2007, p. 42.

REGIME JURÍDICO DO PROCESSO ADMINISTRATIVO

Não deixaremos, contudo, de fazer uma breve incursão sobre os princípios gerais do Direito Administrativo.

4.1.1 Princípios gerais do Direito Administrativo
e sua relação com o processo administrativo

O processo administrativo, como dissemos, ocorre na intimidade da função administrativa, por isso não podemos tratar do seu regime jurídico sem passar pela análise, ainda que perfunctória, dos princípios gerais do Direito Administrativo brasileiro.

Ao lado dos princípios processuais, que veremos adiante, aplicáveis ao instituto do qual cuidamos, os princípios que informam o regime jurídico-administrativo também estão compreendidos no regime jurídico processual administrativo, irradiando seus efeitos tanto para os processos administrativos ampliativos como para os restritivos da esfera jurídica do administrado.[18]

Na doutrina pátria, o tema dos princípios do Direito Administrativo tem sido abordado com destacada qualidade pelo Professor Celso Antônio Bandeira de Mello,[19] que cuidou de sistematizá-los e apresentá-los com detalhes, razão pela qual, nos caberá, nessa matéria, apenas apresentar as lições ministradas pelo mestre, sem a pretensão de contribuir com novas reflexões, tampouco de esgotar o assunto.

Trataremos, nas linhas a seguir, dos princípios da supremacia do interesse público sobre o interesse privado, legalidade, finalidade, razoabilidade, proporcionalidade, impessoalidade, moralidade, publicidade, eficiência e motivação, e suas respectivas relações com o pro-

---

18. Com extremada lucidez advertem Sérgio Ferraz e Adilson Abreu Dallari que "incidem sobre o processo administrativo tanto princípios que lhe são exclusivos quanto princípios também aplicáveis a outros institutos ou situações jurídicas. De maneira que, para um tratamento abrangente do tema, é forçoso cuidar tanto de uns quanto de outros, indistintamente, sendo bastante difícil, ou até mesmo impossível, identificar quais princípios seriam aplicáveis exclusivamente em matéria de processo administrativo, dado que não é nítida a fronteira dessa específica modalidade processual como campo mais vasto da Teoria Geral do Processo" (*Processo Administrativo*, cit., p. 65).

19. "O conteúdo do regime jurídico-administrativo...", cit., pp. 45-47; e *Curso de Direito Administrativo*, cit., pp. 69-87 e 95-126.

REGIME JURÍDICO DOS PROCESSOS ADMINISTRATIVOS

cesso administrativo, reconhecendo no rol apresentado a incapacidade de exaurir os princípios aplicáveis às relações jurídico-administrativas, dada a sempre presente possibilidade de desdobrar um princípio ou apresentar nova nomenclatura para conteúdo antes conhecido.

4.1.1.1 Princípio da supremacia do interesse público sobre o interesse privado

O princípio da supremacia do interesse público sobre o interesse privado reveste-se de altíssima importância no Direito Administrativo, embora não tenha sua aplicação limitada a esta área da Ciência do Direito, pois permite que o Estado, no exercício da função administrativa, imponha deveres a serem cumpridos pelos administrados independentemente de sua anuência. A unilateralidade, imperatividade, exigibilidade e executoriedade dos atos administrativos são características que muito bem delineiam os contornos desse princípio.

Imperioso notar que a nomenclatura do princípio, de forma escorreita, indica que o interesse público prevalecerá sobre o interesse privado, sem que haja qualquer sobreposição de direito, já que o princípio mencionado tem o corpo que a ordem jurídica lhe confere, tão somente. Assim, não cabe invocar o princípio da supremacia do interesse público sobre o interesse privado para descumprir o direito posto, mas apenas para dar-lhe concretude, isto é, agir de acordo com o mandamento contido na norma jurídica.

Não é sustentável, por exemplo, a pretensão da Administração de retirar a propriedade de um particular, sob a alegação de ser esta necessária para atendimento do interesse público, causando-lhe prejuízo. Para hipóteses em que o Estado precise adquirir bens particulares com vistas à satisfação de uma situação de necessidade ou utilidade pública ou, ainda, de interesse social, a ordem jurídica vigente prescreve a desapropriação como solução adequada que, a par de viabilizar a aquisição originária da propriedade pelo Estado,[20] garantindo, *ipso facto*, a supremacia do interesse público, não aniquila direito do administrado, já que sua recomposição dá-se por meio de prévia e

---

20. Diogenes Gasparini, *Direito Administrativo*, 14ª ed., São Paulo, Saraiva, 2009, p. 832.

REGIME JURÍDICO DO PROCESSO ADMINISTRATIVO

justa indenização em dinheiro, conforme estabelecido pelo art. 5º, XXIV, da Lei Maior.[21]

O direito de propriedade, garantido pelo art. 5º, XXII, da Constituição da República, de incontestável índole privada, não é um direito absoluto e tem a extensão e a intensidade que a ordem jurídica lhe confere, por isso, quando em confronto com um interesse público, tipificado nos termos da legislação vigente, a este restará submisso.

O princípio da supremacia do interesse público sobre o interesse privado não se destina a proteger o interesse público secundário, mas exclusivamente o primário, ou seja, aquele afeto aos membros da sociedade e cuja representante é a Administração Pública. Por esta razão, esse princípio consiste em uma das bases do Direito Administrativo que não serve senão para proteger os administrados e regular o convívio social.

Exemplo de dispositivo legal que consubstancia o conteúdo do princípio em comento é o art. 58, V, da Lei 8.666/1993.[22] Para garantir a continuidade de serviços essenciais, a Lei autoriza que a Administração ocupe provisoriamente recursos materiais e humanos privados. O objetivo da norma é sem dúvida alguma proteger o interesse público, e seu fundamento está no princípio da supremacia do interesse público. Nos contratos administrativos, a Administração Pública ocupa uma posição de superioridade em relação ao particular que com ela contrata. Acha-se, assim, numa posição sobranceira, de desigualdade.

---

21. Sobre a desapropriação leciona o saudoso Diogenes Gasparini: "essa faculdade constitucional para desapropriar é necessária, visto que nem sempre o Estado pode alcançar os fins a que se propõe pelos meios que o Direito Privado oferece e regula. O proprietário do bem necessário, útil ou de interesse social para o Estado resiste às suas pretensões de compra. Por não querer vender ou por não lhe interessar o preço oferecido, impedindo, com essa resistência, a realização do bem comum. Nesses casos, como em outros, só a desapropriação restaura a prevalência do interesse público sobre o interesse particular, retirando do proprietário, mediante indenização, a sua propriedade" (*Direito Administrativo*, cit., pp. 831-832).

22. "Art. 58. O regime jurídico dos contratos administrativos instituído por esta Lei confere à Administração, em relação a eles, a prerrogativa de: (...) V – nos casos de serviços essenciais, ocupar provisoriamente bens móveis, imóveis, pessoal e serviços vinculados ao objeto do contrato, na hipótese da necessidade de acautelar apuração administrativa de faltas contratuais pelo contratado, bem como na hipótese de rescisão do contrato administrativo."

122 REGIME JURÍDICO DOS PROCESSOS ADMINISTRATIVOS

No campo do processo administrativo, pode-se destacar o dever da Administração de impulsioná-lo de ofício como consectário do princípio em exame, haja vista ser de interesse público que a Administração atinja a verdade real dos fatos, sem ficar vinculada exclusivamente aos argumentos e provas colacionados pelo administrado.

Embora a Lei 9.784/1999 não tenha feito uso da expressão supremacia do interesse público sobre o interesse privado, certamente incorporou em suas entrelinhas o conteúdo desse princípio, *ex vi* do disposto no art. 51, § 2º,[23] que exige a continuidade do processo administrativo, mesmo diante da desistência ou renúncia do interessado, quando a matéria objeto do processo for de interesse público.

Não obstante a valia do princípio da supremacia do interesse público sobre o interesse privado, vê-se, atualmente, uma verdadeira cruzada contra esse preceito, como se fosse ele apto a justificar os desmandos do Estado e a autorizar o sacrifício dos direitos dos administrados. Investidas desse jaez revelam apenas a incompreensão daqueles que defendem a nocividade desse princípio, que jamais se prestou a justificar a inobservância da ordem jurídica, por uma razão lógica: a supremacia do interesse público sobre o privado decorre dessa mesma ordem jurídica que tutela os direitos privados.

A supremacia do interesse público sobre o interesse privado se traduz em uma necessidade imposta em nome do equilíbrio social, mas que, sob pena de sujeitar a própria coletividade à arbitrariedade da Administração, não se pode exercer de forma ilimitada. O princípio tem a conformação que o ordenamento jurídico lhe confere, nada mais, nada menos.

4.1.1.2 Princípio da legalidade

O art. 37, *caput*, da Constituição da República prescreve que a Administração Pública deve se pautar, dentre outros, pelo princípio da legalidade, que submete tanto a Administração como os administra-

---

23. "Art. 51. O interessado poderá, mediante manifestação escrita, desistir total ou parcialmente do pedido formulado ou, ainda, renunciar a direitos disponíveis. (...) § 2º. A desistência ou renúncia do interessado, conforme o caso, não prejudica o prosseguimento do processo, se a Administração considerar que o interesse público assim o exige."

REGIME JURÍDICO DO PROCESSO ADMINISTRATIVO 123

dos aos limites da lei. O princípio da legalidade, valor intrínseco ao Estado de Direito, exige, de um lado, que a inovação na ordem jurídica primária se dê apenas por meio de lei, estrito senso, e, por outro, que a atuação administrativa seja infralegal.

Há de se reconhecer que a Lei Maior, promulgada em 5.10.1988, consagrou a primazia do Poder Legislativo para inovar na ordem jurídica de maneira primária,[24] reservando-lhe a edição de normas criadoras de direitos e deveres, ainda que haja uma parcela de participação do Poder Executivo no que toca à sanção e veto.

Assim, em nosso ordenamento jurídico, via de regra, só a lei, formalmente considerada, pode inaugurar a disciplina de dada matéria, cabendo ao Poder Executivo, no exercício de sua competência regulamentar, esmiuçar as normas prescritas de maneira genérica, possibilitando o exercício do direito ou tornando exigível a obrigação previamente criada pela lei. É o que prevê o art. 84, IV, da Constituição da República.[25]

Afirmamos que a regra é a inovação na ordem jurídica mediante lei, fruto do processo legislativo, porque há uma exceção, consagrada na própria Constituição Federal, em seu art. 62. Trata-se da possibilidade de o Presidente da República editar medidas provisórias, com força de lei. Esse dispositivo, como todos os demais que comportam normas exceptivas, deve ser interpretado de forma restritiva, isto é, a limitar sua aplicação. Desse modo, à luz da prescrição constitucional, só é cabível a edição de medida provisória em caso de relevância e urgência.[26] Anote-se, aqui, que relevância deve ser compreendida co-

---

24. O ensinamento é de Oswaldo Aranha Bandeira de Mello, *Princípios Gerais de Direito Administrativo*, p. 316.

25. "Art. 84. Compete privativamente ao Presidente da República: (...) IV – sancionar, promulgar e fazer publicar as leis, bem como expedir decretos e regulamentos para sua fiel execução."

26. "Ação direta de inconstitucionalidade – A questão do abuso presidencial na edição de medidas provisórias – Possibilidade de controle jurisdicional dos pressupostos constitucionais da urgência e da relevância (cf. art. 62, *caput*) – A edição de medidas provisórias, pelo Presidente da República, para legitimar-se juridicamente, depende, dentre outros requisitos, da estrita observância dos pressupostos constitucionais da urgência e da relevância (CF, art. 62, *caput*). – Os pressupostos da urgência e da relevância, embora conceitos jurídicos relativamente indeterminados e fluidos, mesmo expondo-se, inicialmente, à avaliação discricionária do Presidente da República, estão sujeitos, ainda que excepcionalmente, ao controle do Poder Judiciário,

124   REGIME JURÍDICO DOS PROCESSOS ADMINISTRATIVOS

mo relevância extraordinária, que foge à situação de normalidade, pois, a nosso ver, a edição de leis também deve estar adstrita ao requisito da relevância, visto não se conceber possa o legislador ocupar-se de assuntos irrelevantes para o interesse da coletividade.

Ainda nessas hipóteses excepcionais, de cabimento de medida provisória, o Poder Legislativo desempenha papel importante, uma vez que o Presidente da República deve submeter de imediato a medida à apreciação do Congresso Nacional que terá 45 dias, contados de sua publicação, para votá-la. Se a medida provisória não for apreciada nesse prazo, entrará em regime de urgência, sobrestando todas as demais deliberações legislativas da Casa em que estiver tramitando, até que se ultime a votação.

Feitas essas observações, é inevitável concluir que a Lei Maior, ao fixar o primado da lei, rechaçou a existência do denominado regulamento autônomo ou independente no Direito brasileiro, impondo ao Poder Legislativo a missão de inovar na ordem jurídica,[27] mediante lei.

porque compõem a própria estrutura constitucional que disciplina as medidas provisórias, qualificando-se como requisitos legitimadores e juridicamente condicionantes do exercício, pelo Chefe do Poder Executivo, da competência normativa primária que lhe foi outorgada, extraordinariamente, pela Constituição da República. Doutrina. Precedentes. – A possibilidade de controle jurisdicional, mesmo sendo excepcional, apoia-se na necessidade de impedir que o Presidente da República, ao editar medidas provisórias, incida em excesso de poder ou em situação de manifesto abuso institucional, pois o sistema de limitação de poderes não permite que práticas governamentais abusivas venham a prevalecer sobre os postulados constitucionais que informam a concepção democrática de Poder e de Estado, especialmente naquelas hipóteses em que se registrar o exercício anômalo e arbitrário das funções estatais" (Ação Direta de Inconstitucionalidade 2.213 MC, rel. Min. Celso de Mello, j. 4.4.2002, *DJ* 23.4.2004, p. 296).

27. Eros Roberto Grau vê o princípio da legalidade sob outra ótica. Afirma o autor que o art. 5º, II, da Constituição Federal, consagra esse princípio em termos apenas relativos, considerando que, ao menos, em duas oportunidades a Constituição faz referência à legalidade em termos absolutos: quando estabelece que não há crime e pena sem lei anterior que a defina (art. 5º, XXXIX), nem tributo sem prévia cominação legal (art. 150, I). Para o autor, as matérias que o texto constitucional não reservou ao tratamento da lei podem ser disciplinadas por regulamentos, *in verbis*: "(...) se há um princípio de reserva de lei – ou seja, se há matérias que só podem ser tratadas pela lei –, evidente que as excluídas podem ser tratadas em regulamentos; quanto à definição do que está incluído nas matérias de reserva de lei, há de ser colhida no texto constitucional; quanto a tais matérias não cabem regulamentos. Inconcebível a admissão de que o texto constitucional contivesse disposição despicienda – *verba cum sunt accipienda*" (*O Direito Posto e o Direito Pressuposto*, 2ª ed., São Paulo,

REGIME JURÍDICO DO PROCESSO ADMINISTRATIVO 125

Não por acaso a Lei Maior prescreveu que "ninguém será obrigado a fazer ou deixar de fazer alguma coisa senão em virtude de lei" (art. 5º, II). O postulado da legalidade, inserido no rol dos direitos e garantias fundamentais da Constituição de 1988, consiste em genuína proteção dos administrados contra o autoritarismo desenfreado do Estado, vivenciado em tempos não tão distantes assim e cujos resquícios ainda permeiam nossa sociedade.[28]

A legalidade, como limite positivo e negativo à atuação administrativa, condiciona a validade dos atos expedidos pela Administração à prévia regulação legal, de forma que serão inválidos os atos praticados em contradição ou desconformidade com a ordem normativa imposta.

Malheiros Editores, 2008, p. 247). Carlos Ari Sundfeld, por sua vez, admite que em situações de sujeição especial e diante da lacuna da lei, pode a Administração, por força da titularidade dos serviços públicos outorgados pela Constituição da República, regular os direitos e deveres dos usuários. Enfatiza, no entanto, que em relações de sujeição geral todos os atos administrativos devem estar amparados em lei prévia que os autorize. Observa, por fim, que: "Tal não significa a afirmação de um legalismo estrito. A administração não age apenas de acordo com a lei; subordina-se ao que se pode chamar de bloco da legalidade. Não basta a existência de autorização legal: necessário atentar para a moralidade administrativa, à boa-fé, à igualdade, à boa administração, à razoabilidade, à proporcionalidade – enfim, aos princípios que adensam o conteúdo das imposições legais" (*Direito Administrativo Ordenador*, 1ª ed., 3ª tir., São Paulo, Malheiros Editores, 2003, pp. 31-32).
28. "*Administrativo*. Licitação. Telefonia celular. Legalidade. 1. No processo licitatório a comissão está subordinada ao princípio de que os seus julgamentos são de natureza objetiva, vinculados aos documentos apresentados pelos licitantes e subordinados a critérios de rigorosa imparcialidade. 2. O judiciário do final do século XX, mais do que o judiciário dos anos que já se passaram, encontra-se voltado para fenômenos que estão alterando o atual ordenamento jurídico brasileiro, onde a vontade dos que atuam como agentes públicos há de ser subordinada, com mais intensidade à lei, interpretada sua função de valorizar os direitos subjetivos dos cidadãos e das entidades coletivas que se envolvem com serviços concedidos ou permitidos a serem prestados à sociedade. Não deve ser, portanto, ancoradouro para prestigiar desvios comportamentais que, por via de atos administrativos, importem em distorção absoluta da realidade. 3. Posição da comissão de licitação, apoiada pela autoridade apontada como coatora, que entende existir uma terceira empresa envolvida em consórcio formado, sem qualquer prova documental existente nos autos. Ficção. 4. Não há como se prestigiar, em um regime democrático, solução administrativa que acena para imposição da vontade pessoal do agente público e que se apresenta como desvirtuadora dos princípios da legalidade, da impessoalidade, da igualdade, da transparência e da verdade. 5. Mandado de Segurança concedido, à unanimidade" (STJ, Mandado de Segurança 5.287/97-DF, rel. Min. José Delgado, j. 24.11.1997, *DJU* 9.3.1998, p. 112).

126   REGIME JURÍDICO DOS PROCESSOS ADMINISTRATIVOS

O limite negativo do princípio da legalidade aplicável à Administração Pública é o aspecto diferencial em relação à legalidade que rege as atividades privadas, pois nessa seara o particular está juridicamente autorizado a fazer tudo o que a lei não proíbe, restando-lhe uma ampla margem de liberdade para agir. A Administração Pública, ao contrário, está adstrita aos estritos limites da legalidade, e assim o é porque exerce função, ou seja, competência em nome de outrem, e como tal os interesses que tutela são indisponíveis, devendo ter prévia autorização legal para agir.

Afirmar que o exercício da função administrativa é sublegal não implica, todavia, reconhecer que a Administração deve pautar-se exclusivamente pelas normas decorrentes de lei em sentido formal, mas também pelas normas constitucionais e regulamentares, essas últimas obrigatoriamente em consonância com a lei que deve precedê-las. O princípio da legalidade há de ser compreendido de forma mais dilatada, a acobertar todo o ordenamento jurídico.[29] Na lição de Lúcia Valle Figueiredo, "o princípio da legalidade é bem mais amplo do que a mera sujeição do administrador à lei, pois aquele, necessariamente, deve estar submetido também ao Direito, ao ordenamento jurídico, às normas e princípios constitucionais".[30]

Na mesma vertente assevera Juarez Freitas que a legalidade exige a observância também dos princípios, em sintonia com a teleologia constitucional.[31] A amplitude do princípio da legalidade levou a Mi-

29. Ao cuidar do assunto, Carlos Ayres Britto consignou: "Só queria fazer uma observação lateral. Esse lapidar conceito de Miguel Seabra Fagundes, segundo o qual administrar é aplicar a lei de ofício, talvez esteja a exigir uma atualização. O art. 37 da Constituição, tão apropriadamente citado por V. Exa., Sr. Ministro Eros Grau, na cabeça desse artigo há uma novidade que não tem sido posta em ênfase pelos estudiosos. Esse artigo tornou o Direito maior do que a lei ao fazer da legalidade apenas um elo, o primeiro elo de uma corrente de juridicidade que ainda incorpora a publicidade, a impessoalidade, a moralidade, a eficiência. Ou seja, já não basta ao administrador aplicar a lei, é preciso que o faça publicamente, impessoalmente, eficientemente, moralmente. Vale dizer: a lei é um dos conteúdos desse continente de que trata o art. 37. Então, se tivéssemos que atualizar o conceito de Seabra Fagundes, adaptando-o à nova sistemática constitucional, diríamos o seguinte: administrar é aplicar o Direito de ofício, não só a lei" (STF, Recurso Ordinário em Mandado de Segurança 24.699-DF, rel. Min. Eros Grau, j. 30.11.2004, *DJ* 1.7.2005).
30. *Curso de Direito Administrativo*, cit., p. 42.
31. "No que tange ao princípio da legalidade (razoável) e da submissão da Administração Pública ao Direito, é de brevemente recordar que se evoluiu desde um

REGIME JURÍDICO DO PROCESSO ADMINISTRATIVO   127

nistra Cármen Lúcia Antunes Rocha a propor a denominação "princípio da juridicidade".[32]

Parece-nos que o rótulo princípio da legalidade é suficiente para revelar a limitação negativa e positiva imposta pela lei ao administrador público, condicionando a validade dos atos da Administração à observância das normas que formam o ordenamento, sejam de maior ou menor densidade jurídica.

Nesse contexto, deve ser ressaltada a felicidade da Lei 9.784/1999 ao prescrever, em seu art. 2º, parágrafo único, I, que a Administração deve atuar "conforme a lei e o Direito", incorporando a mais recente, ampla e democrática acepção do princípio da legalidade.

4.1.1.3 Princípio da finalidade

Afirmamos em passagem anterior que os princípios jurídicos se inter-relacionam, de modo que é permitido reconhecer que um tem

legalismo primitivo e descompromissado para uma posição, por assim dizer, principiológica e substancialista. Por razões históricas sobejamente conhecidas, praticamente resta abandonado, ao menos em teoria, um determinado tipo de legalismo estrito, assim como já não prosperam mais visões ou escolas preconizadoras, nos moldes da Escola da Exegese, de uma servidão do intérprete à lei ou, ao que seria pior, a *voluntas legislatoris*. A sua interpretação sistemática não o sucede nem o antecede: é contemporânea dele. Confere-lhe vida e dinamicidade, porquanto o conteúdo jurídico, por força de sua natureza valorativa, transcende o mera e esparsamente 'positivado'. Neste caso, a legalidade faz às vezes de valiosíssimo princípio, porém somente experimentando significado apreciável na correlação com os demais. Pensar o Direito Administrativo exclusivamente como um conjunto de normas seria subestimar, de forma danosa, a complexidade e a riqueza do fenômeno jurídico-administrativo. Assim, a submissão da Administração Pública não é apenas à lei. Deve haver respeito à legalidade sim, mas encartada no plexo de características e ponderações que a qualificam como razoável. Não significa dizer que se possa obedecer alternativamente à lei ou ao Direito. Não. A legalidade devidamente adjetivada razoável requer a observância cumulativa dos princípios em sintonia com a teleologia constitucional. A submissão razoável apresenta-se menos como submissão do que como respeito. Não é servidão, mas acatamento pleno e concomitante à lei e, sobretudo, ao Direito. Assim, desfruta o princípio da legalidade de autonomia relativa, assertiva que vale para os princípios em geral" (*O Controle dos Atos Administrativos e os Princípios Fundamentais*, 2ª ed., São Paulo, Malheiros Editores, 1999, pp. 60-61; v. também, na 4ª ed., refundida e ampliada, 2009, pp. 70-71).

32. *Princípios Constitucionais da Administração Pública*, Belo Horizonte, Del Rey, 1994, p. 68.

128 REGIME JURÍDICO DOS PROCESSOS ADMINISTRATIVOS

seu nascedouro noutro. É isso que ocorre com o princípio da finalidade, decorrência direta do princípio da legalidade, já examinado.

Ao prescrever um mandamento, a norma, contida em uma regra ou em um princípio, sinaliza para o fim perseguido. Toda competência prescrita traz consigo a finalidade da atuação administrativa exigida ou permitida. Por isso, atendida a norma em todos os seus elementos, restará cumprida a finalidade legal, daí a impossibilidade de dissociar legalidade e finalidade.

Ensina Celso Antônio Bandeira de Mello que o princípio da finalidade impõe que o administrador atue com rigorosa observância à finalidade própria de todas as leis, que é o interesse público, e à finalidade específica abrigada na lei a que esteja dando execução.[33]

Na mesma esteira, afirmam Sérgio Ferraz e Adilson Abreu Dallari, ser "preciso examinar, também, à luz das circunstâncias do caso concreto, se o ato em exame atendeu ou concorreu para o atendimento do específico interesse público almejado pela previsão normativa genérica".[34]

No campo dos processos em geral, o princípio da finalidade pode ser ilustrado com o conteúdo do art. 244 do Código de Processo Civil, que dispõe: "Quando a lei prescrever determinada forma, sem cominação de nulidade, o juiz considerará válido o ato se, realizado de outro modo, lhe alcançar a finalidade".

No âmbito do processo administrativo muito mais perspicaz foi a Lei 9.784/1999. Logo no art. 1º, o diploma normativo que disciplina o processo administrativo na esfera federal, já fixa qual é a sua finalidade: proteger os direitos dos administrados, por meio da realização de processos administrativos, e propiciar que, valendo-se de processos dessa espécie, a Administração satisfaça com a maior plenitude possível os fins que lhe são próprios, isto é, aqueles cominados pela ordem jurídica.

Não fosse essa prescrição suficiente para instrumentalizar o princípio da finalidade, a Lei 9.784/1999 ainda insere o referido princípio no rol do art. 2º, como um dos preceitos regentes dos processos administrativos, reiterando, no inciso II do parágrafo único do mesmo artigo, que serão observados os "fins de interesse geral".

33. *Curso de Direito Administrativo*, cit., p. 107.
34. *Processo Administrativo*, cit., pp. 75-76.

REGIME JURÍDICO DO PROCESSO ADMINISTRATIVO   129

O processo administrativo é, nesse contexto, um meio de dar cumprimento à finalidade legal. Por exemplo, a licitação é um processo administrativo destinado a selecionar a proposta mais vantajosa para a Administração, quando esta pretenda comprar um bem, contratar um serviço ou a execução de uma obra ou, ainda, alienar bem de sua propriedade.

A título de ilustração, vale referir a Lei de Processo Administrativo do Estado de São Paulo, Lei 10.177/1998, que expressamente estabelece em seu art. 5º que "a norma administrativa deve ser interpretada e aplicada da forma que melhor garanta a realização do fim público a que se dirige".

De maneira extremamente sintética, o princípio da finalidade proíbe sejam colocados em segundo plano os fins aos quais a norma se dirige.

4.1.1.4 Princípio da razoabilidade

O princípio da razoabilidade também é, como o da finalidade, corolário da legalidade que submete a Administração.[35]

Acolhendo, mais uma vez, as lições de Celso Antônio Bandeira de Mello, entendemos ser a razoabilidade um princípio regente da atividade administrativa que impõe padrões de racionalidade a serem seguidos por quem exerce função administrativa. Nesses termos, razoável torna-se sinônimo de lógico, racional, coerente.

Razoabilidade significa adequação do ato com as razões de ordem lógica que o justificam. A razoabilidade não é apenas um critério de interpretação, mas um princípio constitucional com densidade normativa.

---

35. Nas precisas palavras de José Roberto Pimenta Oliveira, "há uma inexorável interconexão entre os pressupostos de fato do agir administrativo, a providência administrativa emanada como consequência jurídica destes pressupostos e a finalidade jurídica colimada. Esta associação lógica dota de categoricidade ou tipicidade à atividade administrativa e explica como o princípio da razoabilidade e da proporcionalidade têm também sua justificação doutrinariamente construída a partir do princípio da legalidade, no direito administrativo" (*Os Princípios da Razoabilidade e da Proporcionalidade no Direito Administrativo Brasileiro*, São Paulo, Malheiros Editores, 2006, p. 227).

130 REGIME JURÍDICO DOS PROCESSOS ADMINISTRATIVOS

O princípio da razoabilidade, novamente em identidade com o princípio da finalidade, não reforça o rol dos princípios constitucionais explícitos da Administração Pública, mas se encontra nas suas entrelinhas, sendo por essa razão considerado um princípio implícito.

Embora o princípio não tenha merecido consagração expressa pela Constituição da República,[36] a doutrina[37] e muito especialmente a jurisprudência têm acolhido a razoabilidade como princípio de elevada utilidade para a solução dos mais diversos impasses jurídicos.[38]

36. À guisa de ilustração, cita-se o art. 111 da Constituição do Estado de São Paulo que trata expressamente do princípio da razoabilidade, ao prescrever: "A administração pública direta, indireta ou fundacional, de qualquer dos Poderes do Estado, obedecerá aos princípios de legalidade, impessoalidade, moralidade, publicidade, razoabilidade, finalidade, motivação, interesse público e eficiência" (redação dada pela Emenda Constitucional 21, de 14.2.2006).

37. Ensina Weida Zancaner que "a doutrina ao se pronunciar sobre o princípio da razoabilidade ora enfoca a necessidade de sua observância pelo Poder Legislativo, como critério para reconhecimento de eventual inconstitucionalidade da lei, ora o apresenta como condição de legitimidade dos atos administrativos, ora aponta sua importância para o Judiciário quando da aplicação da norma ao caso concreto. Isto demonstra de forma cristalina que a razoabilidade é essencial ao sistema jurídico como um todo e que sua utilização é essencial à concretização do direito posto" ("Razoabilidade e moralidade na Constituição de 1988", *Revista Trimestral de Direito Público* 2/205).

38. "Concurso Público – Edital – Parâmetros – Observação. As cláusulas constantes do edital de concurso obrigam candidatos e Administração Pública. Na feliz dicção de Hely Lopes Meirelles, o edital é lei interna da concorrência. Concurso Público – Vagas – Nomeação. O princípio da razoabilidade é conducente a presumir-se, como objeto do concurso, o preenchimento das vagas existentes. Exsurge configurador de desvio de poder, ato da Administração Pública que implique nomeação parcial de candidatos, indeferimento da prorrogação do prazo do concurso sem justificativa socialmente aceitável e publicação de novo edital com idêntica finalidade. 'Como o inciso IV (do art. 37 da Constituição Federal) tem o objetivo manifesto de resguardar precedências na sequência dos concursos, segue-se que a Administração não poderá, sem burlar o dispositivo e sem incorrer em desvio de poder, deixar escoar deliberadamente o período de validade de concurso anterior para nomear os aprovados em certames subsequentes. Fora isto possível e o inciso IV tornar-se-ia letra morta, constituindo-se na mais rúptil das garantias' (Celso Antonio Bandeira de Mello, 'Regime Constitucional dos Servidores da Administração Direta e Indireta', p. 56)" (STF, Recurso Extraordinário 192.568, rel. Min. Marco Aurélio, j. 23.4.1996, *DJU* 13.9.1996, p. 662).

"Agravo regimental. Concurso público. Médico da polícia militar. Exigência de idade máxima. Vedação. Ausência de razoabilidade. A lei pode limitar o acesso a cargos públicos, desde que as exigências sejam razoáveis e não violem o art. 7º, XXX, da Constituição. Entretanto, não se pode exigir, para o exercício do cargo de médico

REGIME JURÍDICO DO PROCESSO ADMINISTRATIVO 131

A adoção desse princípio norteia o operador do Direito a aplicar a norma de maneira a prestigiar sua finalidade, considerando todas as variantes que o caso concreto lhe apresenta. O princípio da razoabilidade confere elasticidade à norma, permitindo que o agente competente dela se utilize com os devidos temperamentos exigidos em face da necessidade havida, sempre com vistas à satisfação da finalidade genérica e específica da norma com a qual esteja lidando.

O princípio da razoabilidade é de especial valia quando a lei confere ao administrador público certa margem de discrição, dando-lhe liberdade para escolher, dentre as opções por ela antecipadas, aquela que melhor satisfaça o interesse público. É certo que ao conferir competência discricionária o que deseja a lei é que a ação administrativa seja a mais consentânea possível com a finalidade da norma e com os motivos que a justificam. A razoabilidade é um importante instrumento no controle de legitimidade dos atos administrativos.

Um ato administrativo desarrazoado não é censurável apenas sob a perspectiva da conveniência, é mais do que isso, configura ato ilegal, já que descumpridor de um dos princípios regentes da atividade administrativa, diretamente decorrente da legalidade, tipificada no *caput* do art. 37 da Lei Maior.

Essa assertiva reafirma a inafastável relação entre todos os princípios que presidem a atividade administrativa. Não é possível existir um ato que seja contrário a apenas um dos princípios gerais do Direito Administrativo e conforme a todos os demais. Quando um ato administrativo em descompasso com a ordem jurídica for produzido, mais de um princípio será necessariamente atingido. Por certo, o princípio da legalidade sempre estará entre aqueles mais violados, pois o desrespeito a qualquer outro princípio conduzirá à sua transgressão, já que são todos componentes do ordenamento jurídico e, portanto, sua infringência é a infringência da legalidade, tida esta na acepção mais ampla que apresentamos há pouco.

O processo administrativo surge com destacada importância no seio do princípio da razoabilidade, na medida em que permite seja a

da Polícia Militar, que o candidato seja jovem e tenha vigor físico, uma vez que tais atributos não são indispensáveis ao exercício das atribuições do cargo. Agravo regimental a que se nega provimento" (STF, Agravo Regimental 486.439, rel. Min. Joaquim Barbosa, j. 19.8.2008, *DJ* 28.11.2008, p. 930).

132   REGIME JURÍDICO DOS PROCESSOS ADMINISTRATIVOS

decisão administrativa paulatinamente formada, propiciando a adoção de critérios racionais que conduzirão à decisão final.[39]

A Lei Federal de Processo Administrativo fez constar o princípio da razoabilidade no rol dos preceitos que regem o instituto, afastando qualquer dúvida quanto à sua extensão aos processos administrativos.

4.1.1.5 Princípio da proporcionalidade

Para parte da doutrina, razoabilidade e proporcionalidade são rótulos diversos para o mesmo conteúdo.[40] Para nós, embora haja uma inexorável relação de imbricação entre os dois princípios, estes têm conteúdos que permitem apartá-los.

Conquanto não escrito, o princípio da proporcionalidade é um princípio autônomo, fundamentado na própria ideia de Estado de Direito, reconhecido pela doutrina como princípio implícito na Constituição Federal. O princípio da proporcionalidade, que só ganhou destaque na ordem jurídica brasileira após a Constituição de 1988, é velho conhecido do Direito europeu.

Foram, sobretudo, a jurisprudência e a doutrina alemãs as responsáveis pela identificação do conceito de proporcionalidade, a partir de três aspectos: adequação, necessidade e proporcionalidade em sentido estrito.

O princípio da adequação ou conformidade sugere que é necessário verificar se determinada medida representa o meio certo para levar ao atingimento de determinado fim, baseado no interesse público.

A necessidade, também denominada princípio da exigibilidade ou máxima dos meios mais suaves, exige que a medida restritiva seja

---

39. Para José Roberto Pimenta Oliveira, "é por meio do procedimento que se incorporam os elementos fáticos e jurídicos do caso apreciado pela Administração, possibilitando-lhe, na devida ou justa medida, aquilatar o peso ou a relevância dos diversos interesses presentes, passo necessário para a elaboração de *decisões razoáveis e proporcionais*" (*Os Princípios da Razoabilidade e da Proporcionalidade...*, cit., p. 379).

40. Nesse sentido Maria Sylvia Zanella Di Pietro, *Direito Administrativo*, cit., pp. 80-81, e José Roberto Pimenta Oliveira, *Os Princípios da Razoabilidade e da Proporcionalidade...*, cit., p. 192.

REGIME JURÍDICO DO PROCESSO ADMINISTRATIVO   133

indispensável para a conservação de um direito, e que esta não possa ser substituída por outra menos gravosa.

A proporcionalidade em sentido estrito, também conhecida por máxima do sopesamento, impõe a comparação entre a importância da realização do fim e a intensidade da restrição aos direitos fundamentais.

Somados esses três requisitos, tem-se a noção de proporcionalidade, cuja ideia é de justa medida, simetria. Diz-se que uma reação é proporcional à ação quando guardam entre si relação de justeza na extensão e intensidade. O exemplo mais valioso, aos nossos olhos, para ilustrar a noção de proporcionalidade tem sede no Direito Penal. Trata-se da legítima defesa, como causa excludente da ilicitude, conforme disciplina o art. 23, II, do Código Penal. Entende-se em legítima defesa quem, usando moderadamente dos meios necessários, repele injusta agressão, atual ou iminente, a direito seu ou de outrem. Um dos requisitos da legítima defesa é a moderação, isto é, proporcionalidade na repulsa à violência sofrida. A lei não exige que a reação seja matematicamente igual à ação, mas veda o excesso, seja por utilização de meio desnecessário, seja pelo uso imoderado dos meios necessários.

De forma bastante singela, o princípio da proporcionalidade pode ser entendido como o dever jurídico de reagir moderadamente a uma ação. Esse princípio não tem aplicação somente nas hipóteses de imposição de sanção e nos respectivos processos, administrativo ou judicial, embora seja nesta matéria que ganha destacado relevo. Seu conteúdo é de alta valia para a fixação do *quantum* indenizatório, por exemplo.[41]

41. "Direito administrativo. Recurso especial. Servidor público. Afastamento remunerado para participação em curso de aperfeiçoamento – doutorado. Exoneração a pedido antes de cumprido o prazo legal mínimo. Indenização ao erário. 1. Nos termos dos arts. 95, § 2º, da Lei 8.112/90 e 47, *caput*, e inciso I, do Decreto 94.664/87, pode o servidor de Instituição Federal de Ensino afastar-se de suas funções para a realização de curso de aperfeiçoamento, sendo-lhe assegurados todos os direitos e vantagens a que fizer jus em razão da atividade docente. 2. Impõe-se ao servidor, findo o período de seu afastamento, o retorno às suas atividades, devendo ali permanecer por tempo igual ao do afastamento sob pena de indenização de todas as despesas, inclusive os vencimentos recebidos. Inteligência dos arts. 95, § 2º, da Lei 8.112/90 c/c 47, *caput*, e inciso I, do Decreto 94.664/87 e 12 e 13 da Lei 4.320/64. 3. A auto-aplicabilidade de uma norma jurídica definidora de um direito ou de uma obrigação está diretamente relacionada à densidade normativa que lhe foi dada pelo

134 REGIME JURÍDICO DOS PROCESSOS ADMINISTRATIVOS

A Lei 9.784/1999, além de inserir o princípio da proporcionalidade, ao lado da razoabilidade, na lista de preceitos que orientam os processos administrativos, ainda prescreve no art. 2º, parágrafo único, VI, que será observado o critério de "adequação entre meios e fins, vedada a imposição de obrigações, restrições e sanções em medida superior àquelas estritamente necessárias ao atendimento do interesse público".

Exige a Lei federal de Processo Administrativo o cumprimento do princípio da proporcionalidade, sob pena de ilegalidade do processo administrativo e, consequentemente, do ato final dele resultante.

Faz o referido diploma legal expressa alusão à proporcionalidade na imposição de obrigações, restrições e sanções, referindo-se somente a atos restritivos de direito. Do dispositivo legal supracitado é permitido inferir que quanto maior for a ofensa ao interesse público, mais extensa e gravosa deverá ser a pena aplicada, sob pena de a sanção tornar-se inócua.[42]

legislador. As normas de elevada densidade normativa são aquelas que possuem em si elementos suficientes para gerar os efeitos nelas previstos, independentemente de nova intervenção legislativa. 4. A obrigação de ressarcir os vencimentos recebidos durante o período de afastamento para estudos no exterior decorre de previsão legal expressa, razão pela qual se torna irrelevante a inexistência de prévia assinatura de 'termo de compromisso e responsabilidade'. 5. A legislação de regência não impõe à Administração, por ocasião do retorno do servidor, obrigação de proporcionar-lhe vantagens materiais e profissionais diferenciadas das dos demais professores. Além disso, para se aferir a existência de algum compromisso nesse sentido seria necessário o reexame de matéria fático-probatória, o que atrai o óbice da Súmula 7/STJ. 6. O dever de indenizar imposto ao servidor não possui caráter de sanção, e sim de ressarcimento ao erário daquilo que foi gasto em sua formação sem que tenha havido integral contraprestação por parte dele, em razão de seu desligamento do serviço público. 7. Hipótese em que, considerando-se que o servidor tinha por obrigação continuar a exercer suas funções na Instituição de Ensino Federal pelo período igual àquele em que esteve afastado, em respeito aos princípios da proporcionalidade e da razoabilidade, deve a indenização devida ser calculada de forma proporcional ao tempo restante para que se completasse o período a partir do qual estaria ele desobrigado de ressarcir os cofres públicos. 8. Recurso especial conhecido e parcialmente provido" (STJ, Recurso Especial 939.439-PR, rel. Min. Arnaldo Esteves Lima, j. 11.11.2008, *DJe* 1.12.2008).
42. Para Márcio Cammarosano, "se a violação da ordem jurídica é voluntária, se o agente, valendo-se ou não de subterfúgios, atuando ou não dissimuladamente, procurando ou não aparentar respeito à ordem jurídica, expede ato em rigor inválido, ou deixa de agir, agredindo a ordem jurídica por omissão, tendo disso consciência, mesmo estando convencido de que os fins de interesse público a serem alcançados

REGIME JURÍDICO DO PROCESSO ADMINISTRATIVO 135

Se, por um lado, o princípio da proporcionalidade impõe a aplicação de severa sanção quando a infração for grave, por outro, limita a discricionariedade do aplicador, obrigando-o a manter uma relação de justeza entre a infração e a sanção, evitando, com isso, a prática de excessos. Os tribunais brasileiros estão atentos à submissão das sanções administrativas ao princípio da proporcionalidade, invalidando o ato quando se revela excessivo.[43]

4.1.1.6 Princípio da impessoalidade

O princípio da impessoalidade está expressamente previsto no art. 37, *caput*, da Lei Magna, como imposição dos preceitos de igualdade à atividade administrativa. Para Celso Antônio Bandeira de Mello, "o princípio em causa não é senão o próprio princípio da igualdade ou isonomia".[44]

A doutrina majoritária identifica o princípio da impessoalidade com o princípio da igualdade, sem reserva-lhe mais do que uma repetição de conteúdo. Parece-nos, no entanto, que, além do indiscutível conteúdo de igualdade que traz o princípio da impessoalidade, vedando que a Administração considere critérios diferenciadores não fundados previamente em lei e que adote razões subjetivas para decidir, o

---

justificam a utilização de quaisquer meios, a sanção prescrita é sempre mais contundente, representa sempre um mal maior para o agente" (*O Princípio Constitucional da Moralidade e o Exercício da Função Administrativa*, Belo Horizonte, Fórum, 2006, p. 99).

43. "Administrativo. Servidor público. Demissão. Princípio da proporcionalidade e razoabilidade. Verificação da correspondência entre a pena aplicada e a conduta praticada. Possibilidade de controle pelo Judiciário. Precedentes desta Corte e do Supremo Tribunal Federal. Conduta desidiosa. Caracterização. Reexame de matéria fática. Súmula n. 7 do Superior Tribunal de Justiça. 1. Ao Judiciário, nos termos da jurisprudência dominante nos Tribunais Superiores, cabe anular a demissão imposta ao servidor, fundamentado no fato de não haver a necessária proporcionalidade entre o fato apurado e a pena aplicada, sendo certo que sua atuação deve ser pautada pelo princípio da proporcionalidade que rege o controle judicial do ato administrativo. Precedentes. 2. A pretendida inversão do julgado implicaria, necessariamente, o reexame dos fatos e provas carreadas aos autos, o que não se coaduna com a via eleita, consoante o enunciado da Súmula n. 7 do Superior Tribunal de Justiça. 3. Recurso especial não conhecido" (STJ, Recurso Especial 764.249-DF, rela. Min. Laurita Vaz, j. 24.3.2009, *DJe* 20.4.2009).

44. *Curso de Direito Administrativo*, cit., p. 114.

136 REGIME JURÍDICO DOS PROCESSOS ADMINISTRATIVOS

princípio em exame oferece ainda mais uma dimensão. Trata-se de norma proibitiva que impede o exercente da função administrativa de titularizar os interesses e bens públicos, deles fazendo uso pessoal e indevido. Como ínsito à noção de função, o agente público é mero representante da coletividade e, por isso, atua em nome e proveito alheio, sendo-lhe vedada a prática de atos que possam acarretar benefício indevido para si ou para outrem.[45]

A Administração Pública, embora sofra influência de seus agentes, por meio dos quais atua, deve ser vista deles apartada. A Administração Pública é perene, mas o sujeito que exerce a função pública o faz de modo temporário, ainda que seu cargo seja de provimento vitalício, como o são os de Conselheiros e Ministros dos Tribunais de Contas.[46] Por essa razão, e especialmente por não ser o agente público titular do interesse público, não pode este cuidar dos assuntos administrativos como se fossem relevantes apenas para si, fazendo escolhas movidas por sentimentos pessoais ou fazendo uso pessoal dos recursos públicos.[47]

45. "Constitucional. Ação popular. Moralidade jurídica (CF/88: art. 37, *caput*). Nomeação de filha de Presidente da República para adjunto da secretaria geral da presidência. Lesividade ao patrimônio jurídico. 1. A inserção de racionalidade moral, altamente legitimada em expectativa cognitiva social transformada em normativa e condensada no art. 37 da Carta, confere o nível conceitual da moralidade jurídica voltada para bloquear atos lesivos dos níveis de validade de correção (sinceridade, verdade e retidão), que o consenso popular brasileiro exige do agir de seus agentes públicos. 2. A pressão seletiva social assim plasmada no art. 37 da Carta, presente, portanto, no Estado de Direito brasileiro, afasta a atuação de agente público ocupante do cargo de Secretário Geral da Presidência da República no sentido de nomear a filha do Presidente da República para o cargo de Adjunto da Secretaria Geral da Presidência, porque isso implica um agir ocultamente estratégico voltado para a satisfação de interesses pessoais e não orientado para o entendimento, o acordo, o consenso, que gerou a condensação da expectativa normativa. 3. Apelações e remessa oficial não providas" (TRF, 1ª Região, Apelação Cível 1999.01.00.040000-7-DF, rel. Juiz Carlos Alberto Simões de Tomaz, j. 15.12.2004, *DJ* 3.3.2005, p. 34).
46. Nos termos do art. 73, § 3º, da CF.
47. "Publicidade de atos governamentais. Princípio da impessoalidade. Art. 37, § 1º, da Constituição Federal. 1. O *caput* e o § 1º do art. 37 da Constituição Federal impedem que haja qualquer tipo de identificação entre a publicidade e os titulares dos cargos alcançando os partidos políticos a que pertençam. O rigor do dispositivo constitucional que assegura o princípio da impessoalidade vincula a publicidade ao caráter educativo, informativo ou de orientação social é incompatível com a menção de nomes, símbolos ou imagens, aí incluídos slogans, que caracterizem promoção pessoal ou de servidores públicos. A possibilidade de vinculação do conteúdo da divulgação

REGIME JURÍDICO DO PROCESSO ADMINISTRATIVO 137

É proibido, pelo princípio da impessoalidade, que os agentes públicos levem para dentro da Administração impressões pessoais que possam conduzir suas ações em direção oposta ao interesse público.

O princípio da impessoalidade tem aplicação também aos processos administrativos, conforme expressamente consignado no art. 2º, parágrafo único, III, da Lei 9.784/1999, que veda "a promoção pessoal de agentes e autoridades".

No processo administrativo, o cumprimento dos ditames da impessoalidade será condicionante de sua validade, especialmente no que toca à neutralidade, independência e imparcialidade da autoridade competente para decidir. A neutralidade exige que o julgador se mantenha em situação exterior ao objeto do processo, que seja estranho a ele. A independência, de supino relevo no processo administrativo, onde o Estado é, ao mesmo tempo, parte e juiz, é expressão da atitude do julgador em face de influências provenientes do próprio Estado. O dever de independência impõe à autoridade competente a tomada de decisões contrárias aos interesses do governo, quando a ordem jurídica assim o exigir, e, também, impopulares ou que desagradem a imprensa e a opinião pública. A imparcialidade é a barreira imposta ao julgador para deter as influências provenientes das partes do processo. Exige-se ausência absoluta de prevenção a favor ou contra qualquer das partes.

4.1.1.7 Princípio da moralidade

A partir de 1988, o princípio da moralidade tornou-se frequente objeto de estudo entre os constitucionalistas e administrativistas, dada a sua expressa adoção pela Lei Magna, em seu art. 37, *caput*. Em verdade, o que fez a atual Constituição foi explicitar aquilo que restava implícito nos textos constitucionais anteriores.[48]

com o partido político a que pertença o titular do cargo público mancha o princípio da impessoalidade e desnatura o caráter educativo, informativo ou de orientação que constam do comando posto pelo constituinte dos oitenta. 2. Recurso extraordinário desprovido" (STF, Recurso Extraordinário 191.668, rel. Min. Menezes Direito, j. 15.4.2008, *DJ* 30.5.2008, p. 268).

48. Oswaldo Aranha Bandeira de Mello avistava, desde logo, a importância do princípio da moralidade para a configuração do Estado Democrático de Direito: "Embora preexistam ao direito positivo de dado povo e existam fora do direito escrito de

138 REGIME JURÍDICO DOS PROCESSOS ADMINISTRATIVOS

O princípio da moralidade tem sede constitucional, ainda, no art. 5º, LXXIII, que disciplina o cabimento de ação popular para anulação de ato lesivo ao patrimônio público por infringência à moralidade, e no art. 14, § 9º, que estatui que lei complementar estabelecerá outros casos de inelegibilidade, visando a proteger a moralidade e probidade administrativas.

Por certo o princípio da moralidade prestigia valores éticos albergados no seio da sociedade,[49] mas, para que esses valores sejam juridicamente protegidos, necessário que estejam refletidos na ordem jurídica, ou seja, que o Direito os tenha alcançado.

Márcio Cammarosano, em monografia de notável qualidade, adverte que "o princípio da moralidade está referido, assim, não diretamente à ordem moral do comportamento humano, mas a outros princípios e normas que, por sua vez, juridicizam valores morais".[50]

Indiscutível que em nosso País existe uma expectativa, por parte da sociedade, de que os agentes públicos atuem no campo da moralidade. A Constituição de 1988 juridicizou essa expectativa, transformando-a em um dever jurídico, exigível pelos membros da sociedade. Assim, valendo-se da função controladora do direito, o Poder Judiciário tem competência para, diante de dado caso concreto, e desde que devidamente provocado, impor medidas que recomponham ou remedeiem a expectativa normativa frustrada.

certo país, infiltram-se no ordenamento jurídico de dado momento histórico, como elemento vivificador da sua civilização e cultura, uma vez constituem sua essência. O direito de determinada fase histórica, condicionado pela sua civilização e cultura, se não confunde com as minúcias e peculiaridades da legislação e do costume de cada povo e de cada país, porém ilumina as suas normas. São as regras éticas que informam o direito positivo como mínimo de moralidade que circunda o preceito legal, latente na fórmula escrita e costumeira" (*Princípios Gerais de Direito Administrativo*, cit., p. 420).

49. Para Weida Zancaner: "O conceito de moralidade deve ser sacado do próprio conceito de moralidade vigente em uma determinada sociedade em uma determinada época. Entretanto, é bom que se esclareça que este conceito não deve ter por parâmetro a conduta social das pessoas, mas o que elas entendem como moralmente correto, o que dizem ser correto como valor que exprime o consenso social e os valores albergados pelo sistema jurídico positivo. A compreensão que temos acerca do tema, nos induz a concluir que a moralidade é recepcionada pelo sistema jurídico positivo como um todo e não uma pontualização de tópicos onde deva ser tida como vigente" ("Razoabilidade e moralidade na Constituição de 1988", cit., p. 210).

50. *O Princípio Constitucional da Moralidade...*, cit., p. 113.

REGIME JURÍDICO DO PROCESSO ADMINISTRATIVO 139

A positivação do princípio da moralidade impõe aos agentes públicos a observância e o cumprimento dos valores acobertados pela ordem normativa, exigindo que sua atuação tenha em vista a finalidade insculpida na lei. Não se pode reduzir, contudo, o princípio da moralidade às prescrições legais em sentido formal. Ainda que não haja lei que vede tal ou qual conduta, esta poderá ser tida como ofensiva à moralidade administrativa, como norma de superior estatura, porque princípio constitucional. Foi exatamente a positivação do princípio da moralidade que levou o E. Supremo Tribunal Federal a proibir a prática do chamado nepotismo, mesmo diante da inexistência de lei formal que o fizesse.[51]

Assim como se dá com os princípios da finalidade, razoabilidade, proporcionalidade e impessoalidade, para citar apenas os que aqui já mereceram tratamento, a ofensa ao princípio da moralidade acarretará inexorável violação ao princípio da legalidade, já que aquele é parte do ordenamento jurídico, neste sintetizado.[52]

A Lei federal de Processo Administrativo faz expressa referência ao princípio da moralidade, em seu art. 2º, *caput*. Mais adiante, no mesmo art. 2º, parágrafo único, IV, submete a atuação das partes do processo administrativo a "padrões éticos de probidade, decoro e boa-fé", em clara adoção do conteúdo do princípio da moralidade. Ao tratar dos deveres dos administrados, determinou que procedam com

---

51. "Administração Pública. Vedação nepotismo. Necessidade de lei formal. Inexigibilidade. Proibição que decorre do art. 37, *caput*, da Cf. RE provido em parte. I – Embora restrita ao âmbito do Judiciário, a Resolução 7/2005 do Conselho Nacional da Justiça, a prática do nepotismo nos demais Poderes é ilícita. II – A vedação do nepotismo não exige a edição de lei formal para coibir a prática. III – Proibição que decorre diretamente dos princípios contidos no art. 37, *caput*, da Constituição Federal. IV – Precedentes. V – RE conhecido e parcialmente provido para anular a nomeação do servidor, aparentado com agente político, ocupante, de cargo em comissão" (Recurso Extraordinário 579.951, rel. Min. Ricardo Lewandowski, j. 20.8.2008, *DJ* 24.10.2008, p. 1876).

52. Valemos-nos, uma vez mais, das clarividentes lições de Márcio Cammarosano: "o princípio da moralidade administrativa não agrega ao mundo do Direito, por si só, qualquer norma moral que, se violada, implicaria invalidade do ato. Não há que se falar em ofensa à moralidade administrativa se ofensa não houver ao Direito. Mas só se pode falar em ofensa à moralidade administrativa se a ofensa ao Direito caracterizar também ofensa a preceito moral por ele juridicizado, e não é o princípio da moralidade que, de *per si*, juridiciza preceitos morais" (*O Princípio Constitucional da Moralidade...*, cit., p. 114).

lealdade e boa-fé (art. 4º, II). Ainda que a Lei 9.784/1999 tenha feito uso de conceitos que não sejam idênticos aos conceitos usualmente adotados em relação à moralidade, é de se reconhecer que guardam estreita relação entre si, tendo, a nosso ver, nascedouro no princípio constitucional da moralidade.

4.1.1.8 Princípio da publicidade

O princípio da publicidade foi consagrado pela Constituição da República, impondo-se aos atos praticados por todos os Poderes do Estado, ressalvadas as situações excepcionais, previstas pela própria Lei Maior.

A ideia de publicidade está diretamente associada à transparência, valor ínsito ao Estado Democrático de Direito.

A publicidade dos atos e processos administrativos decorre de uma ilação lógica. Se são eles atos jurídicos e relações jurídicas, respectivamente, desempenhados no exercício da função administrativa, isto quer dizer que são produzidos por quem representa o Estado em proveito da sociedade, e exatamente por essa razão assiste aos membros da sociedade o direito de pleno conhecimento.

O princípio da publicidade tem duas finalidades que merecem ser ressaltadas: uma diz respeito a tornar público os atos praticados pela Administração, isto é, dar conhecimento geral, independentemente da existência de interesse particular no objeto da decisão; a outra finalidade é permitir o exercício do controle popular, que na via judicial é instrumentalizado por meio da ação popular (art. 5º, LXXIII, CF/1988). O exercício do controle popular pela via administrativa foi ampliado no bojo na Constituição vigente, uma vez que o art. 5º, pelo inciso XXXIII, legitima qualquer pessoa a exigir dos órgãos públicos informações de interesse coletivo ou geral (direito à informação), e pelo inciso XXXIV, consagra o direito de petição aos Poderes Públicos em defesa de direitos ou contra ilegalidades ou abuso de poder.

Os atos e processos administrativos só podem ser controlados pela sociedade, como facultou a Constituição, se forem levados ao conhecimento dos seus destinatários, os administrados genericamente considerados.

REGIME JURÍDICO DO PROCESSO ADMINISTRATIVO   141

A Lei Magna cuida do princípio da publicidade em diversos dispositivos (art. 5º, XXXIII, XXXIV, LX e LXXII; art. 37, *caput*, § 1º e § 3º, II; art. 93, IX; e art. 225, IV), demonstrando a relevância que lhe atribui. No âmbito do processo administrativo, mais valioso do que o fundamento do princípio da publicidade contido no art. 37, *caput*, é aquele radicado no art. 5º, LX, da Constituição da República, que dispõe, *in verbis* que, "a lei só poderá restringir a publicidade dos atos processuais quando a defesa da intimidade ou o interesse social o exigirem".[53]

Como o processo administrativo é apenas uma espécie do gênero processo, conforme já salientado, o dispositivo constitucional aplica-se-lhe plenamente, razão pela qual todos os atos dos processos administrativos devem ser públicos, ou seja, levados ao conhecimento dos administrados, que, desejando, podem compulsar os autos do processo para obter maiores informações, exatamente como ocorre com os processos judiciais, ressalvados os casos que tramitam em segredo de justiça, nos termos do art. 155 do Código de Processo Civil.[54]

53. O sigilo dos processos deve ser interpretado de forma restritiva, já que se trata de norma exceptiva. Nessa linha tem sido a posição do Supremo Tribunal Federal: "Recurso em Mandado de Segurança. Superior Tribunal Militar. Cópia de processos e dos áudios de sessões. Fonte histórica para obra literária. Âmbito de proteção do direito à informação (art. 5º, XIV da Constituição Federal). 1. Não se cogita da violação de direitos previstos no Estatuto da Ordem dos Advogados do Brasil (art. 7º, XIII, XIV e XV da L. 8.906/96), uma vez que os impetrantes não requisitaram acesso às fontes documentais e fonográficas no exercício da função advocatícia, mas como pesquisadores. 2. A publicidade e o direito à informação não podem ser restringidos com base em atos de natureza discricionária, salvo quando justificados, em casos excepcionais, para a defesa da honra, da imagem e da intimidade de terceiros ou quando a medida for essencial para a proteção do interesse público. 3. A coleta de dados históricos a partir de documentos públicos e registros fonográficos, mesmo que para fins particulares, constitui-se em motivação legítima a garantir o acesso a tais informações. 4. No caso, tratava-se da busca por fontes a subsidiar elaboração de livro (em homenagem a advogados defensores de acusados de crimes políticos durante determinada época) a partir dos registros documentais e fonográficos de sessões de julgamento público. 5. Não configuração de situação excepcional a limitar a incidência da publicidade dos documentos públicos (arts. 23 e 24 da L. 8.159/91) e do direito à informação. Recurso ordinário provido" (Recurso Ordinário em Mandado de Segurança 23.036, rel. Min. Maurício Corrêa, relator para acórdão Min. Nelson Jobim, j. 28.3.2006, *DJ* 25.8.2006, p. 67).

54. "Art. 155. Os atos processuais são públicos. Correm, todavia, em segredo de justiça os processos: I – em que o exigir o interesse público; II – que dizem respeito a casamento, filiação, separação dos cônjuges, conversão desta em divórcio, alimen-

142 REGIME JURÍDICO DOS PROCESSOS ADMINISTRATIVOS

Há de se ressalvar, no entanto, o acesso aos processos administrativos que tenham por objeto questões afetas à intimidade, à vida privada, à honra e à imagem das pessoas, hipóteses nas quais a Administração poderá impedir o conhecimento de quem não comprove interesse na causa, em respeito ao direito à intimidade, garantido pelo art. 5º, X, da Constituição Federal.[55] Da mesma forma, a publicidade poderá ser restrita ou, até mesmo inexistente, se o interesse social assim o exigir, conforme preceitua o art. 5º, LX, da Lei Maior.[56] Excetuados esses casos, a publicidade impõe-se a todos os processos administrativos.[57]

tos e guarda de menores. Parágrafo único. O direito de consultar os autos e de pedir certidões de seus atos é restrito às partes e a seus procuradores. O terceiro, que demonstrar interesse jurídico, pode requerer ao juiz certidão do dispositivo da sentença, bem como de inventário e partilha resultante do desquite."

55. Nesse sentido a previsão da Lei Federal de Processo Administrativo: "Art. 46. Os interessados têm direito à vista do processo e a obter certidões ou cópias reprográficas dos dados e documentos que o integram, ressalvados os dados e documentos de terceiros protegidos por sigilo ou pelo direito à privacidade, à honra e à imagem".

56. Bom exemplo é o que ocorre com os processos licitatórios. De acordo com o art. 3º, § 3º, da Lei 8.666/1993, "a licitação não será sigilosa, sendo públicos e acessíveis ao público os atos de seu procedimento, salvo quanto ao conteúdo das propostas, até a respectiva abertura", no entanto, é possível realizar certame sigiloso se questões afetas à segurança nacional assim o exigirem, conforme decisão do E. Tribunal de Contas da União, consubstanciada no Acórdão 537/2006, da 2ª Câmara.

57. Merece destaque a recente alteração promovida na Lei Complementar 101/2000 – Lei de Responsabilidade Fiscal –, por meio da Lei Complementar 131/2009 que dispõe, *in verbis:*

"Art. 1º. O art. 48 da Lei Complementar n. 101, de 4 de maio de 2000, passa a vigorar com a seguinte redação: Art. 48. (...) Parágrafo único. A transparência será assegurada também mediante: I – incentivo à participação popular e realização de audiências públicas, durante os processos de elaboração e discussão dos planos, lei de diretrizes orçamentárias e orçamentos; II – liberação ao pleno conhecimento e acompanhamento da sociedade, em tempo real, de informações pormenorizadas sobre a execução orçamentária e financeira, em meios eletrônicos de acesso público; III – adoção de sistema integrado de administração financeira e controle, que atenda a padrão mínimo de qualidade estabelecido pelo Poder Executivo da União e ao disposto no art. 48-A.

"Art. 2º. A Lei Complementar n. 101, de 4 de maio de 2000, passa a vigorar acrescida dos seguintes arts. 48-A, 73-A, 73-B e 73-C: Art. 48-A. Para os fins a que se refere o inciso II do parágrafo único do art. 48, os entes da Federação disponibilizarão a qualquer pessoa física ou jurídica o acesso a informações referentes a: I – quanto à despesa: todos os atos praticados pelas unidades gestoras no decorrer da execução da despesa, no momento de sua realização, com a disponibilização mínima

REGIME JURÍDICO DO PROCESSO ADMINISTRATIVO   143

Para sanar qualquer dúvida a esse respeito, a Lei 9.784/1999 estabeleceu em seu art. 2º, parágrafo único, V, a obrigatoriedade de "divulgação oficial dos atos administrativos, ressalvadas as hipóteses de sigilo previstas na Constituição".

Assevera Egon Bockmann Moreira que "a qualidade de sigilosa da informação não é discricionária. Não cabe ao agente público escolher aleatória e imotivadamente as informações que pretende divulgar e aquelas a respeito das quais manterá segredo".[58]

Nessa senda, nada louvável é o disposto no art. 3º, II, da Lei Federal de Processo Administrativo, que confere ao administrado o direito de "ter ciência da tramitação dos processos administrativos em que tenha a condição de interessado". De acordo com a dicção do dispositivo legal, apenas os administrados que tenham a qualidade de interessado podem ter vista dos autos e obter cópias dos documentos juntados ao processo. O enunciado, a nosso ver, restringe o direito garantido pelo art. 5º, LX, da Constituição da República, então, para que seja válido, deve ser interpretado de forma a prestigiar o que ela fixou.

Não concordamos, pois, com José dos Santos Carvalho Filho, para quem, embora a norma em comento dirija-se aos interessados diretos, às pessoas "cuja órbita jurídica pode ser atingida de forma imediata pelo processo", também os interessados indiretos, aqueles "que não figurando diretamente no processo, são suscetíveis de ser atingidos, de modo favorável ou desfavorável, pelo desenvolvimento ou desfecho do processo", podem obter informações do processo, "desde que demonstrado o interesse particular do indivíduo ou até mesmo o interesse coletivo ou geral".[59] A nosso ver, processos administrativos que sejam de interesse geral, porque afetos diretamente ao interesse público, como são exemplos os processos licitatórios e os processos de controle conduzidos pelos Tribunais de Contas, devem

---

dos dados referentes ao número do correspondente processo, ao bem fornecido ou ao serviço prestado, à pessoa física ou jurídica beneficiária do pagamento e, quando for o caso, ao procedimento licitatório realizado; II – quanto à receita: o lançamento e o recebimento de toda a receita das unidades gestoras, inclusive referente a recursos extraordinários."

58. *Processo Administrativo: Princípios Constitucionais e a Lei 9.784/1999*, cit., p. 139.

59. *Processo Administrativo Federal*..., p. 74.

REGIME JURÍDICO DOS PROCESSOS ADMINISTRATIVOS

ter vista franqueada e cópias autorizadas em favor de quem as requerer, independentemente de comprovação de qualquer interesse direto ou indireto, pois o interesse está latente, como partícipe da sociedade, verdadeira interessada no processo.

Nesses casos, é possível apenas que a Administração discipline o acesso ao processo administrativo, fixando, *verbi gratia*, o horário para consulta aos autos, a necessidade de um pedido por escrito – sem que exija, entretanto, a prova de interesse individual na questão objeto do processo –, o valor das cópias reprográficas e o período destinado à consulta, de modo a evitar que sucessivos pedidos de vista impeçam a conclusão do processo. O que não é tolerável, em face da amplitude com a qual a Constituição acolheu o princípio da publicidade, é a restrição de conhecimento dos atos do processo sem razão suficiente que a justifique.

Qualquer pessoa com capacidade jurídica tem o direito de conhecer um processo de licitação, cuja finalidade precípua, nos termos do art. 3º da Lei 8.666/1993, é selecionar a proposta mais vantajosa para a Administração. Embora a licitação seja um processo ampliativo de direito, da modalidade concorrencial, seu objetivo principal não é ampliar a esfera jurídica do adjudicatário, com a celebração de um contrato administrativo, mas atender a uma necessidade, utilidade ou comodidade da Administração. Assim, incabível exigir que o requerente prove sua condição de interessado, pois seu interesse pode ser apenas o de exercer o direito que lhe foi garantido pelo art. 5º, LX, da Lei Magna.

Ainda no que toca ao princípio da publicidade e à disciplina da Lei 9.784/1999, deve ser festejada a inclusão, nesse diploma legal, da consulta pública (art. 31) e da audiência pública (art. 32) como forma de participação da sociedade civil do círculo de formação da convicção do julgador.[60]

---

60. A esse respeito, embora no campo do processo judicial, o Supremo Tribunal Federal, pela primeira vez, em 20.4.2007, realizou audiência pública previamente a uma decisão de sua competência. A participação da sociedade civil, por meio de profissionais legalmente habilitados e com amplos conhecimentos na questão, ocorreu quando da discussão acerca da legalidade das pesquisas com células-tronco embrionárias, nos autos da Ação Direta de Inconstitucionalidade 3.510. No lugar de decidir questão de tão alta importância enclausurados em seus gabinetes, os ministros decidiram, por iniciativa de Carlos Ayres Britto, ouvir, ponderar e somente depois decidir.

4.1.1.9 Princípio da eficiência

A eficiência é o mais novo dos princípios a gozar de *status* constitucional. Sua inclusão na Lei Maior ocorreu por meio da Emenda Constitucional 19/1998, feita no bojo da chamada Reforma Administrativa do Estado.

Embora o princípio da eficiência tenha trazido da Ciência da Administração noções não tão bem adaptáveis ao Direito Administrativo, o fato é que a partir da Emenda Constitucional 19 não há como negar sua existência como princípio jurídico que rege as atividades administrativas.[61]

A inclusão do princípio no rol do art. 37 da Constituição da República não foi completamente inovadora, pois seu conteúdo já flanava nas entrelinhas do Texto Constitucional.

Há de se reconhecer carente de valia a interpretação, dada ao princípio, que encerra seu conteúdo no dever de eficiência da Administração Pública quando prestadora de serviços, seja de forma direta ou indireta. É certo que, desde sempre, os serviços desempenhados pela Administração tinham de ser eficientes. Parece-nos que o princípio impõe ao Estado a consecução dos seus fins, valendo-se dos meios legalmente disponíveis, mas de forma a prestigiar a redução de custos, não apenas os econômicos, mas aqueles em geral, como muito especialmente o de tempo.

O princípio da eficiência não permite o sacrifício de outros princípios também constitucionais, como é o caso da legalidade e da moralidade, uma vez que na Administração os fins não justificam os meios.

A despeito de o princípio em exame não ter trazido tão marcantes alterações na ordem normativa, é possível notar algumas. O tão festejado princípio da celeridade processual, com arrimo constitucional no art. 5º, LXXVIII, tem, a nosso ver, estreita ligação com o princípio da eficiência, na medida em que reconhece que o processo,

---

61. Celso Antônio Bandeira de Mello referiu-se ao princípio de forma sumária, considerando sua fluidez e dificuldade de controle ao lume do direito, afirmando só poder ser o princípio concebido na intimidade do princípio da legalidade, sendo uma faceta do princípio da boa administração, já tratado de forma mais ampla pelo direito italiano (*Curso de Direito Administrativo*, cit., p. 122).

judicial ou administrativo, só é instrumento para a realização do direito almejado quando for breve ou, ao menos, realizado em tempo suficiente para salvaguardar o direito que se acha ameaçado ou que tenha sido lesado.

Não podemos deixar de anotar, outrossim, que após a EC 19/1998 foi editada a Lei 10.520/2002, que institui a licitação na modalidade pregão para aquisição de bens e serviços comuns. Sem entrar em especificidades do tema, não comportáveis no presente estudo, a nova modalidade de licitação confere maior dinamismo ao procedimento, tornando-o mais célere, sem desrespeitar, contudo, a necessária igualdade e competição que devem orientar processos seletivos do gênero. A criação dessa nova modalidade de licitação prestigia o princípio da eficiência, ao permitir a seleção da proposta mais vantajosa de forma mais ágil e, consequentemente, menos custosa. À guisa de ilustração, imagine-se uma licitação para aquisição de bem comum, realizada sob a forma de concorrência, da qual participem 30 empresas. Recebidos e abertos os envelopes de documentação, a comissão de licitação terá de analisar cada um deles e decidir pela habilitação dos que atenderem a todos os requisitos contidos no instrumento convocatório e pela inabilitação dos licitantes que não procederem da mesma forma. Ato contínuo do processo licitatório será a abertura de prazo recursal e, havendo apelos, a consignação de prazo para contrarrazoar, o que implicará nova decisão da Administração, desta feita em sede recursal. Somente após a comissão de licitação ter empenhado todo esse esforço humano, acompanhado por gastos materiais como publicações na imprensa oficial, e despendido tempo razoável é que serão conhecidas as propostas comerciais. Se a modalidade de licitação for substituída pelo pregão, o conhecimento das propostas dar-se-á antes da análise dos documentos de habilitação, sendo que o pregoeiro avaliará apenas os documentos daquele que tenha ofertado a proposta mais vantajosa na primeira fase. Mesmo diante da possibilidade de o ofertante do menor preço não atender às condições de habilitação, o que exigirá que a Administração conheça os documentos daquele classificado em segundo lugar, o trabalho poupado é considerável. A edição da Lei 10.520/2002 dotou de eficiência o processo licitatório, criando um rito menos custoso e que permite atingir um benefício maior se comparado com as demais modalidades de licitação, especialmente pela possibilidade de redução sucessiva do valor das pro-

REGIME JURÍDICO DO PROCESSO ADMINISTRATIVO   147

postas pelos licitantes na fase de lances verbais e, posteriormente, na fase de negociação direta com o pregoeiro, como prevê a Lei.

Esses são alguns exemplos de normas orientadas pelo princípio da eficiência e que têm, em nosso modesto juízo, elevado valor.

No entanto, parece-nos que o maior benefício decorrente da explicitação do princípio da eficiência foi alcançado no campo do controle dos atos administrativos.

Lúcia Valle Figueiredo, em laço de extrema felicidade, fez uma leitura conjunta do art. 37, *caput*, com o art. 70, da Constituição, asseverando que o controle não deve ser exercido apenas do ponto de vista da legalidade, mas também da legitimidade e economicidade.[62]

O princípio da eficiência tem previsão expressa no *caput* do art. 2º da Lei Federal de Processo Administrativo, reverberando seu comando para outros dispositivos, como é o caso dos arts. 6º, parágrafo único,[63] 7º,[64] 8º,[65] 37,[66] 57,[67] dentre outros.

4.1.1.10 Princípio da motivação

Por este princípio a Administração está obrigada a indicar as razões de fato que levaram à decisão editada. Não se trata apenas de indicar o dispositivo legal que fundamentou o ato praticado, é imprescindível que a Administração decline, em cada caso, quais foram as circunstâncias de fato que ensejaram sua atuação.

---

62. *Curso de Direito Administrativo*, cit., pp. 64-65.

63. "Art. 6º. (...) Parágrafo único. É vedada à Administração a recusa imotivada de recebimento de documentos, devendo o servidor orientar o interessado quanto ao suprimento de eventuais falhas."

64. "Art. 7º. Os órgãos e entidades administrativas deverão elaborar modelos ou formulários padronizados para assuntos que importem pretensões equivalentes."

65. "Art. 8º. Quando os pedidos de uma pluralidade de interessados tiverem conteúdo e fundamentos idênticos, poderão ser formulados em um único requerimento, salvo preceito legal em contrário."

66. "Art. 37. Quando o interessado declarar que fatos e dados estão registrados em documentos existentes na própria Administração responsável pelo processo ou em outro órgão administrativo, o órgão competente para a instrução proverá, de ofício, à obtenção dos documentos ou das respectivas cópias."

67. "Art. 57. O recurso administrativo tramitará no máximo por três instâncias administrativas, salvo disposição legal diversa."

148 REGIME JURÍDICO DOS PROCESSOS ADMINISTRATIVOS

O princípio da motivação é mais um dos princípios implícitos da Constituição da República que condicionam a validade dos atos e processos administrativos. Há quem repute estar no art. 93, X, a obrigatoriedade de motivar os atos praticados no exercício da função administrativa.[68] Parece-nos, sem deixar de reconhecer a validade do dispositivo citado para fundamentar o princípio, que o seu nascedouro constitucional está no art. 5º, XXXV, que garante a apreciação do Poder Judiciário sobre os atos que causem ou ameacem causar lesão a direito, isto porque a sindicabilidade dos atos restará prejudicada se os motivos que autorizaram tal conduta não houverem sido revelados.[69]

Motivação não se confunde com motivo. Este é o pressuposto de fato que autoriza ou exige a prática do ato, aquela é a exposição dos motivos, sua explicitação, e integra a formalização.

Tanto os atos administrativos expedidos no exercício de competência vinculada como aqueles expedidos com certa margem de discrição devem ser motivados, contudo, nesta última espécie de ato, a motivação ganha relevo ainda mais acentuado. Se um ato administrativo vinculado é expedido sem a indicação dos motivos que lhe dão suporte, é possível, embora não recomendável, que a motivação seja feita *a posteriori*, desde que não haja vício quanto ao motivo. A ausência de motivação nos atos administrativos vinculados também pode ser suprida pela indicação do fato e do fundamento legal, quando estes se revelarem suficientes para explicitar os motivos do ato.

O mesmo não ocorre em relação aos atos administrativos expedidos no exercício de competência discricionária. Nessa hipótese, por ter a lei autorizado a prática de mais de uma conduta – a ser escolhida de acordo com as circunstâncias do caso concreto e sempre à vista da eleição daquela solução que satisfaça da forma mais plena o interesse público –, a autoridade responsável terá de motivar o ato, indicando prévia ou contemporaneamente as razões de fato que ensejaram a

68. Nesse sentido Lúcia Valle Figueiredo, *Curso de Direito Administrativo*, cit., p. 52.

69. Afirmam Sérgio Ferraz e Adilson Abreu Dallari que, "Sem a explicitação dos motivos torna-se extremamente difícil sindicar, sopesar ou aferir a correção daquilo que foi decidido. Sem a motivação fica frustrado ou, pelo menos, prejudicado o direito de recorrer, inclusive perante a própria Administração ou o Poder Judiciário" (*Processo Administrativo*, cit., p. 76).

REGIME JURÍDICO DO PROCESSO ADMINISTRATIVO 149

decisão administrativa, sob pena de nulidade.[70] Sérgio Ferraz e Adilson Dallari afirmam que a "ausência de prévia ou concomitante motivação configura vício autônomo, capaz de, por si só, gerar a nulidade do ato praticado, a menos que ela possa ser inequivocamente aferida diante das circunstâncias do caso concreto".[71]

A motivação das decisões administrativas pode ser feita com a incorporação dos fatos, razões e fundamentos legais constantes de pareceres precedentes, de acordo com o que estabelece o art. 50, § 1º, da Lei Federal de Processo Administrativo e conforme tem entendido o Supremo Tribunal Federal.[72]

A Lei 9.784/1999 faz expressa menção ao princípio da motivação no *caput* do art. 2º, e em seu parágrafo único, VII, explicita seu conteúdo ao exigir a "indicação dos pressupostos de fato e de direito que determinarem a decisão". A exigência legal citada não se satisfaz com a invocação genérica de conceitos indeterminados, como interesse público ou necessidade da coletividade; imprescindível que sejam declinadas as razões de fato que conduziram a Administração ao ato. Neste sentido tem sido o entendimento dos Tribunais Superiores, em salvaguarda à Constituição da República.[73]

70. "Administrativo. Tribunal de Justiça. Magistrado. Promoção por antiguidade. Recusa. Indispensabilidade de fundamentação. Art. 93, X, da CF. Nulidade irremediável do ato, por não haver sido indicada, nem mesmo na ata do julgamento, a razão pela qual o recorrente teve o seu nome preterido no concurso para promoção por antiguidade. Recurso provido" (STF, Recurso Extraordinário 235.487, rel. Min. Ilmar Galvão, j. 15.6.2000, *DJ* 21.6.2002, p. 99).

71. *Processo Administrativo*, cit., p. 77.

72. "I – Presidente da República: competência para prover cargos públicos (CF, art. 84, XXV, primeira parte), que abrange a de desprovê-los, a qual, portanto é susceptível de delegação a Ministro de Estado (CF, art. 84, parágrafo único) (...) III – Servidor público: demissão: motivação suficiente do ato administrativo. 1. Nada impede a autoridade competente para a prática de um ato de motivá-lo mediante remissão aos fundamentos de parecer ou relatório conclusivo elaborado por autoridade de menor hierarquia (AI 237.639-AgR, 1ª T., Pertence, *DJU* 19.11.1999). 2. Indiferente que o parecer a que se remete a decisão também se reporte a outro parecer: o que importa é que haja a motivação eficiente – na expressão de Baleeiro, controlável *a posteriori*. 3. Ademais, no caso, há, no parecer utilizado pela autoridade coatora como razão de decidir, fundamento relativo à intempestividade do recurso, suficiente para inviabilizá-lo, o que dispensa a apreciação das questões suscitadas pelo impetrante" (Mandado de Segurança 25.518, rel. Min. Sepúlveda Pertence, j. 14.6.2006, *DJ* 10.8.2006, p. 20).

73. "Administrativo. Mandado de Segurança. Indeferimento de Autorização para funcionamento de curso superior. Ausência de motivação do ato administrativo.

150   REGIME JURÍDICO DOS PROCESSOS ADMINISTRATIVOS

Mais adiante, no art. 50, a Lei federal de Processo Administrativo, que até então tinha prestigiado o princípio da motivação, acaba por retroceder e limitar a sua incidência apenas aos atos restritivos de direito descritos no inciso I e aos demais arrolados nos incisos seguintes (II a VIII).[74]

José dos Santos Carvalho Filho entende que a relação é taxativa e que a Lei intentou "exigir essa justificativa em situações que digam respeito diretamente a direitos dos administrados, mas não podem estender-se aos demais atos da rotina administrativa, sob pena de a exigência causar grave dano à celeridade".[75] Com o devido respeito, não concordamos com o autor. A nosso ver, a motivação, princípio ínsito ao Estado de Direito, não pode ser desprestigiada em prol da satisfação da necessidade de celeridade. Todo e qualquer ato administrativo deve ser motivado, aliás, como bem prescreveu o art. 2º, parágrafo único, VII, dessa Lei, ao se referir à decisão, ou seja, ao ato

---

Nulidade. 1. A margem de liberdade de escolha da conveniência e oportunidade, conferida à Administração Pública, na prática de atos discricionários, não a dispensa do dever de motivação. O ato administrativo que nega, limita ou afeta direitos ou interesses do administrado deve indicar, de forma explícita, clara e congruente, os motivos de fato e de direito em que está fundado (art. 50, I, e § 1º da Lei 9.784/99). Não atende a tal requisito a simples invocação da cláusula do interesse público ou a indicação genérica da causa do ato. 2. No caso, ao fundamentar o indeferimento da autorização para o funcionamento de novos cursos de ensino superior na 'evidente desnecessidade do mesmo', a autoridade impetrada não apresentou exposição detalhada dos fatos concretos e objetivos em que se embasou para chegar a essa conclusão. A explicitação dos motivos era especialmente importante e indispensável em face da existência, no processo, de pareceres das comissões de avaliação designadas pelo próprio Ministério da Educação, favoráveis ao deferimento, além de manifestações no mesmo sentido dos Poderes Executivo e Legislativo do Município sede da instituição de ensino interessada. 3. Segurança parcialmente concedida, para declarar a nulidade do ato administrativo" (STJ, Mandado de Segurança 9.944-DF, rel. Min. Teori Albino Zavascki, j. 25.5.2005, *DJ* 13.6.2005 p. 157).

74. "Art. 50. Os atos administrativos deverão ser motivados, com indicação dos fatos e dos fundamentos jurídicos, quando: I – neguem, limitem ou afetem direitos ou interesses; II – imponham ou agravem deveres, encargos ou sanções; III – decidam processos administrativos de concurso ou seleção pública; IV – dispensem ou declarem a inexigibilidade de processo licitatório; V – decidam recursos administrativos; VI – decorram de reexame de ofício; VII – deixem de aplicar jurisprudência firmada sobre a questão ou discrepem de pareceres, laudos, propostas e relatórios oficiais; VIII – importem anulação, revogação, suspensão ou convalidação de ato administrativo."

75. *Processo Administrativo Federal...*, cit., p. 228.

REGIME JURÍDICO DO PROCESSO ADMINISTRATIVO

administrativo que causa uma alteração na esfera jurídica do administrado, seja ampliando-a, seja restringindo-a.

A restrição que o art. 50 impõe ao dever de motivar os atos administrativos afronta um princípio de assento constitucional. No entanto, estamos convencidos de que é possível dar ao dispositivo uma interpretação que se coaduna com a Constituição da República. Para tanto, sua leitura deve ser feita em conjunto e de forma a prestigiar o conteúdo prescrito pelo art. 2º, parágrafo único, VII, da Lei 9.784/1999, que impõe o dever de motivar a todas as decisões administrativas, sem distinguir as ampliativas das restritivas de direito. A missão pode ser exitosa se conferirmos à expressão "afetem", contida no inciso I do referido art. 50, acepção mais ampla do que a atribuída pelo uso vulgar da linguagem, que lhe dá o significado de atingir causando lesão. Se suprimirmos a noção de lesão do significado e compreendermos que no rótulo "afetar" está contida apenas a ideia de atingir, alcançar, poderemos depreender do dispositivo a obrigação da Administração de explicitar os motivos que ensejaram a prática de qualquer ato que alcance a esfera jurídica de terceiros, ressalvando, portanto, as meras rotinas administrativas que objetivam apenas impulsionar os processos, como o despacho do agente competente que determina que certo documento seja juntado aos autos do processo.

Parece-nos ser esta a única forma de salvar o dispositivo.[76] Fora disso, ter-se-á de propugnar pela sua inconstitucionalidade.

4.2 Princípio do devido processo legal

O princípio do devido processo legal ganha especial relevo na matéria do processo administrativo porque dá os verdadeiros contornos desta categoria do Direito sendo possível extrair dele todos os princípios processuais aplicáveis à espécie. Esse princípio ocupa uma posição sobranceira quando confrontado com os demais princípios que compõem o regime jurídico que preside o processo administrativo, uma vez que orienta a produção e a aplicação de normas, resguar-

---

76. Fazemos essa proposta em atenção à sempre oportuna lição de Carlos Maximiliano, para quem "deve o Direito ser interpretado inteligentemente, não de modo a que a ordem legal envolva um absurdo, prescreva inconveniências, vá ter a conclusões inconsistentes ou impossíveis" (*Hermenêutica e Aplicação do Direito*, cit., p. 183).

152 REGIME JURÍDICO DOS PROCESSOS ADMINISTRATIVOS

dando uma das mais fundamentais garantias do homem: a de participar do círculo de formação da decisão que lhe será imposta.

O devido processo legal, consagrado pela Constituição da República e reiterado por um sem-número de normas constitucionais e infraconstitucionais, é o princípio fundante do regime jurídico processual, alicerce que dá sustentação a todas as demais normas que sobre ele vão sendo edificadas. A posição por ele ocupada na sistematização do regime jurídico processual é de sobreprincípio.

O conteúdo do princípio é extremamente abrangente, já que dele podem-se extrair diversos outros subprincípios de natureza processual, alguns de expressa previsão constitucional, como são os princípios da inafastabilidade da apreciação pelo Poder Judiciário (art. 5º, XXXV), do julgador natural (art. 5º, XXXVII), do contraditório (art. 5º, LV), da ampla defesa (art. 5º, LV), da celeridade (art. 5º, LXXVIII), entre outros.

O princípio do devido processo legal tem natureza de direito fundamental, sendo vedado interpretá-lo de modo a limitar sua extensão ou amesquinhar seu conteúdo. Nesse sentido há de se reconhecer o mérito da decisão proferida pelo Supremo Tribunal Federal que reconheceu a incidência do princípio também nas relações de natureza privada, afirmando a eficácia dos direitos fundamentais nas relações jurídicas de um modo geral, públicas ou privadas.[77]

77. "Sociedade civil sem fins lucrativos. União Brasileira de Compositores. Exclusão de sócio sem garantia da ampla defesa e do contraditório. Eficácia dos direitos fundamentais nas relações privadas. Recurso desprovido. I – Eficácia dos direitos fundamentais nas relações privadas. As violações a direitos fundamentais não ocorrem somente no âmbito das relações entre o cidadão e o Estado, mas igualmente nas relações travadas entre pessoas físicas e jurídicas de direito privado. Assim, os direitos fundamentais assegurados pela Constituição vinculam diretamente não apenas os poderes públicos, estando direcionados também à proteção dos particulares em face dos poderes privados. II – Os princípios constitucionais como limites à autonomia privada das associações. A ordem jurídico-constitucional brasileira não conferiu a qualquer associação civil a possibilidade de agir à revelia dos princípios inscritos nas leis e, em especial, dos postulados que têm por fundamento direto o próprio texto da Constituição da República, notadamente em tema de proteção às liberdades e garantias fundamentais. O espaço de autonomia privada garantido pela Constituição às associações não está imune à incidência dos princípios constitucionais que asseguram o respeito aos direitos fundamentais de seus associados. A autonomia privada, que encontra claras limitações de ordem jurídica, não pode ser exercida em detrimento ou com desrespeito aos direitos e garantias de terceiros, especialmente aqueles positiva-

REGIME JURÍDICO DO PROCESSO ADMINISTRATIVO

A correta compreensão da dimensão do princípio do devido processo legal e sua aplicação no Direito pátrio exigem a análise, ainda que breve, de sua origem e formulação na intimidade do sistema do *commom law*, etapa que percorremos a seguir, não sem antes registrar que, segundo Charles D. Cole, Professor e Diretor do programa de mestrado em Direito comparado na Cumberland School of Law, Samford University, nos Estados Unidos da América, o devido processo "tornou-se um conceito em virtude da noção culturalmente penetrante da diferença entre o certo e o errado" e inicialmente foi estabelecido pelo princípio hebreu segundo o qual "a justiça requer uma lei justa e compassiva".[78]

Para Charles D. Cole, a raiz histórica do princípio do devido processo legal remonta ao Direito Romano e sua noção sempre esteve associada à ideia de justiça, consubstanciada em dois preceitos, o de que "aqueles que compartilham o direito precisam compartilhar tam-

dos em sede constitucional, pois a autonomia da vontade não confere aos particulares, no domínio de sua incidência e atuação, o poder de transgredir ou de ignorar as restrições postas e definidas pela própria Constituição, cuja eficácia e força normativa também se impõem, aos particulares, no âmbito de suas relações privadas, em tema de liberdades fundamentais. III – Sociedade civil sem fins lucrativos. Entidade que integra espaço público, ainda que não-estatal. Atividade de caráter público. Exclusão de sócio sem garantia do devido processo legal. Aplicação direta dos direitos fundamentais à ampla defesa e ao contraditório. As associações privadas que exercem função predominante em determinado âmbito econômico e/ou social, mantendo seus associados em relações de dependência econômica e/ou social, integram o que se pode denominar de espaço público, ainda que não-estatal. A União Brasileira de Compositores – UBC, sociedade civil sem fins lucrativos, integra a estrutura do ECAD e, portanto, assume posição privilegiada para determinar a extensão do gozo e fruição dos direitos autorais de seus associados. A exclusão de sócio do quadro social da UBC, sem qualquer garantia da ampla defesa, do contraditório, ou do devido processo constitucional, onera consideravelmente o recorrido, o qual fica impossibilitado de perceber os direitos autorais relativos à execução de suas obras. A vedação das garantias constitucionais do devido processo legal acaba por restringir a própria liberdade de exercício profissional do sócio. O caráter público da atividade exercida pela sociedade e a dependência do vínculo associativo para o exercício profissional de seus sócios legitimam, no caso concreto, a aplicação direta dos direitos fundamentais concernentes ao devido processo legal, ao contraditório e à ampla defesa (art. 5º, LIV e LV, CF/88). IV – Recurso Extraordinário desprovido" (Recurso Extraordinário 201.819, rela. Min. Ellen Gracie, relator para Acórdão Min. Gilmar Mendes, j. 11.10.2005, *DJ* 27.10.2006, p. 64).

78. "O devido processo legal na cultura jurídica dos Estados Unidos: passado, presente e futuro", *Revista AJUFE* 56/33-34.

154   REGIME JURÍDICO DOS PROCESSOS ADMINISTRATIVOS

bém a justiça" e que "aqueles servidos pela lei precisam ser servidores da lei de modo que possam ser livres".[79]

O conceito do devido processo legal foi extraordinariamente expandido pela Inglaterra e pelos Estados Unidos, tornando-se um dos pilares básicos da estrutura do sistema do *commom law*, merecendo, lá, tratamento bipartido de acordo com sua acepção material e adjetiva.

4.2.1 Origem e evolução na Inglaterra e nos Estados Unidos

O conteúdo do princípio do devido processo legal teve seu embrião na Magna Carta inglesa de 1215 de João-Sem-Terra, cuja locução *law of the land* foi consagrada no art. 39 desse documento.[80] A *Magna Charta Libertatum*, redigida em latim, foi um dos pactos firmados pelo Rei João-Sem-Terra e pelos bispos e barões ingleses, no período medieval. Esse documento serviu como referência para alguns direitos e liberdades clássicos, tais como o *habeas corpus*, o devido processo legal e a garantia da propriedade.

A cláusula 39 assegurava aos homens livres a realização de um prévio julgamento, orientado *per legem terrae* para que houvesse qualquer restrição à vida, liberdade e propriedade. Assim, embora a Magna Carta não tenha utilizado a expressão "devido processo legal", foi ela quem consagrou o conteúdo desse princípio, mais tarde elevado ao *status* de garantia constitucional.

A História conta que essa proteção criada pela cláusula do referido documento não amparava toda a população contra os abusos da Coroa inglesa, mas apenas uma pequena parcela dela, formada especialmente pelos barões. O texto da Magna Carta foi elaborado em latim justamente para que não-nobres tivessem muita dificuldade em invocá-la em sua defesa, permanecendo desta forma por mais de dois séculos. Não obstante essa odiosa limitação, a *Magna Charta Libertatum* plantou a primeira semente do valor de liberdade, cuja garantia, com as limitações de cada época, continuou a ser perseguida pelos

---

79. Idem, pp. 34-35.
80. "Art. 39. No free man shall be seized or imprisoned, or stripped of his rights or possessions, or outlawed or exiled, or deprived of his standing in any other way, nor will we proceed with force against him, or send others to do so, except by the lawful judgment of his equals or by the law of the land."

REGIME JURÍDICO DO PROCESSO ADMINISTRATIVO 155

diplomas que a seguiram, como o *Bill of Rights* do direito britânico, editado no bojo da Revolução Gloriosa de 1688.[81]

Ensina-nos Carlos Roberto Siqueira Castro que em 1354 foi editado o *Statute of Westminster of the Liberties of London*, adotando a locução *due process of law* como legítima sucessora da *law of the land*, que continuou, no entanto, a ser utilizada pelas Constituições das primitivas colônias americanas, editadas antes da formação da federação norte-americana, as quais já incorporavam essa garantia.[82]

Em 1787, delegados das treze colônias norte-americanas, reunidos na Filadélfia, foram responsáveis pela elaboração da Constituição do recém-independente Estados Unidos que, a despeito do protesto de alguns, não incluía um rol de direitos prestigiando a liberdade individual.

Em setembro daquele ano a Constituição foi promulgada e enviada aos Estados para ratificação, os quais reivindicaram a inclusão de uma carta de direitos no Texto Constitucional que consagrasse, dentre outras, garantias de liberdade de expressão e de religião. Mais de duzentas propostas de emendas foram elaboradas pelos Estados, mas após a apreciação dos congressistas apenas dez delas remanesceram e foram adicionadas à Constituição, merecendo a ratificação de dois terços dos Estados americanos em 1791. Essas dez primeiras emendas à Constituição dos Estados Unidos, que previam, dentre outras garantias, a liberdade de expressão, religião, imprensa, o direito de portar armas, o devido processo legal e o direito de propriedade, passaram a ser conhecidas como *Bill of Rights*.

A Emenda V prescreve: "Ninguém será detido para responder por crime capital, ou qualquer outro crime infamante, salvo por denúncia ou acusação perante um Grande Júri, exceto nos casos que, em tempo de guerra ou de perigo público, versem sobre forças de terra ou mar, ou na milícia, quando no serviço ativo; nem terá qualquer pessoa co-

---

81. O parlamento inglês, tomado de temor por um governo ditatorial do Rei Jaime II, propôs a Coroa a Guilherme de Orange, então príncipe da Holanda e genro de Jaime II, que saiu derrotado do enfrentamento das tropas. Em 1689 Guilherme de Orange e sua esposa Mary Stuart assumem o trono da Inglaterra e assinam o *Bill of Rights*, rol de garantias oponíveis contra o arbítrio dos monarcas.

82. *O Devido Processo Legal e os Princípios da Razoabilidade e da Proporcionalidade*, 4ª ed., Rio de Janeiro, Forense, 2006, pp.7-27.

156 REGIME JURÍDICO DOS PROCESSOS ADMINISTRATIVOS

locada em risco, por duas vezes sua vida ou saúde, em razão do mesmo crime; nem será obrigado em qualquer caso criminal a ser testemunha contra si próprio, nem ser privado da vida, liberdade ou patrimônio sem o devido processo legal, nem será a propriedade privada tomada para uso público, sem justa indenização".

A vedação de que se procedesse ao sacrifício da vida, da liberdade ou da propriedade sem o devido processo legal dirigia-se apenas ao Poder Federal, não alcançando os atos praticados pelos Estados da federação, até que, em 1868, foi editada a Emenda XIV que dispõe, *in verbis*, "Todas as pessoas nascidas ou naturalizadas nos Estados Unidos, e sujeitas à sua jurisdição, são cidadãos dos Estados Unidos e do Estado onde tiverem residência. Nenhum Estado poderá fazer ou executar leis restringindo os privilégios ou as imunidades dos cidadãos dos Estados Unidos; nem poderá qualquer Estado privar qualquer pessoa de sua vida, liberdade ou patrimônio sem o devido processo legal; nem negar a qualquer pessoa sob sua jurisdição a igual proteção das leis".

A inclusão da garantia do *due process of law* na Constituição dos Estados norte-americanos dilargou seu desenvolvimento, que já andava a largos passos pela Corte Suprema daquele País. Aliás, os Tribunais americanos são os responsáveis pela extraordinária extensão desse princípio, que passou a ser compreendido muito além daquela concepção que lhe fora inicialmente atribuída.

A cláusula *due process of law*, por interpretação da Suprema Corte, passou a consolidar todos os demais direitos fundamentais garantidos pela Constituição americana e ultrapassou os limites processuais para tornar-se verdadeira garantia material contra a ação estatal.[83]

---

83. Para Carlos Roberto Siqueira Castro, "a cláusula *due process of law* cumpriu um longo itinerário exegético. Em razão de seu enunciado elástico e amoldável às exigências cambiantes daquela sociedade vocacionada ao processo e à evolução dos costumes, a garantia do *devido processo legal* experimentou profundas variações no tratamento jurisprudencial. Tornou-se, ao lado do princípio da isonomia (*equal protection of the law*), o principal instrumento de argumentação de que lançou mão a doutrina e a jurisprudência no vibrante processo de transformação do Direito Constitucional nos Estados Unidos da América. Sua evolução perpassa o próprio sentido que a Constituição americana passou a assumir sob o influxo da metamorfose do Estado liberal em Estado social, culminando, já hoje, em significar novas condições

REGIME JURÍDICO DO PROCESSO ADMINISTRATIVO 157

A evolução do devido processo legal conferiu-lhe duas faces diversas, mas de idêntica importância, o sentido processual e material.

Em sua origem, o instituto foi moldado como garantia de índole processual, asseguradora da instauração de um processo que fosse realizado com paridade de armas entre as partes e levasse a uma decisão em consonância com os elementos dele colhidos. Foi com essa acepção que o princípio em exame foi criado e aplicado tanto na Inglaterra como nos Estados Unidos da América.

Embora o Direito norte-americano, campo do mais vasto desenvolvimento da cláusula *due process of law*, não apresente um elenco taxativo de direitos contidos em seu aspecto processual, é possível arrolar alguns deles: direito de permanecer calado diante de uma acusação, ser assistido por um advogado, não produzir provas contra si, ser ouvido, ser intimado de um processo que lhe impute responsabilidade, ser julgado por júri imparcial e com competência territorial predeterminada, não ser julgado duas vezes pelo mesmo fato. Todas essas garantias nascidas do devido processo legal foram originariamente observadas a favor dos réus em processos criminais, mas logo ultrapassaram as fronteiras dessa espécie de processo e alcançaram todas as relações processuais, primeiramente as de natureza civil e em seguida também as regidas pelo Direito Administrativo, sofrendo adaptações que as conformassem com cada tipo de processo.

Os julgamentos feitos pelos Tribunais americanos davam à cláusula do devido processo legal uma conotação estritamente processual, ao que mais tarde chamou-se *procedural due process*, em oposição ao *substantive due process*.[84]

Após a edição da Emenda XIV à Constituição dos Estados Unidos, a Suprema Corte passou a construir a acepção substantiva do devido processo legal, tornando-o instrumento de invalidação de atos normativos ofensivos à igualdade, razoabilidade e proporcionalidade.

no relacionamento do Poder Público com os indivíduos e a sociedade civil, condições essas que refletem a visão do homem e do mundo acerca da liberdade e da solidariedade social nesse início do século XXI" (*O Devido Processo Legal e os Princípios...*, cit., pp. 26-27).

84. Recomendamos a leitura da obra de Carlos Roberto Siqueira Castro, *O Devido Processo Legal e os Princípios...*, cit., na qual o autor colaciona uma série de precedentes norte-americanos que bem ilustram o desenvolvimento da cláusula do devido processo legal.

A dimensão substantiva do devido processo legal assegura a igualdade material dos indivíduos porque garante a igualdade *na* lei e não apenas *perante* a lei, limitando a ação dos governantes quanto ao modo de afetar a vida, patrimônio ou liberdade dos indivíduos, na medida em que atribui ao Poder Judiciário competência para apreciar a constitucionalidade dos atos normativos que afetem direitos constitucionais.

O devido processo legal assume então dupla função, a de garantir a instauração e condução de um processo que preceda à decisão, seja na esfera penal, cível ou administrativa, e no qual o interessado tenha ampla possibilidade de participação, pondo-se ambas as partes em posição de igualdade, de modo que nenhuma reste submissa à outra, e a de retirar do sistema jurídico normas editadas em desrespeito às garantias fundamentais dos indivíduos.

4.2.2 O princípio do devido processo legal no Direito brasileiro

O estudo do princípio do devido processo legal no Direito pátrio não permite a transposição de toda a teoria que em torno dele foi desenvolvida no Direito inglês e norte-americano, a uma porque sua origem e evolução não trilharam caminho semelhante ao que se deu no Direito alienígena, a duas porque o ordenamento jurídico brasileiro apresenta contornos extremamente distintos daqueles países, exigindo que a análise do conteúdo do devido processo legal seja feita à luz da Constituição de 1988 e das normas que lhe seguiram.

Antes mesmo da promulgação da atual Constituição, a doutrina e a jurisprudência pátrias esforçavam-se em afirmar a existência do devido processo legal, retirando, dos poucos dispositivos legais que consubstanciavam o dever de realizar um processo antes de passar-se à restrição da liberdade ou da propriedade, a raiz do que mais tarde seria reconhecido pela sociedade brasileira como direito fundamental.

A Constituição do Império de 1824 não tratava do devido processo legal como garantia fundamental da pessoa, mas estabelecia algumas garantias à restrição da liberdade e da propriedade individual,

REGIME JURÍDICO DO PROCESSO ADMINISTRATIVO 159

quase todas constantes do art. 179, que prescrevia a inviolabilidade dos direitos civis e políticos dos cidadãos.[85]

A Constituição da República de 1891 não apresentou relevante avanço no que diz respeito à garantia do devido processo legal, limitando-se a assegurar aos brasileiros e estrangeiros residentes no País a inviolabilidade dos direitos concernentes à liberdade, à segurança individual e à propriedade. Ao minudenciar algumas dessas garantias, por meio do art. 72 e seguintes, o Texto Constitucional fornecia os primeiros elementos que constituiriam, em um futuro próximo, a cláusula do devido processo legal.

A promulgação da Constituição de 1934 alargou o espectro das garantias do administrado frente ao Estado, fazendo expressa previsão dos direitos e garantias individuais, dentre os quais alocou o direito à ampla defesa, com os meios e recursos a ela essenciais, atribuindo-o a todos os acusados (art. 113, 24).

As Constituições de 1937 e 1946 não se afastaram da previsão feita pela Lei Maior que as antecedeu, permanecendo o Direito brasileiro carente da garantia do devido processo legal. Isso não impediu, no entanto, que nossa doutrina e jurisprudência começassem a trilhar

---

85. À guisa de ilustração, transcrevemos alguns incisos do art. 179 da Constituição de 1824: "Art. 179. A inviolabilidade dos Direitos Civis, e Politicos dos Cidadãos Brazileiros, que tem por base a liberdade, a segurança individual, e a propriedade, é garantida pela Constituição do Imperio, pela maneira seguinte: (...) VIII. Ninguem poderá ser preso sem culpa formada, excepto nos casos declarados na Lei; e nestes dentro de vinte e quatro horas contadas da entrada na prisão, sendo em Cidades, Villas, ou outras Povoações proximas aos logares da residencia do Juiz; e nos logares remotos dentro de um prazo razoavel, que a Lei marcará, attenta a extensão do territorio, o Juiz por uma Nota, por elle assignada, fará constar ao Réo o motivo da prisão, os nomes do seu accusador, e os das testermunhas, havendo-as. (...) XX. Nenhuma pena passará da pessoa do delinquente. Por tanto não haverá em caso algum confiscação de bens, nem a infamia do Réo se transmittirá aos parentes em qualquer gráo, que seja. (...) XXII. E' garantido o Direito de Propriedade em toda a sua plenitude. Se o bem publico legalmente verificado exigir o uso, e emprego da Propriedade do Cidadão, será elle préviamente indemnisado do valor della. A Lei marcará os casos, em que terá logar esta unica excepção, e dará as regras para se determinar a indemnisação. (...) XXVII. O Segredo das Cartas é inviolavel. A Administração do Correio fica rigorosamente. (...) XXX. Todo o Cidadão poderá apresentar por escripto ao Poder Legislativo, e ao Executivo reclamações, queixas, ou petições, e até expôr qualquer infracção da Constituição, requerendo perante a competente Auctoridade a effectiva responsabilidade dos infractores".

160 REGIME JURÍDICO DOS PROCESSOS ADMINISTRATIVOS

caminho no sentido de propiciar a incorporação desse direito fundamental no ordenamento jurídico pátrio.[86]

O Golpe Militar de 1964, que subverteu a ordem constitucional do País, operou verdadeiro retrocesso no campo das liberdades individuais, malogrando as sementes do devido processo legal. Embora o texto da Constituição de 1967 e também da Emenda Constitucional 1 de 1969, promulgada pelos Ministros da Guerra, do Exército e da Aeronáutica Militar, após a decretação de recesso parlamentar, mantivessem a maioria das garantias individuais previstas pela Lei Maior de 1946, estas passaram a ser ignoradas pela ditadura militar, que não encontrava no ordenamento jurídico limites para sua atuação arbitrária. Na vigência da Constituição de 1967, com a Emenda Constitucional 1 de 1969, ocorreu a mais forte investida contra a proteção das garantias individuais: a redação do parágrafo 4º do art. 153, que prescrevia a inafastabilidade da apreciação do Poder Judiciário diante de qualquer lesão de direito individual, foi alterada pela Emenda Constitucional 7 de 1977, limitando o acesso ao Poder Judiciário, nos seguintes termos: "Art. 4º. A lei não poderá excluir da apreciação do Poder Judiciário qualquer lesão de direito individual. O ingresso em juízo poderá ser condicionado a que se exaurem previamente as vias administrativas, desde que não exigida garantia de instância, nem ultrapassado o prazo de cento e oitenta dias para a decisão sobre o pedido".

O enfraquecimento paulatino do regime militar e a ânsia da sociedade pela redemocratização do Estado brasileiro propiciaram a retomada do desenvolvimento do princípio do devido processo legal como cláusula protetora dos direitos individuais.

Em 1973, Ada Pellegrini Grinover publicava a obra *As Garantias Constitucionais do Direito de Ação*, na qual desenvolveu com profundidade o tema do devido processo legal, afirmando tratar-se das "garantias essenciais do indivíduo, postas para assegurar-lhe a justiça que a Constituição lhe promete".[87]

86. Merece reconhecimento o esforço de José Frederico Marques, que, na década de 1950, já cuidava do tema do devido processo legal, ressaltando sua importância como direito fundamental. A propósito, ver "Constituição e direito processual", *Revista da Faculdade de Campinas*, n. 17, 1959.

87. *As Garantias Constitucionais do Direito de Ação*, São Paulo, Ed. RT, 1973, p. 2.

REGIME JURÍDICO DO PROCESSO ADMINISTRATIVO   161

Na mesma época, o saudoso Geraldo Ataliba ressaltava a importância do cumprimento dos ditames do devido processo legal na relação da Administração Pública com o contribuinte.[88]

Ainda na década de 1970, alguns membros dos Tribunais Superiores revelaram-se árduos defensores do devido processo legal, inferindo o mandamento da ordem constitucional então em vigor e dele extraindo princípios como o da presunção de inocência e do contraditório. O Ministro Carlos Mário da Silva Velloso, atuando como juiz convocado no antigo Tribunal Federal de Recursos, sustentou, com o apoio de seus pares, que "a garantia do *due process of law* tem aplicação não somente no processo judicial, mas também no administrativo, tanto no processo administrativo punitivo quanto no não punitivo".[89]

O avanço na direção do reconhecimento da cláusula do devido processo legal era muito tímido; faltava, para os mais ortodoxos apegados à letra da lei, a expressa previsão constitucional.

Com a promulgação da Constituição de 1988, o devido processo legal passou a compor o rol dos direitos e garantias individuais, merecendo previsão explícita no art. 5º, LIV, ao dispor: "ninguém será privado da liberdade ou de seus bens sem o devido processo legal".

A Constituição da República de 1988 não limitou a incidência do princípio do devido processo legal ao campo do processo penal; estendeu-o a todos os processos judiciais e também aos administrativos, dilatando ao máximo o alcance dessa garantia.

O princípio do devido processo legal tem, como dissemos, um conteúdo bastante abrangente,[90] na medida em que garante que as decisões que possam culminar na privação da liberdade ou da proprie-

---

88. "Princípios de procedimento tributário", in *Novo Processo Tributário*, São Paulo, Resenha Tributária, 1975, pp. 25-26.

89. TFR, Apelação em Mandado de Segurança 78.673-RN, j 29.4.1977, *Revista do TFR* 56/ 218.

90. Para Dinorá Musetti Grotti, "o princípio caracteriza-se pela sua excessiva abrangência. As inferências que dele se podem tirar são, no fundo, ilimitadas. Algumas delas vêm desdobradas na própria Constituição como direitos autônomos nos parágrafos subsequentes. São exemplos que aparecem no mesmo art. 5º: o direito de petição aos Poderes Públicos (inciso XXXIV), a não-exclusão da apreciação pelo Poder Judiciário de lesão ou ameaça de lesão (inciso XXXV), o juiz natural (inciso XXXVII)" ("Devido processo legal e procedimento administrativo", *Revista Trimestral de Direito Público* 18/35-36).

dade sejam formadas na intimidade de uma relação jurídica constituída pelos interessados e na qual tenham as mesmas oportunidades de se manifestar. O alcance do princípio é muito maior do que pode parecer à primeira vista, porque vai além dos processos restritivos de direito, os quais podem resultar em limitação à liberdade e à propriedade, para abarcar também os processos ampliativos de direito, nos quais o objetivo final não é restringir a liberdade ou a propriedade, mas causar uma benesse ao interessado, ampliando-lhe a esfera de direitos da qual é titular.

Mesmo após a Constituição de 1988 ter apresentado expressamente o princípio do devido processo legal, atingindo patamar antes desconhecido no âmbito das garantias processuais, o princípio não restou estagnado, ao contrário, continuou sofrendo mutações que o tornaram ainda mais amplo e efetivo, a ponto de se reconhecer, como apontamos em linhas anteriores, a incidência dessa garantia nas relações regidas pelo Direito Privado.

A abrangência do princípio no Direito brasileiro não permite reconhecer nele uma acepção material. O devido processo legal, consagrado pela Constituição da República de 1988, é um princípio de índole processual porque objetiva garantir a aplicação dos princípios da igualdade, da finalidade, da razoabilidade, da proporcionalidade, dentre outros, quando o ato for resultante de um processo, judicial ou administrativo.

A acepção material do devido processo legal, desenvolvida sobremaneira pela Suprema Corte norte-americana, não tem correspondência no Direito brasileiro. O devido processo legal não serve de fundamento para o controle de constitucionalidade das leis e atos normativos porque em nosso ordenamento jurídico essa tarefa já era, desde muito tempo, desempenhada pelos princípios da legalidade e da igualdade, mais recentemente reforçados com os ditames da razoabilidade e da proporcionalidade.

Importar a acepção material do devido processo legal implica atribuir novo rótulo e função ao papel tão bem desempenhado pelos princípios da legalidade, da igualdade e dos que lhes são correlatos, nada agregando de novo ao ordenamento jurídico, mas apenas tornando redundante a disciplina constitucional.

REGIME JURÍDICO DO PROCESSO ADMINISTRATIVO 163

Não obstante a doutrina[91] festeje a acepção material do devido processo legal e o Supremo Tribunal Federal reconheça a sua adoção pela Constituição da República,[92-93] entendemos que o princípio do

91. Nesse sentido Cármen Lúcia Antunes Rocha ("Princípios constitucionais do processo administrativo...", cit., p. 17) e Dinorá Musetti Grotti ("Devido processo legal e procedimento administrativo", cit., p. 35).

92. "Constitucional. Direito fundamental de acesso ao Judiciário. Direito de petição. Tributário e política fiscal. Regularidade fiscal. Normas que condicionam a prática de atos da vida civil e empresarial à quitação de créditos tributários. Caracterização específica como sanção política. Ação conhecida quanto à lei federal 7.711/1988, art. 1º, I, III e IV, par. 1º a 3º, e art. 2º. 1 (...). 2. Alegada violação do direito fundamental ao livre acesso ao Poder Judiciário (art. 5º, XXXV da Constituição), na medida em que as normas impedem o contribuinte de ir a juízo discutir a validade do crédito tributário. Caracterização de sanções políticas, isto é, de normas enviesadas a constranger o contribuinte, por vias oblíquas, ao recolhimento do crédito tributário. 3. Esta Corte tem historicamente confirmado e garantido a proibição constitucional às sanções políticas, invocando, para tanto, o direito ao exercício de atividades econômicas e profissionais lícitas (art. 170, par. ún., da Constituição), a violação do devido processo legal substantivo (falta de proporcionalidade e razoabilidade de medidas gravosas que se predispõem a substituir os mecanismos de cobrança de créditos tributários) e a violação do devido processo legal manifestado no direito de acesso aos órgãos do Executivo ou do Judiciário tanto para controle da validade dos créditos tributários, cuja inadimplência pretensamente justifica a nefasta penalidade, quanto para controle do próprio ato que culmina na restrição. É inequívoco, contudo, que a orientação firmada pelo Supremo Tribunal Federal não serve de escusa ao deliberado e temerário desrespeito à legislação tributária. Não há que se falar em sanção política se as restrições à prática de atividade econômica objetivam combater estruturas empresariais que têm na inadimplência tributária sistemática e consciente sua maior vantagem concorrencial. Para ser tida como inconstitucional, a restrição ao exercício de atividade econômica deve ser desproporcional e não-razoável (...). 6. Explicitação da Corte, no sentido de que a regularidade fiscal aludida implica 'exigibilidade da quitação quando o tributo não seja objeto de discussão judicial' ou 'administrativa'. Ações Diretas de Inconstitucionalidade parcialmente conhecidas e, na parte conhecida, julgadas procedentes" (Ação Direta de Inconstitucionalidade 173, rel. Min. Joaquim Barbosa, j. 25.9.2008, *DJ* 20.3.2009, p. 1).

93. Segue-se trecho do voto proferido pelo Ministro Celso de Mello: "(...) Todos sabemos que a cláusula do devido processo legal – objeto de expressa programação pelo art. 5º, LVI, da Constituição – deve ser entendida, na abrangência de sua noção conceitual, não só no aspecto meramente formal, que impõe restrições de caráter ritual à atuação do Poder Público, mas, sobretudo, em sua dimensão material, que atua como decisivo obstáculo à edição de atos legislativos de conteúdo arbitrário ou irrazoável. A essência do substantive *due process of law* reside na necessidade de proteger os direitos e as liberdades das pessoas contra qualquer modalidade de legislação que se revele opressiva ou, como no caso, destituída do necessário coeficiente de razoabilidade" (Ação Direta de Inconstitucionalidade 1.158-8, rel. Min. Celso de Mello, j. 19.12.1994, *DJU* 26.5.1995, p. 15.154).

164 REGIME JURÍDICO DOS PROCESSOS ADMINISTRATIVOS

devido processo legal deva ser compreendido como princípio exclusivamente processual, apto a garantir a instauração de processo que anteceda a decisão imperativa e o desenrolar desse em consonância com os objetivos almejados pelo Estado brasileiro.[94]

Nossa posição não desmerece o que a doutrina denomina de igualdade *na* lei, apenas reconhece que esse conteúdo já está rotulado pelos princípios da igualdade e da legalidade,[95] que têm logrado êxito em cumprir seu papel, revelando-se inútil a acolhida do devido processo legal em seu aspecto substantivo no Direito brasileiro. Os princípios da razoabilidade e da proporcionalidade, que permitem o controle dos atos administrativos e legislativos pelo Poder Judiciário, não estão radicados na garantia do devido processo legal, mas, essencialmente, nos princípios da legalidade e da igualdade.

O princípio do devido processo legal é o princípio processual por excelência, é sobreprincípio do qual decorrem todas as demais garantias processuais estabelecidas pela Constituição da República e pelas normas infraconstitucionais; no seu conteúdo estão compreendidos todos os demais princípios processuais, como são exemplos o contraditório, ampla defesa, julgador natural, duplo grau, celeridade e duração razoável do processo. A Constituição de 1988 adotou uma sistemática bastante peculiar para frisar a importância de certos preceitos: repetiu-os no Texto Constitucional, descrevendo desdobramento do mandamento nuclear. Assim o fez com relação ao princípio da igualdade, além de tratá-lo como objetivo do Estado Democrático no preâmbulo do Texto Constitucional, prescrevê-lo como fundamento da República (art. 3º, III e IV) e inseri-lo, em posição de destaque, entre os direitos e garantias fundamentais (art. 5º, *caput*, I e XXXIV); ainda,

94. Nesse sentido é a posição de Humberto Ávila, para quem, "o dispositivo relativo ao 'devido processo legal' deve, portanto, ser entendido no sentido de um princípio unicamente procedimental. A Constituição, para não deixar dúvidas com relação à existência de um direito à proteção de direitos, resolveu explicitar o direito a um processo adequado ou justo" ("O que é 'devido processo legal'?", *Revista de Processo* 163/57).

95. Para Nelson Nery Júnior, "O devido processo legal se manifesta em todos os campos do direito, em seu aspecto substancial. No direito administrativo, por exemplo, o princípio da legalidade nada mais é do que manifestação da cláusula *substantive due process*. Os administrativistas identificam o fenômeno do *due process*, muito embora sob outra roupagem" (*Princípios do Processo na Constituição Federal*..., cit., p. 82).

REGIME JURÍDICO DO PROCESSO ADMINISTRATIVO 165

reiterou seu mandamento em diversas normas constitucionais, dentre as quais a que garante a acessibilidade aos cargos e empregos públicos mediante escolha por concurso (art. 37, I e II), a que impõe a obrigatoriedade de licitação (art. 37, XXI). A mesma sistemática foi adotada em relação ao princípio do devido processo legal. A enunciação dessa garantia no art. 5º, LIV, da Constituição de 1988, tornaria despicienda a explicitação de muitas outras constantes dos incisos desse artigo, já que são meros desdobramentos dela. No entanto, optaram os constituintes por reiterar disposições da mais elevada importância, tornando um pouco mais concreto o conteúdo do princípio do devido processo legal, atendendo, ainda que inconscientemente, a cultura brasileira da estrita legalidade, que valorizava mais as prescrições com menor grau de abstração e generalidade do que os princípios jurídicos.

A esses princípios constitucionais, aplicáveis a todas as espécies de processo, somam-se outros, de *status* infraconstitucional, também decorrentes do devido processo legal e de incidência variável conforme a espécie processual que se tenha à vista, como são os princípios da verdade material, do formalismo moderado e da oficialidade. Essa variação é que permite identificar um regime jurídico próprio aplicável aos processos administrativos e dentro dele segmentar dois regimes jurídicos ainda mais peculiares e restritos, aplicáveis, cada qual, aos processos ampliativos e restritivos de direito.

4.3 Princípios do processo administrativo

Além dos princípios constitucionais gerais e dos princípios do Direito Administrativo que presidem o processo administrativo, tratados anteriormente, seu regime jurídico ainda é composto por princípios de índole processual que informam sua instauração, condução e decisão e que almejam, por um lado, impedir a prolação de soluções precipitadas ou que ponham o administrado em uma situação de instabilidade, comprometedora da segurança jurídica e, por outro, garantir que o interessado tenha oportunidade de exibir suas razões e de vê-las consideradas, durante o caminho, adrede regulado pela legislação, que levará ao ato final. Alguns desses princípios têm sede constitucional, outros integram o ordenamento jurídico por meio de leis infraconstitucionais. Em qualquer uma das duas hipóteses, no entanto,

166 REGIME JURÍDICO DOS PROCESSOS ADMINISTRATIVOS

são garantias que decorrem do devido processo legal e que se aplicam com maior ou menor intensidade aos processos administrativos, dependendo da espécie, qual seja, restritivos ou ampliativos de direito.

Apresentamos, a seguir, um rol de princípios exclusivamente processuais que formam o regime jurídico processual administrativo, sem adentrar, por enquanto, na especificidade dos processos ampliativos e restritivos de direito.

A escolha a respeito de que princípios tratar para compor o regime jurídico dos processos administrativos não foi arbitrária ou indicativa da predileção por certos temas, mas seguiu critério lógico-sistemático, tendo como objeto de estudo a Constituição da República e a Lei federal de Processo Administrativo. Não nos comprometemos, no entanto, a cuidar de todos os princípios a que faz referência a Lei 9.784/1999, pois muitos deles, a par de serem integrantes do regime jurídico do processo administrativo, são, antes de tudo, princípios gerais do Direito Administrativo, aplicáveis a todos os institutos e categorias jurídicas manejáveis no exercício da função administrativa, não devendo, a nosso ver, ser destacados como integrantes do regime jurídico processual administrativo, porque já o compreendem desde logo, uma vez que o processo administrativo é realizado sempre na intimidade da função administrativa.

O devido processo legal também não será inserido no rol dos princípios que regem o processo administrativo, por ser ele o sobreprincípio do qual todos os demais emanam, apresentando-se em posição de superioridade quando comparado aos demais, que nele encontram seu fundamento de validade e que, como seus desdobramentos devem ser compreendidos e interpretados.

Trataremos, pois, dos princípios do contraditório, ampla defesa, julgador natural, revisibilidade, verdade material, formalismo moderado, proibição da *reformatio in pejus*, oficialidade, gratuidade e celeridade processual, abordando, desde logo, sua aplicação aos processos administrativos ampliativos e/ou restritivos de direito.

Sabemos que o rol apresentado não é exaustivo, na medida em que outros princípios podem ser aplicados aos processos administrativos, especialmente se consideradas suas variáveis espécies em razão da matéria, como são os processos fiscais e previdenciários ou, ainda, os processos disciplinares que emprestam inúmeros princípios do campo penal. O que se objetiva, no entanto, é sistematizar os princípios que podem ser manejados para solucionar questões existentes nos processos administrativos ampliativos e restritivos de direito genericamente considerados, independentemente de terem merecido estampa expressa na legislação regente da matéria.

4.3.1 O Direito Processual Administrativo como disciplina jurídica autônoma

Todas as ciências têm princípios, ideias centrais, noções nucleares que lhes dão sentido lógico, harmônico e racional, de forma a permitir a sua compreensão e o modo de se organizarem. Assim é na Matemática, na Biologia, na Geografia e também no Direito.

O Direito, como ordenamento jurídico, isto é, conjunto de normas vigentes em um determinado País, é uno, sendo vedada a sua segmentação. A Ciência do Direito, por sua vez, cujo objeto de estudo reside no direito posto e que tem por função descrever as normas que o compõem, pode ser dividida em subsistemas, para fins didáticos e metodológicos.

No entanto, a autonomia de qualquer ramo do Direito é sempre relativa, uma vez que as normas do sistema manterão relação entre si, independentemente de divisões didáticas, e encontrarão seu último fundamento de validade na mesma Lei Maior, ápice do sistema positivo.

O Direito Administrativo, como ramo da Dogmática Jurídica, tem princípios que lhe são próprios e lhe conferem autonomia didática. O processo administrativo, por sua vez, é estudado no interior do Direito Administrativo, como instituto desse ramo da Ciência do Direito. Os manuais de Direito Administrativo dedicam, via de regra, um capítulo ao estudo do processo administrativo, sem dispensarem maior atenção relativamente aos demais institutos, como poder de polícia, responsabilidade civil do Estado, contrato administrativo e outros.

Os cursos de bacharelado em Direito também não prestigiam o processo administrativo, na medida em que raramente há uma disciplina dedicada ao seu estudo.

168 REGIME JURÍDICO DOS PROCESSOS ADMINISTRATIVOS

O processo administrativo tem sido tratado como um instituto do Direito Administrativo, submetido ao regime jurídico que lhe é próprio, cujos fundamentos estão nos princípios da supremacia do interesse público sobre o interesse privado e da indisponibilidade do interesse público.

A nosso ver, o processo administrativo merece ser estudado como uma disciplina autônoma em relação ao Direito Administrativo porque tem um regime jurídico próprio, formado por princípios que não se identificam totalmente com aqueles que presidem o Direito Administrativo.

Ao lado dos princípios típicos do Direito Administrativo, dentre os quais se destacam aqueles estabelecidos pelo art. 37, *caput*, da Constituição da República, há princípios tipicamente processuais que têm aplicação a essa espécie de processo sem que haja comunicação com os demais institutos de Direito Administrativo.

Além disso, o objeto de estudo do Direito Administrativo não compreende tudo o que é afeto à função administrativa, mas cinge-se à disciplina dessa função e das pessoas e órgãos que a exercem. Como bem aponta Celso Antônio Bandeira de Mello, "certas parcelas do campo recoberto pela função administrativa, isto é, certos capítulos do Direito Administrativo são excluídos de sua órbita de estudos e tratados em apartado".[96]

O processo administrativo, embora se realize no âmbito da função administrativa, não cuida das normas que a disciplinam, mas de sua execução. O Direito Processual Administrativo é de índole adjetiva, pois se preocupa com a forma de execução das normas de Direito Administrativo, disciplinando o modo de atuação da Administração Pública.

O processo administrativo, assim como o processo civil e penal, exige tratamento autônomo, com sistematização de seus princípios gerais, identificação de suas espécies e peculiaridades que lhes são restritas. O estudo apartado das regras processuais e do direito material que lhes é pertinente permite o aprofundamento do conhecimento e a evolução das respectivas disciplinas.

96. *Curso de direito administrativo*, p. 37.

REGIME JURÍDICO DO PROCESSO ADMINISTRATIVO 169

Sensível à autonomia do processo administrativo, Manoel de Oliveira Franco Sobrinho defendia sua sistematização por meio de um código de procedimentos administrativos.[97] Não comungamos, com o devido respeito, da opinião do referido Mestre. Para nós, a sistematização do processo administrativo pode ser feita a partir da Lei Maior e das leis gerais federais, estaduais e municipais de que atualmente dispomos, sendo tarefa da doutrina retirar desse conjunto de normas os princípios fundamentais que presidem o processo administrativo.

Independentemente de codificação, a autonomia do Direito Processual Administrativo, como ramo da Dogmática Jurídica, está na existência de um regime jurídico próprio que, embora compatível e bastante próximo do regime do Direito Administrativo, nele não se encerra completamente.[98]

É preciso reconhecer, ainda, que nos últimos tempos, muito especialmente após a promulgação da Constituição de 1988, a atividade administrativa vem passando por um crescente fenômeno de processualização, na medida em que se reconhece, cada vez mais acentuadamente, o direito do administrado de participar do curso de formação da vontade do Estado que será, posteriormente, declarada por meio do ato conclusivo e final. Esta realidade exige o estudo pormenorizado do processo administrativo, a fim de desvendar suas entrelinhas e alcançar sua máxima efetividade como forma de dar cumprimento ao que dispõe a Constituição da República ao inserir o devido processo legal entre as garantias fundamentais do indivíduo.

---

97. "Não é demais, diante da atividade do Estado, que se peça para o processo administrativo, a vigência de uma sistematização legislativa unitária para a matéria administrativa. O relevo do *procedimento administrativo* sistematizado está nisto: fundir, unificando, aquelas regras essenciais que são comuns aos poderes do Estado e aos órgãos estatais" (*Introdução ao Direito Processual Administrativo*, p. 97).

98. Reconhecendo a necessidade de se apartar o estudo do processo administrativo do Direito Administrativo, Jesús Gonzáles Pérez alerta para o fato de que mais adequado é alocar esse objeto de estudo no campo do Direito Processual Civil (*Derecho procesal administrativo*, t. 1º, pp. 129-132).

Capítulo V
PRINCÍPIOS DE ÍNDOLE PROCESSUAL REGENTES DOS PROCESSOS ADMINISTRATIVOS AMPLIATIVOS E RESTRITIVOS DE DIREITO

5.1 Considerações iniciais: 5.1.1 Princípio do contraditório; 5.1.2 Princípio do julgador natural; 5.1.3 Princípio da revisibilidade; 5.1.4 Princípio da verdade material; 5.1.5 Princípio do formalismo moderado; 5.1.6 Princípio da proibição da "reformatio in pejus"; 5.1.7 Princípio da celeridade e duração razoável do processo.

5.1 Considerações iniciais

Os processos administrativos ampliativos de direito, juridicamente preordenados a alargar a esfera jurídica do destinatário, causando-lhe um efeito favorável, são regidos por um rol de princípios processuais, todos decorrentes do sobreprincípio do devido processo legal, sendo que a maioria deles tem expresso assento constitucional.

Os princípios que presidem o regime jurídico dos processos ampliativos de direito têm por escopo garantir a instauração de uma relação jurídica processual quando esta for de interesse do destinatário do ato final e conclusivo, assegurando-lhe a participação em todas as fases do processo e a possibilidade de discutir a decisão proferida pela Administração com a qual não se conforme, seja por vislumbrar ofensa ao ordenamento jurídico, seja por não concordar com a decisão de mérito tomada.

O conjunto de princípios que informam o regime jurídico dos processos ampliativos de direito marca presença também no regime jurídico dos processos restritivos de direito, aqueles cuja decisão final

PRINCÍPIOS DE ÍNDOLE PROCESSUAL – PROCESSOS AMPLIATIVOS 171

pode acarretar um ônus ou gravame para o administrado, impondo-lhe uma situação negativa.

A análise dos princípios que compõem cada um dos regimes jurídicos a que dedicamos nosso estudo, isto é, concernente aos processos ampliativos e aos restritivos de direito, nos revelou que a maioria deles é coincidente, existindo, a nosso ver, três princípios aplicáveis somente aos processos restritivos de direito, com todas as suas decorrências, e que não estão estampados no rol de princípios que presidem os processos ampliativos de direito.[1]

No anseio de um tratamento mais autorizado do tema, apresentamos a seguir os princípios processuais que, a nosso juízo, dão os contornos do regime jurídico dos processos administrativos ampliativos e restritivos de direito, conferindo-lhes notas características que permitem agrupá-los em uma mesma categoria, para depois apresentarmos, no capítulo a seguir, os princípios regentes apenas dos processos restritivos de direito, responsáveis pelas características que nos permitem apartá-los em uma espécie distinta da dos processos ampliativos de direito.

Não olvidamos, contudo, a aplicação de outros princípios específicos a certos tipos de processos (como são exemplos os princípios da competitividade e da vinculação ao instrumento convocatório, aplicáveis aos processos administrativos concorrenciais), bem como a submissão dos processos administrativos aos princípios gerais de direito (como a segurança jurídica e a dignidade da pessoa humana) e aos princípios do Direito Administrativo (legalidade, impessoalidade e publicidade, dentre outros).

Esse conjunto de princípios, base estruturante do regime jurídico dos processos administrativos ampliativos de direito e parcialmente dos restritivos de direito, tem aplicação genérica às duas espécies processuais porque são ínsitos à feição que a Constituição da República lhes atribui, a partir do cânone do devido processo legal. No entanto, admitimos que esses princípios podem sofrer temperamentos e variações

---

1. Celso Antônio Bandeira de Mello já havia anotado essa distinção, ao afirmar que os "princípios da *oficialidade* e da *gratuidade* não se aplicam obrigatoriamente nos procedimentos *ampliativos de direito* suscitados pelo interessado" (*Curso de Direito Administrativo*, p. 502).

172   REGIME JURÍDICO DOS PROCESSOS ADMINISTRATIVOS

diante de certos processos administrativos, conforme a disciplina e a regulamentação que a ordem jurídica lhes dispensou.

Embora haja possibilidade de variações na aplicação dos princípios que cuidaremos adiante, eles se apresentam como caminho e ponto de chegada desses processos genericamente considerados, uma vez que condicionam sua instauração e condução, demarcando os limites da legalidade e, ao mesmo tempo, orientam à finalidade a ser atingida: o cumprimento do ordenamento jurídico, com o prestígio de todos os princípios que dele se originam.

O conteúdo de cada um dos princípios que serão aqui tratados constitui objeto de investigação suficientemente amplo e profundo para ensejar estudos monográficos distintos, razão pela qual se faz necessário destacar que propomos uma abordagem que inclua a identificação da norma que confere o substrato do princípio e a sua aplicação às relações jurídico-processuais desenvolvidas na intimidade da função administrativa, com os respectivos desdobramentos previstos pela legislação infraconstitucional.

5.1.1 Princípio do contraditório

O princípio do contraditório tem expressa previsão na Constituição da República de 1988, ao estatuir que "aos litigantes, em processo judicial ou administrativo, e aos acusados em geral são assegurados o contraditório e a ampla defesa, com os meios e recursos a ela inerentes" (art. 5º, LV).[2]

O princípio do contraditório, além de constituir fundamentalmente manifestação do princípio do devido processo legal, é decorrência lógica do Estado Democrático de Direito, na medida em que não se reconhece a possibilidade, em um Estado submisso à legalidade, de executar-se uma decisão sem que o interessado tenha tido ciência do

---

2. Ensina-nos Nelson Nery Junior que, "relativamente ao texto constitucional anterior (CF/1969 153 § 15), a inovação foi profunda porque fez com que o princípio também alcançasse expressamente os processos civil e administrativo, pois na Carta revogada havia previsão expressa da garantia do contraditório somente para o processo penal (CF/1969 153 § 16), nada obstante houvesse a correta manifestação da doutrina de que aquele princípio se aplicava, também, ao processo civil e administrativo" (*Princípios do Processo na Constituição Federal...*, cit., p. 82).

PRINCÍPIOS DE ÍNDOLE PROCESSUAL – PROCESSOS AMPLIATIVOS 173

processamento da questão e oportunidade de inteirar-se, deduzindo as razões que lhe pareçam convenientes.[3]

O tratamento constitucional dos princípios do contraditório e da ampla defesa no mesmo enunciado leva muitos operadores do Direito a vê-los como duas faces de uma só garantia. Embora tanto o contraditório como a ampla defesa decorram diretamente do devido processo legal[4] e com frequência se apresentem conjuntamente, sendo inequívoca a íntima relação que mantêm, vemos a possibilidade de dissociá-los, conferindo conteúdo autônomo a cada um deles. A nosso juízo, é do contraditório que nasce a garantia de defesa quando houver alguma acusação contra o interessado. Assim, há contraditório sem ampla defesa, mas a recíproca não se sustenta.

A garantia constitucional estampada no art. 5º, LV, estende o princípio do contraditório a todas as espécies processuais, sejam elas desenvolvidas no exercício da função jurisdicional ou no âmbito da função administrativa; em qualquer hipótese deverá ser assegurada a possibilidade de as partes do processo argumentarem em seu favor e contra-argumentarem as afirmações feitas pelo lado oposto.[5]

---

3. "Administrativo. Súmula 473 do STF. Necessidade de processo administrativo. Alegada violação ao art. 5º, LIV e LV. Ofensa reflexa. Agravo improvido. I – O entendimento da Corte é no sentido de que, embora a Administração esteja autorizada a anular seus próprios atos quando eivados de vícios que os tornem ilegais (Súmula 473 do STF), não prescinde do processo administrativo, com obediência aos princípios constitucionais da ampla defesa e do contraditório. Precedentes. II – Como tem consignado o Tribunal, por meio de remansosa jurisprudência, a alegada violação ao art. 5º, LIV e LV, da Constituição, pode configurar, em regra, situação de ofensa reflexa ao texto constitucional, por demandar a análise de legislação processual ordinária, o que inviabiliza o conhecimento do recurso extraordinário. III – Agravo regimental improvido" (STF, Agravo Regimental em Agravo de Instrumento AI 710.085, rel. Min. Ricardo Lewandowski, j. 3.2.2009, *DJ* 6.3.2009, p. 2.229).

4. Para Cármen Lúcia Antunes Rocha, "a cláusula do devido processo legal, aplicável agora também ao processo administrativo, absorve o princípio do contraditório, como sua extensão própria e insuperável" (Princípios constitucionais do processo administrativo no direito brasileiro. *Revista Trimestral de Direito Público*. n. 17, p. 20).

5. Na lição de Dinorá Musetti Grotti, "contraditório significa a bilateralidade do processo, ou seja, a faculdade de manifestar o próprio ponto de vista ou argumentos próprios ante fatos, documentos ou pontos de vista apresentados por outrem" ("Devido processo legal e procedimento administrativo", cit., p. 37).

174 REGIME JURÍDICO DOS PROCESSOS ADMINISTRATIVOS

Se processo é diálogo, como acreditamos que seja, o princípio do contraditório é o elemento mais essencial dessa relação dialética na qual se afirma o Direito.

O dispositivo constitucional que radica esse princípio valeu-se das expressões "litigantes" e "acusados em geral" para definir os destinatários da garantia. Litigantes são as partes que se apresentam em um conflito de interesses, ou seja, que estejam em uma situação de controvérsia, onde o interesse de uma parte é diretamente oposto ao da outra, sendo impossível conciliá-los. A noção de litígio não se confunde com a de lide: para a caracterização daquele basta a existência de interesses contrapostos; para a configuração da lide é necessário que o conflito seja qualificado pela pretensão resistida.

Assim, toda vez que alguém apresentar-se em juízo contra outrem, com o objetivo de solucionar um conflito, dado o fracasso de soluções amigáveis e voluntárias, e a parte contrária se opuser ao que foi deduzido pelo requerente, estaremos diante de uma lide e, consequentemente, haverá a mais irrestrita incidência do princípio do contraditório.

No entanto, o contraditório não é princípio regente apenas dos processos judiciais. Conforme dicção do art. 5º, LV, da Constituição da República, aplica-se também aos processos administrativos nos quais haja litigantes e naqueles em que haja acusados, ou seja, pessoas a quem se imputa a autoria de um comportamento incompatível com a ordem jurídica. Essa conclusão é alcançada a partir de uma interpretação literal do dispositivo, que, sem desmerecer-lhe a valia, não é certamente a mais adequada a dar à garantia constitucional do contraditório a amplitude e efetividade que a Lei Maior de 1988 lhe dedicou.

O princípio do contraditório tem, a nosso ver, aplicação a todo e qualquer processo administrativo, independentemente da existência de conflito de interesses entre as partes ou de acusação, uma vez que o processo administrativo encontra nesse princípio seu principal instrumento para atingir a finalidade que lhe é precípua.

Ao cuidarmos da finalidade do processo administrativo, afirmamos a sua complexidade, retratada no dever de preservar os direitos dos administrados, concorrer para uma atuação administrativa consentânea com os fins da Administração e produzir o ato final e conclusivo. Destarte, o processo só atenderá plenamente sua finalidade quando for meio de preservação dos direitos dos administrados, dentre os

PRINCÍPIOS DE ÍNDOLE PROCESSUAL – PROCESSOS AMPLIATIVOS 175

quais se destaca o de participar da formação da decisão que lhe será imposta ao final do curso processual.

O princípio do contraditório garante a participação ativa dos destinatários da decisão no seu círculo de formação,[6] para que se evitem surpresas e desmandos por parte do Estado. Processo administrativo sem contraditório caracteriza desrespeito à democracia, onde as decisões devem ser tomadas com a participação dos interessados.

A essência do contraditório está na oportunidade de reagir a qualquer ação, tenha ela conteúdo negativo ou não. Assim, quando em um processo administrativo licitatório uma das concorrentes, manejando recurso administrativo previsto em lei, argumenta que outra concorrente não atendeu os requisitos de habilitação fixados no instrumento convocatório e que por essa razão deve ser alijada da disputa, nasce, imediatamente, para essa licitante a oportunidade de contradizer as afirmações apresentadas, deduzindo argumentos a seu favor. Da mesma forma se dá em processos administrativos em que há a presença apenas da Administração e do particular e que inexista litígio. Tomemos como exemplo um pedido de licença para edificar, no qual a Administração alegue que o particular descumpre um dos requisitos exigidos por lei, concernente ao recuo mínimo para calçada fronteiriça. A partir da alegação da Administração, brota para o administrado o direito de manifestar-se, apresentando as razões de seu interesse.

No processo administrativo, onde a Administração apresenta-se como parte e julgadora, o princípio do contraditório ganha especial relevo enquanto corolário do princípio da igualdade processual.

A interpretação sistemática desse princípio com todos os demais de que temos cuidado nesta oportunidade (devido processo legal, ampla defesa e igualdade processual) leva-nos a afirmar que sua incidência não exige a presença de litigantes ou acusados, mas pressupõe apenas, como condição necessária e suficiente, a existência de processo.[7]

---

6. Nas palavras de Egon Bockmann Moreira, "o princípio do contraditório assegura ao particular a possibilidade de influenciar a atividade da Administração e o dever desta de auxiliar, de forma sempre isonômica, as partes da relação jurídico-processual" (*Processo Administrativo: Princípios Constitucionais e a Lei 9.784/1999*, p. 320).

7. Os denominados processos administrativos inquisitoriais, como o inquérito civil, o inquérito policial e a sindicância administrativa, têm ficado, ao longo dos anos, alheios ao alcance do princípio do contraditório. Entende-se que a finalidade

Por esta razão, e cumprindo o dever de dar a máxima efetividade aos direitos fundamentais, somos levados a concluir que a validade de todo processo administrativo ficará condicionada à observância do princípio do contraditório e dos desdobramentos dele decorrentes, muitos dos quais ganharam explicitação pela legislação infraconstitucional.

Como muito bem adverte Egon Bockmann Moreira, o princípio do contraditório é mais do que uma exigência de índole formal, trata-se da "possibilidade de influência positiva do administrado na constituição da vontade estatal".[8] Assim, não basta oportunizar prazo para que o interessado apresente suas razões, é de rigor que elas sejam consideradas pelo julgador no momento de proferir a decisão final e a integrem como seu fundamento.[9]

---

desses processos meramente preparatórios, consistente na reunião de elementos que embasarão a propositura de uma futura ação judicial ou instauração de processo administrativo, autoriza a sua realização de maneira unilateral, sem que haja a garantia da participação do interessado. Com o devido respeito à doutrina majoritária e ao E. Supremo Tribunal Federal (*Habeas Corpus* 82.354, rel. Min. Sepúlveda Pertence, j. 10.8.2004), não concordamos com essa assertiva. Não obstante inexista acusação formal nos processos preparatórios, há, sem sombra de dúvida, interesse do indiciado de que os dados coletados levem a autoridade competente a convencer-se da inexistência de elementos suficientes para a propositura da ação ou instauração do processo administrativo. É de interesse do indiciado que a ação ou o processo administrativo não tenham início, sendo direito dele se manifestar nessa etapa preliminar, pois haverá, ao final do caminho do processo preparatório, uma decisão de natureza administrativa que implicará ou não o desdobramento daquele processo preparatório em um processo principal, e que por esta razão influenciará a esfera jurídica do administrado, sendo inafastável a incidência do princípio do contraditório. O Supremo Tribunal Federal, sem reconhecer a natureza processual do inquérito policial, consolidou na Súmula Vinculante 14 o entendimento da proibição de investigações secretas, permitindo o acesso de advogados ao processo inquisitório ("É direito do defensor, no interesse do representado, ter acesso amplo aos elementos de prova que, já documentados em procedimento investigatório realizado por órgão com competência de polícia judiciária, digam respeito ao exercício do direito de defesa" – aprovada em 2.2.2009).

8. *Processo administrativo: Princípios Constitucionais e a Lei 9.784/1999*, p. 313.

9. Sintetizando o conteúdo desse princípio, Sérgio Ferraz e Adilson Dallari asseveram que "O *princípio do contraditório* exige um diálogo: a alternância das manifestações das partes interessadas durante a fase instrutória. A decisão final deve fluir da dialética processual, o que significa que todas as razões produzidas devem ser sopesadas, especialmente aquelas apresentadas por quem esteja sendo acusado, direta ou indiretamente, de algo sancionável" (*Processo Administrativo*, cit., pp. 92-93).

PRINCÍPIOS DE ÍNDOLE PROCESSUAL – PROCESSOS AMPLIATIVOS 177

O princípio do contraditório expressamente estatuído pelo art. 2º, *caput*, da Lei 9.784/1999, é muito mais amplo do que o direito de manifestação das partes, compreende, ainda, muitas outras oportunidades de participação do destinatário da decisão final, a maioria concentrada em atos processuais afetos à fase de instrução.

A fase de instrução do processo, que se segue à sua instauração, é a etapa processual destinada à coleta dos dados e informações sobre a questão em debate que formarão a convicção do julgador, manifestada por meio da decisão do processo administrativo. É nessa fase que as partes apresentam suas razões, produzem provas, contra-arrazoam as informações da parte contrária, que são produzidos os pareceres técnicos e elaborado o relatório final, se for o caso, enfim, essa é a oportunidade para lançar todas as informações que darão sustentação ao ato final.

A Lei Federal de Processo Administrativo apresenta vários desdobramentos do princípio do contraditório,[10] que podem ser agrupados em direitos garantidos ao administrado, nos seguintes termos: a) conhecimento do processo; b) acesso aos elementos do processo; c) audiência dos interessados; d) produção de provas; e) motivação.

O direito do administrado de conhecer o processo administrativo é, desde logo, vaticinado pelo art. 3º, II, da Lei 9.784/1999. É este o primeiro e mais elementar direito decorrente do princípio do contraditório. O administrado só pode exercitar os demais direitos se obtiver ciência da existência de um processo no qual tenha condição de interessado.

Para que se cumpra o que foi prescrito pelo art. 3º, II, da referida Lei, é necessário que a Administração providencie a intimação do interessado por meio idôneo para assegurar a certeza da ciência (art. 26, § 3º), já que os processos administrativos, diferentemente dos processos judiciais, podem ser instaurados de ofício pela Administração (art. 5º, da Lei 9.784/1999).

---

10. Os desdobramentos do princípio do contraditório podem ser apresentados como princípios autônomos regentes do processo administrativo. Nesse sentido, Celso Antônio Bandeira de Mello apresenta, entre os princípios do processo, a audiência do interessado, a acessibilidade aos elementos do expediente e a ampla instrução probatória (*Curso de Direito Administrativo*, cit., p. 501).

178 REGIME JURÍDICO DOS PROCESSOS ADMINISTRATIVOS

A comunicação apta a atender a exigência legal é aquela cuja realização pode ser comprovada por meio documental e que tenha aptidão para levar a informação ao conhecimento do administrado. Nesse sentido, imperioso reconhecer o acerto da Lei federal de Processo Administrativo ao prestigiar a intimação pessoal do interessado em detrimento da publicação oficial,[11] forma corriqueira e tradicional de dar publicidade aos atos da Administração, ainda quando requeiram a participação de terceiros. A publicação oficial só terá lugar, nos termos da Lei, quando os interessados no processo forem indeterminados, desconhecidos ou com domicílio indefinido.[12]

11. "Juiz de direito do Estado do Mato Grosso. Aplicação da sanção de advertência. Recurso administrativo. Intimação pessoal da inclusão em pauta apenas via diário oficial. Ilegalidade. Necessidade de intimação pessoal. Ofensa à ampla defesa. Recurso provido. 1. De acordo com o art. 39, § 1º, da Lei 7.692/2002, do Estado do Mato Grosso, que regula o processo administrativo no âmbito estadual mato-grossense, a intimação dos atos processuais deve ser efetuada por meio que assegure a certeza da ciência do interessado, o que não se coaduna com a sua mera publicação no Diário Oficial; uma das mais essenciais características do devido processo contemporâneo é a da ampla defesa, que preserva ao indivíduo o pleno conhecimento do que há a seu respeito, e isso tem a sua eficácia condicionada pela efetiva ciência do interessado. 2. A intimação da parte por meio de publicação no Diário Oficial não é comum, na nossa tradição jusprocessualística, para dar-lhe ciência de qualquer ato processual, sendo tradicionalmente utilizada só e somente para cientificação do seu representante legal (advogado). 3. A publicação na Imprensa Oficial estabelece apenas a chamada ciência ficta, ao passo que, neste caso, a lei exige que o meio intimatório assegure a certeza da ciência do interessado; nesta hipótese, o que o Servidor pretende é somente exercer a ampla defesa, sustentando suas razões oralmente perante o Órgão Especial daquele Tribunal, daí postular ser intimado pessoalmente para poder exercer aquele direito, que é constitucional e não pode ser postergado, ainda que não houvesse lei a proclamá-lo, eis que decorre da compreensão de norma da Carta Magna. 4. Recurso provido para anular o julgamento do Recurso Administrativo em questão, determinando que outro seja proferido, com a prévia intimação pessoal do Magistrado interessado" (STJ, Recurso Ordinário em Mandado de Segurança 24.551-MT, rel. Min. Napoleão Nunes Maia Filho, j. 3.3.2009, *DJe* 30.3.2009).

12. Andando no sentido oposto ao de dar ciência da instauração dos processos administrativos, com o maior grau de certeza possível, o Tribunal de Contas do Estado de São Paulo, por meio das Instruções ns. 1 e 2/2008, aplicáveis, respectivamente, à área estadual e municipal, criou um documento denominado Termo de Ciência e de Notificação, por meio do qual, na fase de habilitação da licitação, as empresas contratadas pelo Estado de São Paulo ou pelos Municípios fiscalizados por essa Corte de Contas dão-se por cientes e notificadas para acompanhar todos os atos da tramitação processual relativos ao respectivo contrato, até julgamento final e sua publicação e, se for o caso e de seu interesse, para, nos prazos e nas formas legais e regimentais, exercer o direito de defesa, interpor recursos e o mais que couber. Essa inovação do

PRINCÍPIOS DE ÍNDOLE PROCESSUAL – PROCESSOS AMPLIATIVOS   179

O direito do administrado de ter acesso aos elementos do processo administrativo implica a possibilidade de o interessado conhecer todos os documentos, provas e pareceres que informam o processo e que servirão de fundamento para que a Administração emita sua decisão.[13] Não há que se falar, aqui, em possibilidade de conhecimento dos pareceres técnicos apenas após a ciência da decisão, já que, conforme afirmado e reiterado, o processo administrativo tem como finalidade a participação do interessado no curso de formação da vontade administrativa que lhe será imposta. Assim, de nada ou muito pouco adiantaria ter vista dos autos ou de alguns de seus elementos somente depois de formada a convicção do julgador.

O contraditório exige diálogo, que só pode ser verdadeiramente travado se todos os envolvidos no processo tiverem amplo acesso aos seus elementos.

O mesmo art. 3º, II, da Lei 9.784/1999, que garante ao administrado o conhecimento da tramitação dos processos em que tenha a condição de interessado, preceitua o direito de ter vista dos autos, obter cópias de documentos neles contidos e conhecer as decisões proferidas. O art. 46 da referida Lei, por seu turno, reitera o direito à vista do processo, bem como à obtenção de certidões ou cópias reprográficas dos dados e documentos que o integram, ressalvados aqueles protegidos por sigilo ou pelo direito à privacidade, à honra e à imagem.

A audiência dos interessados consiste no direito do administrado de ser ouvido, não apenas na fase inicial do processo. A oportunidade de manifestação dos interessados nos autos do processo administrativo há de ser concedida toda vez que a Administração ou outros sujeitos apresentarem um argumento, seja sobre a ocorrência de um fato,

---

Tribunal de Contas do Estado de São Paulo, que visa a minimizar o trabalho administrativo com a realização de intimações pessoais, fere de morte o princípio do contraditório, revelando-se, *ipso facto*, inconstitucional.

13. Ensina Adolfo Merkl: "El procedimiento administrativo ha sido durante largo tiempo *secreto,* y no sólo en el Estado polocía, sino también en el Estado de derecho, y la publicidad corriente en el procedimiento civil y penal, no ha sido acogida en los modernos ordenamientos procesales administrativos más que en la forma restringida de publicidad por las partes, es decir, que todos los trámites procesales, especialmente las pruebas, en la medida en que hayan de ser tenidas en cuenta en los actos administrativos, habrá que ponerlas en conocimiento de las partes" (*Teoría general del derecho administrativo*, p. 283).

seja expondo sua interpretação sobre uma regra de Direito. Em qualquer situação, a inclusão de um argumento no processo deve ser seguida da possibilidade de inserção do respectivo contra-argumento.

O atendimento dessa exigência, condicionante da validade dos processos administrativos, porque corolário do princípio do contraditório, não se faz somente com a ciência inicial do processo administrativo, seguida da oportunidade de manifestação. Exige-se a participação ativa do interessado em diferentes momentos processuais, ao longo da fase de instrução e, necessariamente, antes da decisão, conforme estatuem os arts. 3º, III, e 44 da Lei Federal de Processo Administrativo.

O direito à produção de provas, denominado por Celso Antônio Bandeira de Mello de princípio da ampla instrução probatória,[14] aplica-se a todos os processos administrativos e não apenas aos sancionadores. A Lei 9.784/1999, acolhendo princípio geral do Direito Processual, impôs ao interessado o dever de provar os fatos que alega, mas considerou certos temperamentos típicos do processo administrativo.

O Diploma Processual Federal prescreveu que as atividades de instrução destinadas a averiguar e comprovar os dados necessários à tomada de decisão realizam-se de ofício ou mediante impulsão do órgão responsável pelo processo, sem prejuízo do direito dos interessados de propor atuações probatórias (art. 29), e determinou que compete à Administração providenciar, de ofício, a obtenção de documentos, na hipótese de o interessado declarar que informações úteis para comprovar o alegado estão registradas no próprio órgão responsável pelo processo ou em outro (art. 37).

A produção de provas deve ser previamente comunicada aos interessados no processo para que possam, se assim o desejarem, participar de sua produção ou assistir-lhe como forma de controle. Uma vez produzida a prova, é garantido à parte contrária na relação processual o direito de sobre ela se manifestar.

A aplicação do princípio do contraditório à questão probatória ganhou da doutrina processualista a denominação de princípio da contrariedade em matéria de prova, segundo o qual carece de legitimidade a prova secreta produzida sem o prévio conhecimento da outra parte e sem o indispensável contraditório processual.

14. *Curso de Direito Administrativo*, cit., p. 503.

PRINCÍPIOS DE ÍNDOLE PROCESSUAL – PROCESSOS AMPLIATIVOS

Cumprindo mandamento constitucional inserto no art. 5º, LVI, a Lei 9.784/1999 vedou a utilização de provas obtidas por meios ilícitos nos processos administrativos (art. 30).

O elemento essencial da prova ilícita é a violação dos direitos fundamentais, como se colhe em todas as lições doutrinárias. A ilicitude da prova se caracteriza pela violação de direito subjetivo de natureza pública ou privada do sujeito envolvido no fato objeto da prova.[15]

15. Em decisão que merece destaque, o E. Supremo Tribunal Federal anotou: "Administração tributária – Fiscalização – Poderes – Necessário respeito aos direitos e garantias individuais dos contribuintes e de terceiros. – Não são absolutos os poderes de que se acham investidos os órgãos e agentes da administração tributária, pois o Estado, em tema de tributação, inclusive em matéria de fiscalização tributária, está sujeito à observância de um complexo de direitos e prerrogativas que assistem, constitucionalmente, aos contribuintes e aos cidadãos em geral. Na realidade, os poderes do Estado encontram, nos direitos e garantias individuais, limites intransponíveis, cujo desrespeito pode caracterizar ilícito constitucional. – A administração tributária, por isso mesmo, embora podendo muito, não pode tudo. É que, ao Estado, é somente lícito atuar, 'respeitados os direitos individuais e nos termos da lei' (CF, art. 145, § 1º), consideradas, sobretudo, e para esse específico efeito, as limitações jurídicas decorrentes do próprio sistema instituído pela Lei Fundamental, cuja eficácia – que pondera sobre todos os órgãos e agentes fazendários – restringe-lhes o alcance do poder de que se acham investidos, especialmente quando exercido em face do contribuinte e dos cidadãos da República, que são titulares de garantias impregnadas de estatura constitucional e que, por tal razão, não podem ser transgredidas por aqueles que exercem a autoridade em nome do Estado. *A garantia da inviolabilidade domiciliar como limitação constitucional ao poder do estado em tema de fiscalização tributária – Conceito de 'casa' para efeito de proteção constitucional – Amplitude dessa noção conceitual, que também compreende os espaços privados não abertos ao público, onde alguém exerce atividade profissional: Necessidade, em tal hipótese, de mandado judicial (CF, art. 5º, XI).* (...) O atributo da auto-executoriedade dos atos administrativos, que traduz expressão concretizadora do *privilège du préalable*, não prevalece sobre a garantia constitucional da inviolabilidade domiciliar, ainda que se cuide de atividade exercida pelo Poder Público em sede de fiscalização tributária. Doutrina. Precedentes. Ilicitude da prova – Inadmissibilidade de sua produção em juízo (ou perante qualquer instância de poder) – Inidoneidade jurídica da prova resultante de transgressão estatal ao regime constitucional dos direitos e garantias individuais. – A ação persecutória do Estado, qualquer que seja a instância de poder perante a qual se instaure, para revestir-se de legitimidade, não pode apoiar-se em elementos probatórios ilicitamente obtidos, sob pena de ofensa à garantia constitucional do *due process of law*, que tem, no dogma da inadmissibilidade das provas ilícitas, uma de suas mais expressivas projeções concretizadoras no plano do nosso sistema de direito positivo. (...) A Constituição da República, em norma revestida de conteúdo vedatório (CF, art. 5º, LVI), desautoriza, por incompatível com os postulados que regem uma sociedade fundada em bases democráticas (CF, art. 1º), qualquer prova cuja obtenção, pelo Po-

Ninguém pode ser julgado, em sede judicial ou administrativa, com base em provas ilícitas, quer se trate de ilicitude originária, quer se cuide de ilicitude por derivação. Qualquer prova, ainda que produzida de modo válido, em momento subsequente, não pode derivar de outra maculada pela ilicitude originária. A doutrina da ilicitude por derivação – teoria dos frutos da árvore envenenada – repudia os meios probatórios que, não obstante tenham sido produzidos validamente em momento ulterior, encontram-se contaminados pelo vício da ilicitude originária.

Com o objetivo de atingir a verdade real dos fatos objeto do processo, admite-se a utilização da prova emprestada nos processos administrativos, seja ela oriunda originariamente de outro processo administrativo ou de processo judicial.[16] Sua validade fica condicio-

der Público, derive de transgressão a cláusulas de ordem constitucional, repelindo, por isso mesmo, quaisquer elementos probatórios que resultem de violação do direito material (ou, até mesmo, do direito processual), não prevalecendo, em consequência, no ordenamento normativo brasileiro, em matéria de atividade probatória, a fórmula autoritária do 'male captum, bene retentum'. Doutrina. Precedentes. – A circunstância de a administração estatal achar-se investida de poderes excepcionais que lhe permitem exercer a fiscalização em sede tributária não a exonera do dever de observar, para efeito do legítimo desempenho de tais prerrogativas, os limites impostos pela Constituição e pelas leis da República, sob pena de os órgãos governamentais incidirem em frontal desrespeito às garantias constitucionalmente asseguradas aos cidadãos em geral e aos contribuintes em particular. – Os procedimentos dos agentes da administração tributária que contrariem os postulados consagrados pela Constituição da República revelam-se inaceitáveis e não podem ser corroborados pelo Supremo Tribunal Federal, sob pena de inadmissível subversão dos postulados constitucionais que definem, de modo estrito, os limites - inultrapassáveis - que restringem os poderes do Estado em suas relações com os contribuintes e com terceiros (...)" (STF, *Habeas Corpus* 93.050, rel. Min. Celso de Mello, j. 10.6.2008, *DJ* 1.8.2008, p. 700).

16. "Prova Emprestada. Penal. Interceptação telefônica. Escuta ambiental. Autorização judicial e produção para fim de investigação criminal. Suspeita de delitos cometidos por autoridades e agentes públicos. Dados obtidos em inquérito policial. Uso em procedimento administrativo disciplinar, contra outros servidores, cujos eventuais ilícitos administrativos teriam despontado à colheita dessa prova. Admissibilidade. Resposta afirmativa a questão de ordem. Inteligência do art. 5º, inc. XII, da CF, e do art. 1º da Lei federal n. 9.296/96. Precedente. Voto vencido. Dados obtidos em interceptação de comunicações telefônicas e em escutas ambientais, judicialmente autorizadas para produção de prova em investigação criminal ou em instrução processual penal, podem ser usados em procedimento administrativo disciplinar, contra a mesma ou as mesmas pessoas em relação às quais foram colhidos, ou contra outros servidores cujos supostos ilícitos teriam despontado à colheita dessa prova"

PRINCÍPIOS DE ÍNDOLE PROCESSUAL – PROCESSOS AMPLIATIVOS 183

nada, no entanto, à abertura de oportunidade para que a parte contrária a contradite.

O direito do administrado à motivação das decisões acarreta a obrigatoriedade de a Administração explicitar os antecedentes fáticos e o fundamento legal do seu posicionamento, conforme afirmamos ao tratar da motivação como princípio do Direito Administrativo.

A explicitação dos motivos que ensejaram a decisão deve passar necessariamente pela consideração do conjunto probatório que a antecedeu, conforme expressamente determinado pelo art. 38, § 1º, da Lei 9.784/1999.

O dever de motivar não está, no entanto, restrito à decisão final do processo administrativo, isto é, aquela que põe fim ao processo, mas impõe-se igualmente às decisões interlocutórias, que decidem uma questão no curso do processo sem concluí-lo. Desse teor é a disposição do art. 31, § 2º, da Lei 9.784/1999, que estatui o dever da Administração de oferecer uma resposta fundamentada aos participantes de consulta pública sobre as alegações por eles formuladas. No mesmo sentido é a dicção do art. 38, § 2º, da referida Lei que prescreve que o indeferimento de produção de uma prova requerida pelo administrado deve ser fundamentado e ater-se exclusivamente à ilicitude, impertinência, desnecessidade ou protelação da prova.

Não basta, como já decidido pelo E. Superior Tribunal de Justiça, que a Administração afirme ser a prova desnecessária ou meramente protelatória. É dever da autoridade que indefere a produção da prova expor as razões de fato que a levam a considerar despicienda a comprovação de certo fato ou argumento.[17]

(STF, Questão de Ordem no Inquérito 2.424 QO, rel. Min. Cezar Peluso, j. 20.6.2007, *DJ* 24.8.2007, p. 55).

17. "Mandado de segurança. Servidor público. Processo administrativo disciplinar. Produção de prova oral requerida em defesa escrita pelo investigado. Recusa pela comissão processante. Fundamentação insuficiente. Cerceamento de defesa configurado. Conforme entendimento firmado pela Terceira Seção do Superior Tribunal de Justiça, no processo administrativo disciplinar, o presidente da comissão deve fundamentar adequadamente a rejeição de pedido de oitiva de testemunhas formulado pelo servidor (art. 156, § 1º, da Lei 8.112/90), em obediência aos princípios constitucionais do contraditório e da ampla defesa (CF, art. 5º, LV). No caso, a autoridade administrativa indeferiu os depoimentos requeridos na defesa escrita, pois não trariam maiores esclarecimentos para o desfecho da investigação. Deveria, contudo, ter

REGIME JURÍDICO DOS PROCESSOS ADMINISTRATIVOS

O direito ao conhecimento do processo, acesso aos seus elementos, audiência dos interessados, produção de provas e motivação são, a nosso ver, alguns dos primordiais desdobramentos do princípio do contraditório e que garantem a efetiva participação do indivíduo na formação da vontade administrativa, que será exteriorizada por meio do ato administrativo final do processo.

Essas garantias, decorrentes do princípio do contraditório, não estão necessariamente relacionadas com a possibilidade de a decisão administrativa causar um efeito negativo para o interessado, razão pela qual se impõem igualmente aos processos ampliativos e restritivos de direito.

5.1.2 Princípio do julgador natural

O princípio do julgador natural ou do administrador competente, conforme nomenclatura apresentada pela Professora Lúcia Valle Figueiredo,[18] é garantia que se estende a todas as partes de uma relação processual, seja ela instaurada na via administrativa ou na judicial.[19] O princípio com foro constitucional, conforme art. 5º, LIII, da Lei Maior, tem seu conteúdo complementado, de perto, pela norma esculpida no inciso XXXVII do mesmo artigo, que, juntas, vedam a criação de tribunais de exceção ou a designação de julgadores após a ocorrência do fato objeto do processo e garantem que o julgamento se dê por autoridade competente, isto é, previamente identificada por lei.

O princípio do julgador natural, ínsito ao Estado de Direito, é corolário do princípio da igualdade, já que se presta a garantir que todos

---

explicitado o motivo porque tais testemunhos seriam desnecessários, e não fazer mera repetição da regra do citado art. 156, § 1º, da Lei n. 8.112/90. A insuficiente fundamentação da recusa ao pleito do impetrante configura cerceamento de defesa, o que importa na declaração de nulidade do processo administrativo disciplinar desde tal ato. Segurança concedida" (Mandado de Segurança 10.468-DF, rela. Min. Maria Thereza de Assis Moura, j. 27.9.2006, *DJ* 30.10.2006 p. 237).

18. *Curso de Direito Administrativo*, cit., p. 443.

19. Afirma Nelson Nery Junior que "o princípio do juiz natural aplica-se indistintamente ao processo civil, ao penal e ao administrativo. A cláusula constitucional brasileira 'ninguém será processado nem sentenciado senão pela autoridade competente' (CF 5º, LIII) não distingue o tipo de processo que é abrangido pela garantia" (*Princípios do Processo na Constituição Federal...*, cit., p. 131).

PRINCÍPIOS DE ÍNDOLE PROCESSUAL – PROCESSOS AMPLIATIVOS   185

os fatos ocorridos de acordo com determinados critérios (matéria, território ou função) sejam julgados pela mesma autoridade, ainda que não seja representada pela mesma pessoa.

O adjetivo natural, como querem os franceses, ou legal, como preferem os alemães, qualificam o julgador que recebeu, por meio de lei, um rol de atribuições que deverá desempenhar.

A questão central a ser examinada, então, para que seja constatada a observância do princípio em apreço, diz respeito à competência definida previamente por lei. Competência é sempre matéria de lei, só por sua via pode ser criada, modificada e extinta. Diversamente do que pode parecer em um exame perfunctório do tema, competência não é apenas uma parcela de poder conferido aos exercentes de função pública, mas de dever-poder, na medida em que não é facultado à autoridade exercê-la ou não.

A Lei Federal de Processo Administrativo disciplinou a competência como dever do agente público no art. 11, ao prescrevê-la como irrenunciável e determinar que seja exercida pelos órgãos administrativos a que foi atribuída, salvo os casos de delegação e avocação legalmente admitidos.

É de se notar que a Lei 9.784/1999 incorporou duas formas de modificação excepcional da competência, exigindo, entretanto, requisitos para sua validade.

A delegação, de acordo com os novos contornos delineados pela Lei Processual Federal, é a modificação da competência, cujo motivo reside em razões de circunstâncias de índole técnica, social, econômica, jurídica ou territorial. A transferência da competência por meio da delegação não pressupõe vínculo de subordinação entre o órgão ou autoridade delegante e o delegado, conforme preceitua o art. 12 da referida Lei.

A delegação de competência só é juridicamente possível diante da inexistência de impedimento legal. Nesse diapasão, conforme prescreve a própria Lei Processual, não admitem delegação a edição de atos normativos, a decisão de recursos administrativos e, por óbvio, as matérias de competência exclusiva do órgão ou autoridade.

O ato de delegação, que deve especificar os objetivos, a duração e os limites da transferência de competência, é revogável a qualquer momento e para que produza efeitos deve ser publicado no meio oficial.

A avocação é a modificação da competência, de forma temporária e em caráter excepcional, por motivos relevantes devidamente justificados, por meio da qual o órgão hierarquicamente superior chama para si a atribuição que é de competência originária de órgão que lhe é subordinado. Nos termos do art. 15 da Lei 9.784/1999, a avocação pressupõe a existência de vínculo hierárquico entre o órgão ou autoridade que faz a avocação e aquele do qual a competência é retirada.

Excetuadas essas duas formas de modificação da competência, ela deve ser exercida por quem a lei a tenha atribuído. No tocante ao processo administrativo, o princípio do julgador natural ganhou expresso tratamento pelo art. 17 da Lei Federal de Processo Administrativo, ao dispor que diante da inexistência de competência legal específica, o processo administrativo deverá ser iniciado perante a autoridade de menor grau hierárquico para decidir. Essa regra, além de fixar diretriz geral para determinação de competência diante da inexistência ou omissão de lei especial sobre a questão, prestigiou o princípio da revisibilidade, pois, ao estatuir a competência da autoridade de menor nível hierárquico para decidir, possibilitou a interposição de recurso para a autoridade que lhe seja superior.

Também admite a Lei 9.784/1999 o funcionamento de dois órgãos distintos, um competente para a instrução do processo e outro para sua decisão, o que, nas palavras de Egon Bockmann Moreira, é "medida de todo saudável, vez que muitas vezes a Administração é 'parte' no processo. Ao transferir a competência decisória para outro órgão, a Lei 9.784/1999 prestigia a imparcialidade e a moralidade do processo administrativo".[20]

O princípio do julgador natural veda a criação de tribunais de exceção, que são tribunais sob encomenda, constituídos para o julgamento de determinado fato, a rigor depois de sua ocorrência.[21]

---

20. *Processo Administrativo: Princípios Constitucionais e a Lei 9.784/1999*, cit., p. 326.

21. Adverte Nelson Nery Junior que "não é raro ver-se na administração pública ofensa ao princípio constitucional do julgador natural com a formação de comissões sindicantes ou processantes constituídas *ex post facto*, caracterizando indiscutivelmente juízo de exceção. Essas comissões, nomeadas depois da ocorrência do fato, tanto podem ter sido formadas para proteger o sindicado ou processado como para prejudicá-lo, pois a autoridade nomeante pôde escolher o acusador e/ou julgador ad-

PRINCÍPIOS DE ÍNDOLE PROCESSUAL – PROCESSOS AMPLIATIVOS 187

A definição do julgador depois de conhecidos os fatos a serem objeto do processo, que merecerão exame e posterior decisão da Administração Pública, torna a autoridade suspeita de parcialidade. A exigência de anterioridade na definição dos servidores que terão a atribuição de processar o feito ganha especial relevo diante dos processos administrativos disciplinares, em que a comissão processante[22] é composta por servidores que atuam, via de regra, no mesmo órgão em que atua o indiciado. Assim, é bem possível que a constituição da comissão após a ocorrência do fato seja feita de forma a beneficiar ou prejudicar o interessado, tal qual seja o ânimo da autoridade competente para designar os respectivos membros, ocorrendo, de qualquer forma, infringência do princípio da impessoalidade, da isonomia e do julgador natural.[23]

A determinação prévia dos servidores que irão compor a comissão processante do processo administrativo disciplinar garante a imparcialidade no processamento do feito, bem como a independência do julgador em relação às partes envolvidas. Ao tratar do princípio do

ministrativo já tendo conhecimento do fato e/ou de quem foi o seu autor" (*Princípios do Processo na Constituição Federal...*, cit., p. 129).

22. À guisa de ilustração, cita-se a disciplina da Lei 8.112/1990: "Art. 149. O processo disciplinar será conduzido por comissão composta de três servidores estáveis designados pela autoridade competente, observado o disposto no § 3º do art. 143, que indicará, dentre eles, o seu presidente, que deverá ser ocupante de cargo efetivo superior ou de mesmo nível, ou ter nível de escolaridade igual ou superior ao do indiciado".

23. "Agravo regimental. Liminar. Mandado de segurança preventivo. Ato de demissão iminente e atual. Processo administrativo disciplinar. Policial federal. Art. 53, § 1º, da Lei 4.878/65. Comissão *ad hoc*. Nulidade. Liminar mantida. Agravo regimental a que se nega provimento. 1. No presente caso, o receio que fundamentou a impetração preventiva teve amparo no Relatório conclusivo da Comissão Processante, que sugeriu a cominação da pena de demissão ao impetrante, ora agravado. A irregularidade formal apontada no PAD consiste na formação de comissão disciplinar *ad hoc*, e não permanente, como determina a Lei 4878/65. 2. A Egrégia Terceira Seção do STJ, nos autos do MS 13.250-DF publicado no *DJU* de 2.2.2009, reforçou o entendimento de que a designação de Comissão Temporária para promover processo administrativo disciplinar contra servidor policial federal viola os princípios do juiz natural e da legalidade, a teor do art. 53, § 1º, da Lei 4.878/65, lei especial que exige a condução do procedimento por Comissão Permanente de Disciplina. 3. Agravo regimental a que se nega provimento" (STJ, Agravo Regimental no Mandado de Segurança 14.059-DF, rel. Min. Celso Limongi (desembargador convocado do TJ/SP), j. 13.5.2009, *DJe* 22.5.2009).

188   REGIME JURÍDICO DOS PROCESSOS ADMINISTRATIVOS

juiz natural, Romeu Felipe Bacellar Filho ensina que "a comissão deve ser permanente, para evitar que o administrador, ao seu talante, selecione os membros integrantes com o intuito preconcebido de absolver ou punir".[24]

O princípio do julgador natural, aplicável a qualquer espécie de processo administrativo, tem dupla conotação, uma positiva, que garante a todos os indivíduos o direito de ser submetido a julgamento por julgador competente, previamente definido nos termos da lei, e outra de índole negativa, que proíbe a constituição de julgador ou tribunal de exceção.

5.1.3 Princípio da revisibilidade

O princípio da revisibilidade, mais conhecido como "duplo grau de jurisdição", encontra posição bastante divergente na doutrina. A celeuma a respeito do princípio está em considerá-lo ou não um princípio constitucional e, mais precisamente, garantia conferida ao indivíduo pela Constituição da República promulgada em 1988.

A noção desse princípio, de forma bastante singela, tem como elemento central o direito a um novo julgamento de quem não se sente satisfeito com a decisão que lhe foi apresentada. A revisão da decisão recorrida deve ser feita por órgão diverso daquele que proferiu a decisão *a quo*, normalmente hierarquicamente superior a ele.

Na arguta lição de Elio Fazzalari, o signo grau refere-se a uma fase do processo que conduz a uma nova cognição e a uma nova pronúncia.[25] Oreste Nestor de Souza Laspro, cuidando do tema no processo civil, conceitua o duplo grau de jurisdição como o "sistema jurídico em que, para cada demanda, existe a possibilidade de duas decisões válidas e completas no mesmo processo".[26]

O princípio da revisibilidade tem como objetivo conferir à parte vencida a oportunidade de ter seu pleito reexaminado por julgador diverso daquele que o conheceu originariamente, de modo a permitir

---

24. *Direito Administrativo*, São Paulo, Saraiva, 2005, p. 88.
25. *Istituzioni di Diritto Processuale*, cit., p. 24.
26. *Duplo Grau de Jurisdição no Direito Processual Civil*, São Paulo, Ed. RT, 1995, p. 27.

PRINCÍPIOS DE ÍNDOLE PROCESSUAL – PROCESSOS AMPLIATIVOS 189

uma leitura diferente dos mesmos fatos, ou uma nova interpretação da mesma regra legal, ou, ainda, a correção da decisão que não tenha cumprido uma exigência legal, seja no tocante ao mérito, seja quanto ao procedimento.

Por isso, embora haja uma pequena discussão a respeito da necessidade de o órgão revisor da decisão original ser hierarquicamente superior ao que a proferiu, entendemos que basta a diversidade de órgão competente para que o princípio da revisibilidade reste satisfeito. Ainda que os julgadores *a quo* e *ad quem* estejam na mesma posição hierárquica, a simples distribuição de competências a órgãos diferentes já satisfaz a finalidade do princípio.

A questão que se põe ao tratarmos deste princípio é desvendar sua natureza, descobrir se se trata de garantia constitucional ou apenas da inexistência de vedação ao sistema recursal pela Constituição da República.

Ensina-nos a doutrina[27] que em nosso País apenas a Constituição do Império, de 1824, dispôs expressamente sobre o duplo grau de jurisdição como garantia do indivíduo.[28] Todas as demais Constituições dispensaram previsão análoga, tratando do tema dos recursos judiciais ao apresentar a organização judiciária e atribuir competência de conhecer e julgar recursos aos tribunais. A Constituição de 1988 seguiu essa mesma linha, deixando de fazer menção ao princípio do duplo grau de jurisdição.

Para Nelson Nery Junior, embora sutil, a diferença tem grande relevo, pois "não havendo garantia constitucional do duplo grau, mas mera previsão, o legislador infraconstitucional pode limitar o direito de recurso".[29-30]

Essa posição, como bem anota o Professor da Faculdade de Direito da Pontifícia Universidade Católica de São Paulo, não pode

27. Nesse sentido Nelson Nery Junior, *Princípios do Processo na Constituição Federal...*, cit., p. 280.
28. "Art. 158. Para julgar as Causas em segunda, e ultima instancia haverá nas Provincias do Imperio as Relações, que forem necessarias para commodidade dos Povos."
29. *Princípios do Processo na Constituição Federal...*, cit., p. 280.
30. No mesmo sentido é a posição de Oreste Nestor de Souza Laspro, *Duplo Grau de Jurisdição...*, cit., p. 172.

190   REGIME JURÍDICO DOS PROCESSOS ADMINISTRATIVOS

desconsiderar a disciplina dada ao tema pelo Pacto de São José da Costa Rica, de 1969, da qual o Brasil é signatário.[31] O tratado internacional prescreve que toda pessoa acusada de um delito tem direito a que se presuma sua inocência, enquanto não for legalmente comprovada sua culpa, sendo titular de garantias mínimas, dentre as quais o "direito de recorrer da sentença a juiz ou tribunal superior" (art. 8º, 2, 'h', do Pacto de São José da Costa Rica, de 22.11.1969).

Em conclusão, afirma Nelson Nery Junior que o duplo grau de jurisdição só existe como garantia absoluta no âmbito do processo penal.[32]

O Supremo Tribunal Federal já se manifestou mais de uma vez sobre esse tema, firmando posição no sentido de que o duplo grau de jurisdição não é garantia fundamental do indivíduo, ainda que considerada a disposição da norma internacional citada, já que esta, embora tenha sido incorporada pelo ordenamento jurídico brasileiro, o foi em hierarquia inferior à de norma constitucional, equivalente à lei ordinária, devendo, portanto, ser interpretada à luz da Lei Maior. Merece destaque, a esse respeito, a decisão proferida nos autos do Recurso Ordinário no *Habeas Corpus* 79.785-7.[33]

---

31. Nelson Nery Junior, *Princípios do Processo na Constituição Federal...*, cit., p. 282.

32. *Princípios do Processo na Constituição Federal...*, cit., p. 283.

33. "I – Duplo grau de jurisdição no Direito brasileiro, à luz da Constituição e da Convenção Americana de Direitos Humanos. 1. Para corresponder à eficácia instrumental que lhe costuma ser atribuída, o duplo grau de jurisdição há de ser concebido, à moda clássica, com seus dois caracteres específicos: a possibilidade de um reexame integral da sentença de primeiro grau e que esse reexame seja confiado a órgão diverso do que a proferiu e de hierarquia superior na ordem judiciária. 2. Com esse sentido próprio – sem concessões que o desnaturem – não é possível, sob as sucessivas Constituições da República, erigir o duplo grau em princípio e garantia constitucional, tantas são as previsões, na própria Lei Fundamental, do julgamento de única instância ordinária, já na área cível, já, particularmente, na área penal. 3. A situação não se alterou, com a incorporação ao Direito brasileiro da Convenção Americana de Direitos Humanos (Pacto de São José), na qual, efetivamente, o art. 8º, 2, *h*, consagrou, como garantia, ao menos na esfera processual penal, o duplo grau de jurisdição, em sua acepção mais própria: o direito de 'toda pessoa acusada de delito', durante o processo, 'de recorrer da sentença para juiz ou tribunal superior'. 4. Prevalência da Constituição, no Direito brasileiro, sobre quaisquer convenções internacionais, incluídas as de proteção aos direitos humanos, que impede, no caso, a pretendida aplicação da norma do Pacto de São José: motivação. II – A Constituição do Brasil e as convenções internacionais de proteção aos direitos humanos: prevalência da Cons-

PRINCÍPIOS DE ÍNDOLE PROCESSUAL – PROCESSOS AMPLIATIVOS 191

Importante salientar que a decisão comentada se deu por maioria de votos, tendo sido expressado pelo Ministro Carlos Velloso entendimento no sentido de que os direitos e garantias fundamentais reconhe-

tituição que afasta a aplicabilidade das cláusulas convencionais antinômicas. 1. Quando a questão – no estágio ainda primitivo de centralização e efetividade da ordem jurídica internacional – é de ser resolvida sob a perspectiva do juiz nacional – que, órgão do Estado, deriva da Constituição sua própria autoridade jurisdicional – não pode ele buscar, senão nessa Constituição mesma, o critério da solução de eventuais antinomias entre normas internas e normas internacionais; o que é bastante a firmar a supremacia sobre as últimas da Constituição, ainda quando esta eventualmente atribua aos tratados a prevalência no conflito: mesmo nessa hipótese, a primazia derivará da Constituição e não de uma apriorística força intrínseca da convenção internacional. 2. Assim como não o afirma em relação às leis, a Constituição não precisou dizer-se sobreposta aos tratados: a hierarquia está ínsita em preceitos inequívocos seus, como os que submetem a aprovação e a promulgação das convenções ao processo legislativo ditado pela Constituição e menos exigente que o das emendas a ela e aquele que, em consequência, explicitamente admite o controle da constitucionalidade dos tratados (CF, art. 102, III, *b*). 3. Alinhar-se ao consenso em torno da estatura infraconstitucional, na ordem positiva brasileira, dos tratados a ela incorporados, não implica assumir compromisso de logo com o entendimento – majoritário em recente decisão do STF (ADInMC 1.480) – que, mesmo em relação às convenções internacionais de proteção de direitos fundamentais, preserva a jurisprudência que a todos equipara hierarquicamente às leis ordinárias. 4. Em relação ao ordenamento pátrio, de qualquer sorte, para dar a eficácia pretendida à cláusula do Pacto de São José, de garantia do duplo grau de jurisdição, não bastaria sequer lhe conceder o poder de aditar a Constituição, acrescentando-lhe limitação oponível à lei como é a tendência do relator: mais que isso, seria necessário emprestar à norma convencional força ab-rogante da Constituição mesma, quando não dinamitadoras do seu sistema, o que não é de admitir. III – Competência originária dos Tribunais e duplo grau de jurisdição. 1. Toda vez que a Constituição prescreveu para determinada causa a competência originária de um Tribunal, de duas uma: ou também previu recurso ordinário de sua decisão (CF, arts. 102, II, *a*; 105, II, *a* e *b*; 121, § 4º, III, IV e V) ou, não o tendo estabelecido, é que o proibiu. 2. Em tais hipóteses, o recurso ordinário contra decisões de Tribunal, que ela mesma não criou, a Constituição não admite que o institua o direito infraconstitucional, seja lei ordinária seja convenção internacional: é que, afora os casos da Justiça do Trabalho – que não estão em causa – e da Justiça Militar – na qual o STM não se superpõe a outros Tribunais –, assim como as do Supremo Tribunal, com relação a todos os demais Tribunais e Juízos do País, também as competências recursais dos outros Tribunais Superiores – o STJ e o TSE – estão enumeradas taxativamente na Constituição, e só a emenda constitucional poderia ampliar. 3. À falta de órgãos jurisdicionais *ad qua*, no sistema constitucional, indispensáveis a viabilizar a aplicação do princípio do duplo grau de jurisdição aos processos de competência originária dos Tribunais, segue-se a incompatibilidade com a Constituição da aplicação no caso da norma internacional de outorga da garantia invocada" (Recurso Ordinário em *Habeas Corpus* 79.785, rel Min. Sepúlveda Pertence, j. 29.3.2000, *DJ* 22.11.2002, p. 57).

192 REGIME JURÍDICO DOS PROCESSOS ADMINISTRATIVOS

cidos em tratados internacionais de que o País seja signatário, que tenham ingressado no Direito interno nos termos do art. 5º, § 2º, da Constituição da República, ganham *status* de normas constitucional. Assim, o duplo grau de jurisdição tem de ser reconhecido como garantia fundamental, tendo em vista a inexistência de proibição da Lei Maior aos recursos e a possibilidade de com essa interpretação prestar obséquio a um direito fundamental.

Fazemos coro com a posição manifestada pelo insigne Ministro Carlos Velloso. A Constituição Federal de 1988 trouxe em suas entrelinhas inúmeros princípios implícitos, cujo conteúdo é apreendido do arcabouço constitucional, e expressamente consignou, no § 2º do art. 5º, que os direitos e garantias fundamentais arrolados no Texto não excluem outros decorrentes do regime e dos princípios constitucionais.

Não há como negar, a nosso ver, e com o devido respeito à posição divergente, que o princípio da revisibilidade se apresenta no ordenamento positivado como decorrência do princípio do devido processo legal, do contraditório e da ampla defesa, todos explícitos no Texto Constitucional.

Não é plausível o argumento de que a Constituição afasta referido princípio quando estatui a competência originária dos tribunais, como acontece com o Supremo Tribunal Federal no julgamento da ação direta de inconstitucionalidade e ação declaratória de constitucionalidade de lei ou ato normativo federal ou estadual e demais matérias previstas no art. 102, I, da Lei Maior. A exceção não infirma a regra.

Há ainda quem sustente, a favor desse princípio, a expressa menção a recursos feita pelo dispositivo do art. 5º, LV, da Constituição, ao cuidar da ampla defesa. Nessa linha de raciocínio, o vocábulo "recursos" constante do enunciado tem o significado de garantia de reexame da decisão de primeiro grau.[34]

O princípio da revisibilidade, aplicado tanto aos processos judiciais como aos administrativos é, a nosso ver, princípio constitucional

---

34. Esse é o entendimento adotado por Celso Antônio Bandeira de Mello (*Curso de Direito Administrativo*, cit., p. 115), Sérgio Ferraz e Adilson Abreu Dallari (*Processo Administrativo*, cit., p. 112) e Cármen Lúcia Antunes Rocha ("Princípios constitucionais do processo administrativo...", cit., p. 24).

PRINCÍPIOS DE ÍNDOLE PROCESSUAL – PROCESSOS AMPLIATIVOS   193

implícito que assegura aos indivíduos, em processo judicial ou administrativo, a possibilidade de uma nova apreciação e decisão diante de outra que não lhe pareça adequada.

A Lei federal de Processo Administrativo dedicou um capítulo integralmente à disciplina dos recursos administrativos (arts. 56 *usque* 65), prevendo sua tramitação por, no máximo, três instâncias administrativas, salvo disposição em lei especial em sentido contrário. Tratou ainda da forma para interposição do apelo, das pessoas legitimadas para fazê-lo, do prazo e da competência para decidir e impôs o efeito devolutivo como o precípuo dessa espécie recursal.[35]

Ao cuidar da competência para julgamento do recurso administrativo, a Lei 9.784/1999 a atribuiu à própria autoridade que proferiu a decisão recorrida e àquela que lhe for imediatamente superior, restando claro ter eleito o recurso hierárquico como o apelo disponível sempre que houver uma autoridade hierarquicamente superior à que detém a competência originária para cuidar da matéria.

Não vemos incongruência entre o disposto no art. 56, § 1º,[36] e no art. 64[37] da Lei federal de Processo Administrativo, uma vez que a regra legal determina seja o recurso interposto perante a autoridade que proferiu a decisão combatida, que gozará do prazo de cinco dias para fazer um juízo de retratação. Na hipótese de essa autoridade reconsiderar os fatos e argumentos e dar provimento ao apelo, este terá seu processamento encerrado, caso contrário, será encaminhado

35. "Recurso administrativo – efeito. Segundo o art. 61 da Lei n. 9.784, de 29 de janeiro de 1999, 'salvo disposição legal em contrário, o recurso administrativo não tem efeito suspensivo'. A regra incide em se tratando de processo administrativo para desapropriação que vise ao implemento da reforma agrária. Desapropriação – interesse social – decreto – oportunidade e alcance. A ausência de eficácia suspensiva do recurso administrativo viabiliza a edição do decreto desapropriatório no que apenas formaliza a declaração de interesse social, relativamente ao imóvel, para efeito de reforma agrária, decorrendo a perda da propriedade de decisão na ação desapropriatória, não mais sujeita, na via recursal, a alteração" (STF, Mandado de Segurança 24.163, rel. Min. Marco Aurélio, j. 13.8.2003, *DJ* 19.9.2003, p. 16).

36. "Art. 56. Das decisões administrativas cabe recurso, em face de razões de legalidade e de mérito. § 1º O recurso será dirigido à autoridade que proferiu a decisão, a qual, se não a reconsiderar no prazo de cinco dias, o encaminhará à autoridade superior."

37. "Art. 64. O órgão competente para decidir o recurso poderá confirmar, modificar, anular ou revogar, total ou parcialmente, a decisão recorrida, se a matéria for de sua competência."

194 REGIME JURÍDICO DOS PROCESSOS ADMINISTRATIVOS

à autoridade superior, que apreciará a matéria, emitindo a decisão em grau de recurso.

A sistemática adotada pela Lei 9.784/1999 repete a disciplina conferida pela Lei Federal de Licitações e Contratos – Lei 8.666/1993 – aos recursos administrativos,[38] que também contempla a possibilidade de retratação da autoridade que proferiu a decisão recorrida antes do exame pela autoridade superior.

A questão impõe uma nova abordagem nos casos em que o processo for iniciado perante autoridade do mais alto nível hierárquico do órgão ou entidade. Nessa circunstância, caberá ao administrado valer-se do pedido de reconsideração, para levar a mesma autoridade a fazer nova apreciação, o que poderá resultar na reforma da decisão combatida. Na hipótese de não lograr êxito, restará, como ademais em todas as outras situações, socorrer-se das vias judiciais.

O Diploma Processual Federal vaticinou a impossibilidade de exigir caução para a interposição do recurso administrativo, admitindo, no entanto, a restrição se amparada por disposição legal especial. Embora não seja esse diploma legal o fundamento utilizado pelo Supremo Tribunal Federal, o fato é que após a edição da referida Lei, aquela Corte firmou entendimento no sentido da inconstitucionalidade da exigência de depósito prévio como condição para recorrer, vendo na restrição obstáculo ilegal à ampla defesa nos processos administrativos.[39]

O princípio da revisibilidade informa o regime jurídico tanto dos processos administrativos ampliativos como dos restritivos de direito. Basta a existência de uma decisão, proferida em sede administrativa, para que o princípio produza seus efeitos, garantindo a reapreciação da matéria, no tocante às questões de procedimento, legalidade e mé-

---

38. "Art. 109. Dos atos da Administração decorrentes da aplicação desta Lei cabem: (...) § 4º. O recurso será dirigido à autoridade superior, por intermédio da que praticou o ato recorrido, a qual poderá reconsiderar sua decisão, no prazo de 5 (cinco) dias úteis, ou, nesse mesmo prazo, fazê-lo subir, devidamente informado, devendo, neste caso, a decisão ser proferida dentro do prazo de 5 (cinco) dias úteis, contado do recebimento do recurso, sob pena de responsabilidade."

39. Nesse sentido ver Recurso Extraordinário 389.383, rel. Min. Marco Aurélio, j. 28.3.2007, *DJ* 29.6.2007, p. 31; Medida Cautelar em Ação Cautelar 1.887, rela. Min. Cármen Lúcia, j. 29.4.2008, *DJ* 1.8.2008, p. 203 e Recurso Extraordinário 388.359, rel. Min. Marco Aurélio, j. 28.3.2007, *DJ* 22.6.2007, p. 17.

PRINCÍPIOS DE ÍNDOLE PROCESSUAL – PROCESSOS AMPLIATIVOS   195

rito, ainda que seja por meio do manuseio pelo interessado do pedido de reconsideração ou do denominado recurso impróprio, que, segundo as lições de Diogenes Gasparini, é o recurso "dirigido a órgão ou autoridade estranha à hierarquia da que expediu o ato recorrido".[40]

5.1.4 Princípio da verdade material

Colhemos na doutrina a lição que nos ensina ser o processo administrativo regido pelo princípio da verdade material, que também preside o regime jurídico do processo penal, em oposição ao princípio da verdade formal, peculiar ao processo civil.[41]

O princípio da verdade material impõe ao julgador uma posição ativa na coleta de informações e provas aptas a elucidar os fatos, diante da inércia ou da atuação insuficiente do interessado. Para Celso Antônio Bandeira de Mello, "a Administração, ao invés de ficar restrita ao que as partes demonstrarem no procedimento, deve buscar aquilo que é realmente a verdade, com prescindência do que os interessados hajam alegado e provado".[42]

O princípio da verdade formal, por sua vez, deixa ao encargo das partes do processo a obtenção de todo o conjunto probatório, que deverá ser apresentado apenas para a apreciação do julgador. A posição ocupada pelo magistrado na fase de instrução dos processos adstritos à verdade formal é passiva, uma vez que lhe é vedada a busca de elementos que possam ser úteis para o deslinde da questão. É no princípio da verdade formal que se apoia o brocardo *quod non est in actis non est in mundo*, ou seja, o que não está nos autos não está no mundo.

No campo do processo administrativo, a autoridade competente para instruir o processo não está limitada aos elementos colacionados pelo interessado nos autos; tem, outrossim, competência para determinar a realização de provas e buscar, por si, todos os dados que possam influir no seu convencimento.[43] É dever do agente público, atuando no

---

40. *Direito Administrativo*, cit., p. 971.
41. Conforme Lúcia Valle Figueiredo (*Curso de Direito Administrativo*, cit., p. 450).
42. *Curso de Direito Administrativo*, cit., p. 504.
43. "Recurso ordinário. PROCON. Decisão administrativa que comina multa e inscreve fornecedora em cadastro de proteção ao consumidor. Apresentação de

196 REGIME JURÍDICO DOS PROCESSOS ADMINISTRATIVOS

processo administrativo, procurar a verdade dos fatos, independentemente de o interessado dar-se por satisfeito.[44]

A busca pela verdade real está intimamente ligada ao princípio da indisponibilidade do interesse público, a ponto de determinar que mesmo diante do desinteresse daquele que requereu a instauração do processo em provar os fatos alegados ou apresentar argumentos que sustentem seu pleito, a Administração estará compelida a agir de forma a assegurar a produção da decisão mais adequada para o interesse público.[45]

---

justificativas antes mesmo da decisão. Termo de acordo celebrado entre consumidora e fornecedora. Princípio da razoabilidade e verdade material. 1. A par da circunstância de ter apresentado os esclarecimentos antes mesmo da decisão administrativa proferida pelo PROCON-PR (fls.), ainda assim a ora recorrente foi multada e inscrita no cadastro de proteção ao consumidor. (...) 2. A despeito do fenômeno da preclusão administrativa não ter recebido o devido tratamento legislativo, a teor do que ensinam Adilson Abreu Dallari e Sérgio Ferraz (*Processo Administrativo*. São Paulo: Malheiros, 2003, pp. 42-43), nada obstaria que o PROCON considerasse que a pretensão da consumidora foi substancialmente satisfeita com o acordo por ela proposto à fornecedora. 3. Ignorar, no âmbito do processo administrativo, a força normativa do princípio da razoabilidade, enquanto mecanismo viabilizador do controle dos atos administrativos, significa incorrer, a rigor, em afronta ao próprio princípio da legalidade. (...) 4. Não bastasse a invocação do princípio da razoabilidade, poderia ainda ser invocado o princípio da verdade material como forma de dirimir a pretensão mandamental e refutar a equivocada premissa da juntada intempestiva do termo de acordo. (...). 6. Recurso ordinário provido" (STJ, Recurso Ordinário em Mandado de Segurança 12.105-PR, rel. Min. Franciulli Netto, j. 3.3.2005, *DJ* 20.6.2005 p. 174).

44. "Por aplicación de este principio, el órgano administrativo en el procedimiento administrativo debe ajustarse a los hechos, prescindiendo de que ellos hayan sido alegados y probados por el administrado. Esto es así, por cuanto la decisión administrativa no puede depender del aporte de las pruebas que realice el administrado. Carece de valor que, en el procedimiento administrativo, el interesado por conveniencia personal acepte como real un hecho o circunstancia que no sucedió o que omita mencionar situaciones fácticas que efectivamente se produjeron, pues es la Administración la que debe esclarecer hechos, circunstancias y condiciones, precisándolos para luego decidir conforme a ello" (Miriam M. Ivanega, "Principios del procedimiento administrativo: informalismo, instrucción de oficio y verdad material", in Juan Carlos Cassagne, *Procedimiento y Processo Administrativo*, Buenos Aires, Abeledo-Perrot, 2005, p. 74).

45. Na valiosa lição de Agustín Gordillo, "la decisión administrativa debe ser independiente de la voluntad de las partes" (*Tratado de Derecho Administrativo*, cit., t. 2, p. IX-41).

PRINCÍPIOS DE ÍNDOLE PROCESSUAL – PROCESSOS AMPLIATIVOS 197

É essa a disposição da Lei Federal de Processo Administrativo, conforme dicção dos arts. 36 e 37, que atribuem, respectivamente, à Administração Pública o dever pela instrução do processo e pela obtenção, de ofício, de documentos registrados no próprio ou em outro órgão integrante da Administração.

A busca pela verdade real não pode, em razão das condicionantes de efetividade e duração razoável do processo, impor ao órgão administrativo responsável pela sua condução atuação demasiadamente extensa na tentativa de realizar diligência ou obter prova que não seja de grande valia para o resultado do processo. A busca pela verdade real exige da Administração Pública uma atuação consentânea com os fins do processo, razão pela qual a decisão em dar por encerrada a fase instrutória deverá orientar-se pelos princípios da razoabilidade e da finalidade.

Impende salientar que o princípio da verdade material não permite que o julgador, no momento de proferir a decisão, desprenda-se dos elementos colacionados aos autos e forme sua convicção com elementos que não sejam conhecidos pelo interessado.

Se, por um lado, a Administração Pública tem o dever-poder de perseguir a verdade real, valendo-se para tanto de fatos e provas que sejam de conhecimento público, que estejam instrumentalizados em autos de outro processo administrativo ou que tenham registro em algum órgão público ou particular, por outro, a ela é imputado o dever de reduzir a termo as informações obtidas e inseri-las nos autos do processo administrativo em questão, bem como anexar as provas encontradas, trazendo para o interior do processo aquilo que foi encontrado fora dele, mas que será levado em consideração no momento de proferir a decisão.

A Lei 9.784/1999 sinaliza para essa obrigação ao determinar que, se houver reuniões conjuntas, com a participação de representantes do órgão responsável pelo processo e outros órgãos ou entidades administrativas, o teor do encontro deve ser documentado por meio de ata que será juntada ao processo. O objetivo da prescrição feita pelo art. 35 da referida Lei é, certamente, garantir o acesso do interessado ao conteúdo dos argumentos e conclusões obtidas nessas reuniões.

Não há como negar que os elementos e provas coletados pela Administração devem ser internalizados pelo processo administrativo e

198   REGIME JURÍDICO DOS PROCESSOS ADMINISTRATIVOS

comunicados ao interessado, que deles deverá ter ciência para que possa contraditá-los, se assim o desejar.[46]

Os interessados no processo não podem ser surpreendidos, no momento da decisão, com informações que não tenham tido a oportunidade de conhecer e sobre elas se manifestar na fase instrutória do processo. Afronta o princípio do contraditório a decisão administrativa que se sustenta em elementos desconhecidos pelo indivíduo interessado no processo.

Não obstante o princípio da verdade material autorize, durante a fase instrutória, trazer aos autos do processo administrativo provas independentemente da vontade ou iniciativa do interessado, destinatário do ato final, a decisão não pode apoiar-se em elementos externos ao processo, uma vez que apenas os elementos conhecidos e que foram objeto da possibilidade de amplo contraditório podem delinear a decisão final.

Ao fim da instrução, quando o agente público convencer-se de que coletou todas as provas possíveis, trazendo-as aos autos, ou, ainda que existam outras, estiver certo de que o resultado do processo não seria diferente, diante da suficiência do conjunto probatório, deverá efetuar o julgamento, considerando todos os elementos constantes do processo, os quais deverão compor a motivação do ato conclusivo.

A verdade material é princípio que preside tanto os processos ampliativos como os restritivos de direito, já que em qualquer caso a Administração está jungida a procurar a realidade dos fatos, esclarecendo-os e com eles lidando de modo a melhor atender o interesse público que tutela.

Não há no processo administrativo efeitos da revelia como existe no processo civil, em que a ausência de contestação dos fatos por parte do réu torna-os verdadeiros para os fins do processo. A Lei 9.784/1999 prescreve que "o desatendimento da intimação não importa o reconhecimento da verdade dos fatos, nem a renúncia ao direito pelo administrado" (art. 27), eliminando qualquer dúvida sobre a aplicação do princípio da verdade material aos processos administrativos.

---

46. Com a propriedade que lhe é peculiar, Agustín Gordillo adverte para essa necessidade: "su introducción, claro está, debe hacerse documentalmente al expediente, dando traslado al particular a los efectos de que puede ejercer el necesario control sobre esa prueba" (*Tratado de Derecho Administrativo*, t. 2, p. IX-41).

PRINCÍPIOS DE ÍNDOLE PROCESSUAL – PROCESSOS AMPLIATIVOS 199

5.1.5 Princípio do formalismo moderado

O princípio do formalismo moderado, denominado por alguns doutrinadores como informalismo,[47] deve ser muito bem compreendido para que não conduza à inobservância de garantias afetas ao administrado.

Sensíveis a essa necessidade, Sérgio Ferraz e Adilson Abreu Dallari salientam que o princípio seria mais bem identificado "pela designação 'informalidade em favor do administrado', pois é este o titular da garantia da forma, sendo que somente em seu benefício pode haver alguma informalidade".[48]

Como bem anotou Rudolf von Ihering, em célebre frase que sintetiza a importância do atendimento a certas formalidades, "a forma é a inimiga jurada do arbítrio e irmã gêmea da liberdade".[49]

A forma no processo representa verdadeira garantia das partes, que têm a segurança de não serem julgadas e de não ser executada a decisão antes que lhes seja dada ciência dos fatos que lhes são imputados, com a oportunidade de sobre eles se manifestarem, inclusive com a produção de provas.

O formalismo processual confere aos interessados previsibilidade do procedimento, revelando paulatinamente a formação da convicção do julgador, de modo que, na etapa final, quando é efetivamente apresentada a decisão, pouca ou nenhuma surpresa haverá. O formalismo apresenta-se como barreira à atuação arbitrária do julgador, que fica condicionado ao cumprimento dos ritos previamente estabelecidos por lei.

A decisão final só pode resultar do trabalho conjunto e ordenado de todos os sujeitos do processo. Aliás, a ideia de processo compreende a de procedimento, sucessão encadeada de atos. Assim, não há como propugnar por um processo livre de formalidades.

As considerações ora feitas permitem verificar ser o princípio do formalismo processual elemento que dá sustentação tanto à efetivida-

---

47. Nesse sentido Agustín Gordillo (*Tratado de Derecho Administrativo*, cit., t. 2, p. IX-22).

48. *Processo Administrativo*, cit., p. 102.

49. *L'Esprit du droit romain dans les diverses phases de Développement*, vol. I, 3ª ed., Paris, Librairie Maresco Ainé, 1887, p. 84 (tradução livre).

REGIME JURÍDICO DOS PROCESSOS ADMINISTRATIVOS

de como à segurança do processo. No entanto, não se pode dar à forma importância tal que faça a finalidade sucumbir diante dela.

Para que o processo cumpra a finalidade que lhe é própria, o formalismo deve ser moderado, comedido, de modo a não transformar o processo em um fim em si mesmo, mas, sim, preservar-lhe a natureza de meio de solução de uma controvérsia ou de satisfação de uma pretensão.

As formas processuais cogentes devem ser de expressão finalística, subordinadas de modo instrumental às finalidades do processo administrativo, de modo a impedir a prosperidade de um modelo processual rico em forma e pobre em conteúdo.

No processo administrativo, onde a presença de advogado não é condição *sine qua non* para sua instauração, o princípio do formalismo moderado reveste-se de maior importância, uma vez que os requerimentos, petições, provas, recursos, contrarrazões, enfim, todos os atos processuais são praticados por pessoas de quem não se exige o conhecimento dos meandros das regras processuais e que, não raras vezes, apresentam dificuldade em compreender e satisfazer as exigências postas.

O processo administrativo deve ter formas simples que possam ser compreendidas pelo mais simplório dos indivíduos, porque, em regra, é ele que se valerá dessa via, sem necessariamente o assessoramento de um profissional da área jurídica, para requerer a satisfação de uma pretensão ou defender-se de fatos que lhe sejam imputados.

O que se quer com esse princípio é que a Administração Pública não se atenha demasiadamente à forma em detrimento da finalidade do processo. Admite-se, assim, que pequenas incorreções procedimentais sejam relevadas, sempre que não restar configurado qualquer prejuízo às partes do processo e ao interesse público.[50]

---

50. Mais uma vez são oportunas as palavras de Sérgio Ferraz e Adilson Dallari: "O *princípio da informalidade* significa que, dentro da lei, sem quebra da legalidade, pode haver dispensa de algum requisito formal, sempre que sua ausência não prejudicar terceiros nem comprometer o interesse público. Um direito não pode ser negado em razão da inobservância de alguma formalidade instituída para garanti-lo desde que o interesse público almejado tenha sido atendido" (*Processo Administrativo*, cit., p. 102).

PRINCÍPIOS DE ÍNDOLE PROCESSUAL – PROCESSOS AMPLIATIVOS 201

O princípio do formalismo moderado deu azo à criação da teoria da falha formal, que propugna pela validade dos processos administrativos em que tenha ocorrido o desatendimento de uma exigência formal inapta para macular o conteúdo do ato. A falha formal, nesse contexto, decorre única e exclusivamente da falibilidade humana e não compromete a substância do ato.

Os Tribunais Superiores[51] e o Tribunal de Contas da União[52] têm jurisprudência consolidada acerca da inaptidão das falhas formais para invalidar o processo administrativo, reconhecendo que sua revelação prestigia o princípio da finalidade. Nesses termos, o desfazimento de um processo administrativo por vício formal ocorrerá somente quando este houver atingido forma essencial que reflita diretamente no conteúdo de uma das garantias conferidas ao administrado pela Constituição da República e pela lei processual aplicável à espécie.

O princípio do formalismo moderado só pode ser invocado a favor do administrado. Sua aplicação fica adstrita às formalidades não essenciais do processo que permitem sua superação sem afrontar qualquer direito do particular. A aplicação desse princípio exige do aplicador a consideração dos ditames da razoabilidade e da finalidade, que orientam a direção a seguir, isto é, se é possível, à luz do Direito posto, a desconsideração de formalidade que não se apresente essencial para os objetivos do processo, ou se, ao invés, a formalidade em vista destina-se a viabilizar uma garantia ao administrado e, *ipso facto*, não pode ser dispensada.

---

51. "Administrativo – Princípio do informalismo – Processo. I – O processo administrativo goza do princípio do informalismo, o qual dispensa procedimento rígido ou rito específico. II – não configura nulidade, *ab initio*, o fato da instauração iniciar-se através de resolução em substituição a portaria. Exigir a lavratura de portaria para abertura do inquérito administrativo é formalismo desnecessário. III – depoimentos coligidos pela comissão processante constituem prova suficiente a embasar a penalidade. IV – recurso improvido" (STJ, Recurso Ordinário em Mandado de Segurança 2.670-PR, rel. Min. Pedro Acioli, j. 24.6.1994, *DJ* 29.8.1994 p. 22.217).

52. "Súmula 142: Cabe a baixa na responsabilidade e o arquivamento do processo quando, nas contas de ordenador de despesa, dirigentes ou administrador de entidade ou qualquer outra pessoa sob a jurisdição do Tribunal de Contas da União, for apurada infringência de disposição legal ou regulamentar aplicável ou verificada irregularidade de caráter formal, que não permita o julgamento pela regularidade e quitação, ou, tampouco – por não ser suficientemente grave ou individualizada – a conclusão pela irregularidade e cominação da multa prevista em lei."

202   REGIME JURÍDICO DOS PROCESSOS ADMINISTRATIVOS

A Lei federal de Processo Administrativo contemplou o princípio do formalismo moderado de forma implícita, ao estabelecer, no art. 2º, parágrafo único, que os processos cumprirão, entre outros, os critérios de "observância das formalidades essenciais à garantia dos direitos dos administrados" (inciso VIII) e "adoção de formas simples, suficientes para propiciar adequado grau de certeza, segurança e respeito aos direitos dos administrados" (inciso IX).

Em outras passagens, a Lei 9.784/1999 reitera a adoção do princípio do formalismo moderado, como ao tratar do início do processo,[53] da forma a ser adotada[54] e da interposição de recursos.[55]

O princípio do formalismo moderado tem aplicação tanto aos processos administrativos ampliativos como aos restritivos de direito, ressalvados, no entanto, os processos concorrenciais, em que há a disputa de mais de um particular, como ocorre nos concursos públicos e nas licitações.

Assevera Celso Antônio Bandeira de Mello que a regência dos processos concorrenciais por esse princípio "afetaria a garantia da igualdade dos concorrentes".[56]

Nos processos concorrenciais, a forma reveste-se em garantia da mais alta importância, de modo a impedir que a Administração Pública se afaste das condições que inicialmente estabeleceu, em prestígio de certos particulares e em detrimento dos demais.

É por esta razão que ao elaborar o instrumento convocatório do certame licitatório, mais precisamente no momento de fixar as exigências para apresentação dos documentos e da proposta, o órgão ou entidade administrativa deve atentar para os limites estabelecidos em lei e considerar o escopo da licitação que realiza, de modo a não fazer

---

53. "Art. 6º. (...). Parágrafo único. É vedada à Administração a recusa imotivada de recebimento de documentos, devendo o servidor orientar o interessado quanto ao suprimento de eventuais falhas."

54. "Art. 22. Os atos do processo administrativo não dependem de forma determinada senão quando a lei expressamente a exigir."

55. "Art. 63. O recurso não será conhecido quando interposto: I – fora do prazo; II – perante órgão incompetente; III – por quem não seja legitimado; IV – após exaurida a esfera administrativa. § 1º. Na hipótese do inciso II, será indicada ao recorrente a autoridade competente, sendo-lhe devolvido o prazo para recurso."

56. *Curso de Direito Administrativo*, cit., p. 505.

PRINCÍPIOS DE ÍNDOLE PROCESSUAL – PROCESSOS AMPLIATIVOS

exigências inúteis, pois tudo que for estatuído no edital deverá ser fielmente cumprido pelas partes, incluindo a Administração.[57]

A dispensa de cumprimento de certos requisitos, no curso do processo licitatório, pode implicar ofensa à igualdade entre os competidores, acarretando descumprimento de um dos princípios regentes da disputa e de sua finalidade, conforme prescrito pelo art. 3º da Lei Federal de Licitações e Contratos.[58]

Não obstante esse seja o entendimento que mais prestigia a natureza dos processos concorrenciais, em que a garantia absoluta da igualdade é o grande desafio da Administração Pública, entendemos que, em situações excepcionais, nas quais reste cabalmente demonstrado que a ausência de atendimento de um requisito formal em nada prejudica a verificação da aptidão da licitante ou a vantajosidade de sua proposta, a Administração pode orientar-se pelo princípio do formalismo moderado, sobrepondo a finalidade à forma.

Essa tem sido a linha trilhada pelos Tribunais pátrios,[59] apoiada em abalizada doutrina sobre a matéria.[60]

---

57. O art. 41 da Lei 8.666/1993 enuncia o conteúdo do princípio da vinculação ao instrumento convocatório, pelo qual a Administração e os licitantes acham-se estritamente vinculados às normas e condições estabelecidas no edital.
58. "Art. 3º. A licitação destina-se a garantir a observância do princípio constitucional da isonomia e a selecionar a proposta mais vantajosa para a Administração (...)."
59. "Licitação: irregularidade formal na proposta vencedora que, por sua irrelevância, não gera nulidade" (STF, Recurso Ordinário em Mandado de Segurança 23.714, rel. Min. Sepúlveda Pertence, j. 5.9.2000, *DJ* 13.10.2000, p. 226); "Mandado de segurança. Administrativo. Licitação. Proposta técnica. Inabilitação. Arguição de falta de assinatura no local predeterminado. Ato ilegal. Excesso de formalismo. Princípio da razoabilidade. 1. A interpretação dos termos do Edital não pode conduzir a atos que acabem por malferir a própria finalidade do procedimento licitatório, restringindo o número de concorrentes e prejudicando a escolha da melhor proposta. 2. O ato coator foi desproporcional e desarrazoado, mormente tendo em conta que não houve falta de assinatura, pura e simples, mas assinaturas e rubricas fora do local preestabelecido, o que não é suficiente para invalidar a proposta, evidenciando claro excesso de formalismo. Precedentes. 3. Segurança concedida" (STJ, Mandado de Segurança 5.869-DF, rela. Min. Laurita Vaz, j. 11.9.2002, *DJ* 7.10.2002, p. 163). No mesmo sentido são as decisões do Superior Tribunal de Justiça proferidas nos autos do Recurso Especial 797.179-MT, rela. Min. Denise Arruda, j. 19.10.2006, *DJ* 7.11.2006, p. 253; Recurso em Mandado de Segurança 15.530-RS, rela. Min. Eliana Calmon, j. 14.10.2003, *DJ* 1.12.2003, p. 294 e Mandado de Segurança 5.631-DF, rel. Min. José Delgado, j. 13.5.1998, *DJ* 17.8.1998, p. 7).
60. Nessa direção Diogenes Gasparini, *Direito Administrativo*, cit., p. 496.

204   REGIME JURÍDICO DOS PROCESSOS ADMINISTRATIVOS

Pode-se perceber que o princípio do formalismo moderado vem, paulatinamente, ganhando terreno também no campo dos processos concorrenciais. O importante é que ele, nessa esfera, não avance a ponto de, em retrocesso à história, ao invés de prestigiar a finalidade em detrimento da forma, passar a dar ensejo à arbitrariedade.

5.1.6 Princípio da proibição da "reformatio in pejus"

O princípio da proibição da *reformatio in pejus* consiste na vedação de agravamento da decisão quando da prolação de novo juízo em grau de recurso. A limitação imposta impede que a parte do processo que se valeu do recurso tenha sua situação piorada em razão do apelo que interpôs, mas não proíbe que, em sendo reconhecida a procedência do recurso manejado por uma das partes no processo, a outra parte tenha de suportar consequências negativas.

O princípio tem raiz no Direito Processo Penal, campo no qual a vedação da *reformatio in pejus* é intensa e salvaguarda o réu recorrente de qualquer piora em sua situação no processo.[61]

No processo penal, a vedação da *reformatio in pejus* em recurso exclusivo da defesa tem três pilares que lhe conferem sustentação. O primeiro refere-se à impossibilidade de o órgão competente para julgar a matéria em grau recursal pronunciar-se em desconformidade com o postulado no apelo, consagrando a proibição de o julgamento ir além dos limites do pedido apresentado no recurso. O segundo fundamento está no princípio constitucional do contraditório, uma vez que, se fosse admitido o agravamento da decisão para o recorrente, ter-se-ía de garantir-lhe a oportunidade de aduzir os argumentos que fossem de seu interesse antes da prolação da decisão do recurso, sob pena de ofensa ao citado princípio. O terceiro e último sustentáculo da proibição da *reformatio in pejus* está na distribuição de atribuições do sistema acusatório adotado pelo ordenamento jurídico brasileiro, no qual as tarefas de acusar, defender e julgar foram repartidas a órgãos diferentes, sendo vedado ao magistrado decidir em um sentido para o qual não tenha sido provocado.[62]

---

61. CPP, "Art. 617. O tribunal, câmara ou turma atenderá nas suas decisões ao disposto nos arts. 383, 386 e 387, no que for aplicável, não podendo, porém, ser agravada a pena, quando somente o réu houver apelado da sentença".
62. Para Fernando da Costa Tourinho Filho, "não há alguém postulando a exasperação da pena – pelo contrário até –, como poderia o juízo *ad quem* fazê-lo? Assim,

PRINCÍPIOS DE ÍNDOLE PROCESSUAL – PROCESSOS AMPLIATIVOS

O princípio ganha novos contornos no campo do processo administrativo, sendo inútil transportar os fundamentos utilizados no processo penal para essa seara, dada a gigantesca diferença existente entre elas.

A extensão do princípio aos processos administrativos encontra certa divergência na doutrina. Para alguns, o princípio compõe o rol daqueles que integram o regime jurídico dos processos administrativos;[63] outros, por sua vez, não dedicam tratamento ao tema;[64] uma terceira corrente defende a aplicação desse princípio aos processos administrativos sancionadores, dada a similaridade com o Direito Penal.[65]

Acreditamos que a vedação de reforma da decisão recorrida para piorar a situação do recorrente é princípio que encontra fundamento no sobreprincípio do devido processo legal e, portanto, tem *status* de princípio constitucional implícito, não sendo admissível a restrição dessa garantia por lei infraconstitucional, seja no âmbito do processo judicial, seja no tocante ao processo administrativo.[66]

A aplicação do princípio da vedação da *reformatio in pejus* ao processo administrativo deve ser examinada a partir do disposto nos arts. 64[67] e 65[68] da Lei 9.784/1999.

---

a proibição da *reformatio in pejus* é consequência lógica do sistema acusatório" (*Processo Penal*, vol. 4, São Paulo, Saraiva, 2002, p. 404).

63. Nesse sentido Lúcia Valle Figueiredo, *Curso de Direito Administrativo*, cit., p. 455.

64. Conforme Celso Antônio Bandeira de Mello, *Curso de Direito Administrativo*, cit., pp. 501-505.

65. Essa é a posição de Sérgio Ferraz e Adilson Abreu Dallari, *Processo Administrativo*, cit., p. 196.

66. Comungamos do entendimento exposto por Regis Fernandes de Oliveira: "dedutível também dos princípios constitucionais que dão sustentação à posição dos que são acusados perante a Administração Pública é a inadmissibilidade de julgamento que possa piorar a situação do administrado quando apenas ele for o recorrente. Se o recurso é, como se viu, garantia do particular, nenhum sentido jurídico teria que pudesse o superior hierárquico, ou outro órgão colegiado competente para decidir, aumentar a pena imposta em primeiro grau" (*Infrações e Sanções Administrativas*, 2ª ed. rev. atual. ampl., São Paulo, Ed. RT, 2005, p. 129).

67. "Art. 64. O órgão competente para decidir o recurso poderá confirmar, modificar, anular ou revogar, total ou parcialmente, a decisão recorrida, se a matéria for de sua competência. Parágrafo único. Se da aplicação do disposto neste artigo puder decorrer gravame à situação do recorrente, este deverá ser cientificado para que formule suas alegações antes da decisão."

68. "Art. 65. Os processos administrativos de que resultem sanções poderão ser revistos, a qualquer tempo, a pedido ou de ofício, quando surgirem fatos novos ou

206 REGIME JURÍDICO DOS PROCESSOS ADMINISTRATIVOS

O disposto no art. 64 e seu parágrafo único deve ser interpretado à luz da Constituição da República, de forma a conformar a previsão legal com o princípio objeto do nosso exame.[69] Ao estatuir que da decisão em grau recursal possa decorrer gravame à situação do recorrente, a Lei federal de Processo Administrativo não autorizou a *reformatio in pejus*, mas apenas prescreveu que, diante do desfazimento da decisão anterior, por meio da anulação, possa advir situação ainda mais negativa para o interessado que interpôs o recurso administrativo, hipótese em que lhe será assegurado o direito de prévia manifestação, nos termos do enunciado contido no citado parágrafo único e em obséquio aos princípios do contraditório e da ampla defesa.

A interpretação da regra legal que prestigia a Constituição exige que se divida em duas esferas distintas o gravame decorrente de decisão em grau de recurso, em uma primeira colocando-se a consequência negativa oriunda das decisões que anulam a decisão recorrida, e na segunda inserindo-se o gravame fruto da decisão que modifica o juízo firmado pelo órgão *a quo* ou revoga a decisão recorrida.

Na primeira hipótese, a decisão do recurso administrativo poderá acarretar a piora da situação do recorrente, mas não estará configurada a *reformatio in pejus*, uma vez que o desfazimento da decisão anterior é a forma de restabelecer a legalidade, dever primordial da Administração Pública, preceituado inclusive pela própria Lei 9.784/1999.[70] Se não fosse assim, a Administração estaria impedida de rever os atos ilegais que tivesse conhecido por meio de recurso administrativo, perpetuando-se a ilegalidade.

Trata-se, portanto, de situação afeta ao controle de legalidade e não à reforma para agravar a situação do recorrido. O aspecto que deve ser considerado, e que distingue essa situação da *reformatio in pejus* vedada originariamente pelo Direito Processual Penal, é a competência atribuída pela Administração para, de ofício, invalidar os atos administrativos eivados de vício de legalidade, o que não ocorre

circunstâncias relevantes suscetíveis de justificar a inadequação da sanção aplicada. Parágrafo único. Da revisão do processo não poderá resultar agravamento da sanção."

69. É esse o exercício feito por Nelson Nery Junior ao tratar da questão (*Princípios do Processo na Constituição Federal...*, cit., p. 252).

70. "Art. 53. A Administração deve anular seus próprios atos, quando eivados de vício de legalidade (...)."

PRINCÍPIOS DE ÍNDOLE PROCESSUAL – PROCESSOS AMPLIATIVOS 207

no âmbito do processo judicial, uma vez que o Poder Judiciário só atua por provocação, ainda que seja para declarar a invalidade de uma sentença por expressa afronta ao ordenamento jurídico.

A segunda situação, consistente na prolação de uma decisão em grau de recurso que revoga ou modifica a decisão recorrida, apresentando uma nova valoração da questão e, consequentemente, piora para o recorrente, não encontra amparo em nosso sistema jurídico, por configurar a *reformatio in pejus*.

Assim, a fim de harmonizar o disposto na Lei Processual Federal com os ditames da Constituição da República, afirmamos que o parágrafo único do art. 64 refere-se apenas à hipótese de anulação da decisão recorrida por motivos de ilegalidade, restando a proibição da *reformatio in pejus* para todas as demais hipóteses.[71-72]

O art. 65, parágrafo único, da Lei 9.784/1999 incorpora expressamente o princípio da proibição da *reformatio in pejus*, ao vedar que da revisão dos processos administrativos sancionadores resulte agravamento da penalidade imposta. Anote-se, aqui, que a disciplina desse artigo não se assemelha à do anterior porque cuida do recurso de revisão, cabível apenas diante de fatos novos ou circunstâncias relevantes suscetíveis de justificar a inadequação da sanção aplicada.

O princípio da proibição da *reformatio in pejus* alcança os processos administrativos ampliativos e os restritivos de direito, impondo-se como um limite à atuação da Administração Pública frente aos direitos dos administrados.[73]

---

71. Procedendo ao exame do mesmo dispositivo, Diogenes Gasparini assevera: "é evidente que essa lei autoriza a *reformatio in pejus*, embora o faça, a nosso ver, inconstitucionalmente. Essa decisão, uma vez proferida, é, para a Administração Pública, vinculante e caracteriza-se como definitiva" (*Direito Administrativo*, cit., p. 972).

72. De acordo com a análise de José dos Santos Carvalho Filho, "o legislador da Lei 9.784 adotou o entendimento de que é possível haver agravamento da decisão recursal, mitigando-o, porém, na medida em que obriga o administrador a permitir que o recorrente possa aduzir novas alegações" (*Processo Administrativo Federal...*, cit., p. 299).

73. "Administrativo. Serventuário de cartório. Pena administrativa. *Reformatio in pejus*. Mandado de segurança. Poder disciplinar da Administração e poder punitivo do Estado-sociedade. Diferenças e aproximações. Impossibilidade, em ambas as hipóteses, de se aplicar pena não mais contemplada pela lei e agravar a situação do disciplinado. Recurso ordinário conhecido e provido. I – O impetrante/recorrente, que é escrivão da 3ª Vara da Comarca gaúcha de Gravataí, foi punido com a pena de

208 REGIME JURÍDICO DOS PROCESSOS ADMINISTRATIVOS

5.1.7 Princípio da celeridade e duração razoável do processo

A abordagem da duração razoável do processo e da celeridade de sua tramitação remete ao conflito havido entre o tempo e o processo, uma vez que para ser efetivo o processo há de ser célere e, com o mesmo rigor, observar todas as garantias conferidas às partes da relação processual pela Lei Maior do nosso País.[74]

A duração alongada dos processos, quer na esfera judicial, quer na administrativa, além de representar um alto custo para o Estado brasileiro é responsável, não raras vezes, pelo perecimento do bem ou direito que se pretende salvaguardar por meio do processo. Não são desconhecidas as histórias de processos cuja instrução demandou tanto tempo a ponto de perecer o objeto, solvendo-se a questão por meio de perdas e danos.

O Direito não deve ter como objetivo primordial indenizar ou ressarcir aquele que haja sofrido lesão a direito do qual é titular, mas impedir a ocorrência do prejuízo. Para tanto, além de dispor de uma estrutura normativa que ampare o indivíduo, o Direito deve assegurar que o Estado lhe dará uma resposta em tempo hábil a proteger o direito in natura.

10 dias de suspensão pelo juiz diretor do foro que, 'uno acto', transformou a penalidade em pena pecuniária. Foi interposto recurso, o qual não foi conhecido. O órgão recursal (corregedor-geral), porém, através de subterfúgio, voltou, de ofício, a penalidade antiga, já não mais contemplada pela legislação. II – O 'poder disciplinar', próprio do Estado-administração, não pode ser efetivamente confundido com o 'poder punitivo' penal, inerente ao Estado-sociedade. A punição do último se faz através do Poder Judiciário; já a do primeiro, por meio de órgãos da própria Administração. Ambos, porém, não admitem a 'reformatio in pejus', e muito menos a aplicação de pena não mais contemplada pela lei. III – Recurso ordinário conhecido e provido" (STJ, Recurso Ordinário em Mandado de Segurança 3.252-RS, rel. para acórdão Min. Adhemar Maciel, j. 30.11.1994, DJ 6.2.1995 p. 1.372).

74. "O direito processual oscila entre a necessidade de decisão rápida e a de segurança na defesa do direito dos litigantes. O aumento de intensidade de uma implica necessariamente distanciamento da outra. 'A um processo muito rápido corresponde geralmente a restrição na defesa do direito por parte do réu; e a uma garantia muito desenvolvida dessa defesa corresponde um processo moroso' (BARBI, Celso Agrícola. Comentários ao Código de Processo Civil. 3ª ed. Rio de Janeiro: Forense, 1983, vol. 1, p. 515). Por essas razões, há que se encontrar um ponto de equilíbrio, o que representa o grande desafio dos juristas e aplicadores do Direito na atualidade" (Francisco Rosito, "O princípio da duração razoável do processo sob a perspectiva axiológica", Revista de Processo 161/26).

PRINCÍPIOS DE ÍNDOLE PROCESSUAL – PROCESSOS AMPLIATIVOS   209

O tempo do processo pode comprometer sua efetividade, além de corroborar para a descrença da sociedade no processo judicial ou administrativo.

Empenhado em minimizar os maléficos efeitos da duração alongada dos processos, o Estado brasileiro acrescentou, por meio da Emenda Constitucional 45, de 8.12.2004, que tratou da alardeada Reforma do Judiciário, o inciso LXXVIII ao rol dos direitos fundamentais, conferindo-lhe a seguinte redação: "a todos, no âmbito judicial e administrativo, são assegurados a razoável duração do processo e os meios que garantam a celeridade de sua tramitação".

Faz-se oportuno destacar que o princípio da duração razoável do processo não é completamente novo no ordenamento jurídico brasileiro. Antes da reforma constitucional promovida pela Emenda 45, nosso País já havia incorporado esse princípio, por meio da celebração do Pacto de São José da Costa Rica, cujas disposições ingressaram em nosso sistema jurídico por força do Decreto 678/1992. O art. 8º, § 1º, desse Diploma internacional dispõe que "toda pessoa terá o direito de ser ouvida, com as devidas garantias e dentro de um prazo razoável, por um juiz ou Tribunal competente (...)".

Assim, mesmo antes da EC 45, o princípio em exame já permeava nosso ordenamento jurídico, servindo como vetor de interpretação para os direitos fundamentais, entre eles o princípio do acesso à justiça, estatuído pelo art. 5º, XXXV, da Constituição da República.

De extrema felicidade, no entanto, foi a inserção de mais essa garantia no art. 5º da Constituição da República, uma vez que seu estabelecimento como direito fundamental do indivíduo dotou de maior concretude e força normativa a exigência antes plasmada na Convenção Internacional. Digna de aplauso também foi a opção de expressamente tratar do processo administrativo no bojo da novel garantia, evitando, assim, a celeuma sobre sua aplicação ou não aos processos dessa espécie.

O princípio da celeridade e duração razoável do processo exerce dupla função, a de impor ao legislador a criação de normas processuais que simplifiquem a prestação jurisdicional e administrativa, tornando-a mais célere, e a de exigir das partes atuantes no processo (jurisdicionados, julgadores, testemunhas, assistentes etc.) atuação que

210 REGIME JURÍDICO DOS PROCESSOS ADMINISTRATIVOS

otimize o tempo e implique redução do lapso necessário desde a instauração até o encerramento do processo.[75]

O grande desafio é cumprir esse mister sem passar por cima de quaisquer das garantias processuais conferidas às partes da relação processual, decorrentes do sobreprincípio do devido processo legal.[76]

A questão que se impõe é o que deve ser compreendido por "duração razoável" do processo. Sabemos que o signo está no campo dos conceitos jurídicos indeterminados e que, por essa razão, sua precisão só será possível diante da consideração das variantes do caso concreto. No entanto, embora não se afigure possível definir aprioristicamente o conteúdo que a expressão designa, há elementos que podem ser úteis como critérios definidores da razoabilidade da duração do processo. Para Nelson Nery Junior, devem ser adotados os seguintes

75. Empenhados em dar cumprimento a essa exigência constitucional, em dezembro de 2004, logo após a promulgação da EC 45, os chefes dos três Poderes do Estado celebraram o Pacto de Estado por um Judiciário mais rápido e republicano. Desde então, e com a criação da Secretaria de Reforma do Judiciário no Ministério da Justiça, o Poder Executivo tem sistematizado propostas de aperfeiçoamento normativo e de acesso à Justiça e o Poder Legislativo tem dado especial atenção aos projetos que cuidem de reformas nas leis processuais. Em 13.4.2009, foi firmado o II Pacto Republicano de Estado por um sistema de Justiça mais acessível, ágil e efetivo, cujos principais objetivos são: (I) acesso universal à Justiça, especialmente dos mais necessitados; (II) aprimoramento da prestação jurisdicional, mormente pela efetividade do princípio constitucional da razoável duração do processo e pela prevenção de conflitos; e (III) aperfeiçoamento e fortalecimento das instituições de Estado para uma maior efetividade do sistema penal no combate à violência e criminalidade, por meio de políticas de segurança pública combinadas com ações sociais e proteção à dignidade da pessoa humana (Fonte: Agência CNJ de notícias, disponível em *www.cnj.jus.br*).

76. "Processual civil. Recurso especial. Cerceamento de defesa. Inocorrência. Produção de prova testemunhal em matéria de direito tributário a respeito de fatos ocorridos há doze anos. Provas documentais suficientes. Cópia integral do processo administrativo. Aplicação do direito fundamental à duração razoável do processo (art. 5º, LXXVIII, CF). *Due process of law*. 1. Anulatória de débito fiscal em que se alega cerceamento de defesa. Prova testemunhal não produzida. 2. Não-ocorrência de violação do devido processo legal. Provas colhidas no processo suficientes para a decisão proferida no Tribunal local (cópia integral do processo administrativo). (...) 5. Na apuração da verdade real dos fatos, o juiz não pode se olvidar da primazia da celeridade processual, que não é incompatível com o *due process of law*. A verdadeira tutela jurisdicional é aquela prestada em tempo razoável (art. 5º, LXXVIII, CF), regra de ouro que vale tanto para o autor, como para o réu. 6. Recurso Especial a que se nega provimento" (STJ, Recurso Especial 714.710-MG, rel. Min. Herman Benjamin, j. 6.3.2007, *DJ* 7.2.2008, p. 1).

PRINCÍPIOS DE ÍNDOLE PROCESSUAL – PROCESSOS AMPLIATIVOS 211

critérios: a) natureza e complexidade da causa; b) comportamento das partes e de seus procuradores; c) atividade e comportamento da autoridade competente para instruir e julgar o processo; e d) fixação legal de prazos para a prática de atos processuais.[77]

Os critérios acima indicados levam em consideração condições variáveis nos diversos tipos de processo que tramitam perante o Poder Judiciário e a Administração Pública e exigem que, além da simplificação das etapas processuais fixadas em lei em atenção à complexidade da matéria, seja imputado às partes do processo, incluindo-se o julgador, o dever de não causar demoras injustificadas no curso do processo.

As partes da relação processual desempenham importante papel na busca pela celeridade e duração razoável do processo, na medida em que, ao se valerem apenas das providências necessárias para elucidar os fatos objeto do processo ou para provar o direito que lhes assiste, sem lançar mão de artifícios e ardis que objetivam protelar a decisão, auxiliarão sobremaneira a efetivação da norma constitucional do art. 5º, LXXVIII.

O que o princípio objetiva vedar é que se exijam formalidades no curso do processo que não sejam essenciais para o deslinde da questão e demandem tempo para serem realizadas, bem como que as partes tenham à sua disposição mecanismos de retardar a decisão final do processo, como forma de evitar uma condenação indesejada.

No tocante ao processo administrativo, o princípio apresenta-se da mesma forma, ou seja, não guarda nenhuma peculiaridade quando comparado à sua aplicação no processo judicial, inexistindo necessidade de adaptações para que ele seja aplicado aos processos realizados no exercício da função administrativa, uma vez que o dispositivo constitucional não estabeleceu qualquer diferenciação entre os processos administrativos e judiciais, para fins de aplicação da garantia da celeridade e duração razoável do processo.[78]

---

77. *Princípios do Processo na Constituição Federal...*, cit., p. 314.

78. Até a 25ª edição de seu *Curso de Direito Administrativo*, Celso Antônio Bandeira de Mello não incluía o princípio da celeridade entre aqueles regentes dos processos administrativos, dizia o autor tratar-se de um princípio da Ciência da Administração e não jurídico. Na mais recente edição da obra, no entanto, o querido mestre reconheceu a natureza jurídica desse princípio e o incluiu na lista dos princípios do processo administrativo (*Curso de direito administrativo*, cit., p. 504).

A Lei 9.784/1999 não trata do princípio da celeridade e duração razoável do processo explicitamente, nem seria necessário fazê-lo, já que a norma constitucional, de aplicação imediata, expressamente abarcou os processos realizados no exercício da função administrativa. No entanto, ao definir o princípio da eficiência como uma das normas básicas de sua disciplina, incorporou o valor da celeridade dos processos. Ademais, ao apresentar o conjunto de princípios que adotou, a Lei Federal de Processo Administrativo determinou a não exaustividade do rol,[79] sendo inequívoca a aplicação do princípio da celeridade e duração razoável do processo.

79. "Art. 2º. A Administração Pública obedecerá, dentre outros, aos princípios da legalidade, finalidade, motivação, razoabilidade, proporcionalidade, moralidade, ampla defesa, contraditório, segurança jurídica, interesse público e eficiência."

Capítulo VI
PRINCÍPIOS DE ÍNDOLE PROCESSUAL REGENTES DOS PROCESSOS ADMINISTRATIVOS RESTRITIVOS DE DIREITO

> *6.1 Princípios regentes dos processos administrativos restritivos de direito: semelhanças e peculiaridades em relação ao regime jurídico dos processos ampliativos de direito: 6.1.1 Princípio da ampla defesa; 6.1.2 Princípio da oficialidade; 6.1.3 Princípio da gratuidade.*

6.1 Princípios regentes dos processos administrativos restritivos de direito: semelhanças e peculiaridades em relação ao regime jurídico dos processos ampliativos de direito

Os processos restritivos de direito, como já anotamos, são aqueles que diminuem a esfera jurídica do destinatário, causando-lhe gravame, seja porque impõem um novo dever ou restrição, seja porque estendem dever já existente, ou, ainda, suprimem direito existente. Em qualquer hipótese haverá um feito negativo para o administrado.

Ao tratarmos dos processos restritivos de direito nos referimos tanto aos sancionadores[1] como aos meramente restritivos, embora sejam os primeiros que despertem mais a atenção da doutrina e entre eles muito especialmente os processos disciplinares que cuidam da relação entre a Administração e seus servidores.[2]

---

1. Sugere-se a leitura do estudo empreendido por Fábio Medina Osório, *Direito Administrativo Sancionador*, 2ª ed., São Paulo, Ed. RT, 2006.
2. Sobre esse tema, indispensável a consulta à obra de Romeu Felipe Bacellar Filho, *Princípios Constitucionais do Processo Administrativo Disciplinar*, cit.

214 REGIME JURÍDICO DOS PROCESSOS ADMINISTRATIVOS

A abordagem dos princípios aplicáveis aos processos restritivos de direito que sugerimos passa pela adoção de todos aqueles princípios tratados no capítulo precedente, somada aos princípios a seguir apresentados, que, a nosso ver, informam o regime jurídico exclusivamente dessa espécie de processos administrativos, sem irradiar seus efeitos para os processos ampliativos de direito.

Se para ampliar a esfera jurídica do administrado a Administração deve ouvi-lo, garantindo-lhe a participação no círculo de formação da vontade que ele terá de cumprir adiante, com muito maior razão terá de assim proceder quando intentar estreitar-lhe a esfera jurídica. Por esse motivo, o regime jurídico dos processos restritivos de direito é incrementado com alguns princípios cuja carga protecionista conferida ao particular é ainda maior do que a existente naqueles princípios que informam o regime jurídico dos processos ampliativos de direito.

Assim, além dos princípios gerais do Direito e dos princípios típicos do Direito Administrativo, que mereceram tratamento no Capítulo IV, entendemos que o regime jurídico dos processos administrativos restritivos de direito é composto pelos princípios de índole processual decorrentes do devido processo legal que presidem também os processos ampliativos (contraditório, julgador natural, revisibilidade, verdade material, formalismo moderado, proibição da *reformatio in pejus* e celeridade e duração razoável do processo) e daqueles que são peculiares somente aos processos restritivos, quais sejam, princípio da ampla defesa, oficialidade e gratuidade.

O conteúdo dos três últimos princípios assinalados, como se verá a seguir, não impõe sua aplicação obrigatória aos processos administrativos ampliativos de direito, razão pela qual julgamos acertado apartá-los dos demais.

6.1.1 Princípio da ampla defesa

Conforme anotamos ao cuidar do princípio do contraditório, esse preceito geralmente é estudado pelos doutos conjuntamente com o princípio da ampla defesa, como se compusessem dois aspectos de um mesmo princípio. A nosso ver, o princípio da ampla defesa, embora guarde estreita relação com o do contraditório, nele não se esgota totalmente.

PRINCÍPIOS DE ÍNDOLE PROCESSUAL – PROCESSOS RESTRITIVOS 215

É certo que não há a garantia da ampla defesa sem que haja o mais rigoroso respeito ao contraditório,[3] no entanto vislumbramos ser possível a aplicação do princípio do contraditório sem a companhia da ampla defesa, o que dá sustentação à tese da autonomia de ambos.

A incidência do princípio da ampla defesa pressupõe a existência de acusados, ou seja, pessoas contra as quais se imputa a responsabilidade pela realização de um ato jurídico afrontoso ao ordenamento jurídico. Assim, pode haver acusação em âmbito judicial e administrativo e envolvendo os mais diversos temas de direito material. Há acusação, por exemplo, quando alguém imputa a outrem uma conduta tipificada pela lei como crime, como também há quando um agente administrativo, no exercício do poder de polícia, lavra uma infração de trânsito imputada ao particular. Nas duas situações, o acusado terá direito a defender-se antes da prolação da respectiva decisão, sendo

3. "Mandado de segurança – Sanção disciplinar imposta pelo Presidente da República – Demissão qualificada – Admissibilidade do mandado de segurança – Preliminar rejeitada – Processo administrativo-disciplinar – Garantia do contraditório e da plenitude de defesa – Inexistência de situação configuradora de ilegalidade do ato presidencial – Validade do ato dimensório – Segurança denegada. 1. A Constituição brasileira de 1988 prestigiou os instrumentos de tutela jurisdicional das liberdades individuais ou coletivas e submeteu o exercício do poder estatal – como convém a uma sociedade democrática e livre – ao controle do Poder Judiciário. Inobstante estruturalmente desiguais, as relações entre o Estado e os indivíduos processam-se, no plano de nossa organização constitucional, sob o império estrito da lei. A *rule of law*, mais do que um simples legado histórico-cultural, constitui, no âmbito do sistema jurídico vigente no Brasil, pressuposto conceitual do estado democrático de direito e fator de contenção do arbítrio daqueles que exercem o poder. É preciso evoluir, cada vez mais, no sentido da completa justiciabilidade da atividade estatal e fortalecer o postulado da inafastabilidade de toda e qualquer fiscalização judicial. A progressiva redução e eliminação dos círculos de imunidade do poder há de gerar, como expressivo efeito consequencial, a interdição de seu exercício abusivo. O mandado de segurança desempenha, nesse contexto, uma função instrumental do maior relevo (...). 2. A nova Constituição do Brasil instituiu, em favor dos indiciados em processo administrativo, a garantia do contraditório e da plenitude de defesa, com os meios e recursos a ela inerentes (art. 5º, LV). O legislador constituinte consagrou, em norma fundamental, um direito do servidor público oponível ao poder estatal. A explícita constitucionalização dessa garantia de ordem jurídica, na esfera do procedimento administrativo-disciplinar, representa um fator de clara limitação dos poderes da administração pública e de correspondente intensificação do grau de proteção jurisdicional dispensada aos direitos dos agentes públicos" (STF, Mandado de Segurança 20.999-DF, rel. Min. Celso de Mello, j. 21.3.1990, *DJU* 25.5.1990 p. 4.605).

216   REGIME JURÍDICO DOS PROCESSOS ADMINISTRATIVOS

que a primeira delas tem em vista um processo penal e a segunda um processo administrativo sancionador.

No tocante ao processo administrativo, sempre haverá acusação e, portanto, acusados nos processos sancionadores, e poderá haver nos processos meramente restritivos. À guisa de ilustração, imagine-se a alegação, pela Administração Pública contratante de que o particular contratado descumpriu uma das cláusulas do ajuste, razão pela qual pretende ela a rescisão do contrato administrativo, com supedâneo na norma esculpida no art. 78, I, da Lei 8.666/1993.[4] A afirmação de que o contratado não executou o pactuado, embora não lhe impute a autoria de infração administrativa, consiste em verdadeira acusação, já que lhe atribui atuação contrária ao que determina o ordenamento jurídico em vigor.[5] Não obstante a rescisão do contrato não tenha a natureza jurídica de sanção administrativa, a sua ocorrência traz consequências negativas para o particular contratado, sendo-lhe o processo subjacente meramente restritivo de direito.

O princípio da ampla defesa terá cabimento, então, sempre que houver em um processo administrativo uma acusação contra quem quer que seja. Esse é o elemento que, a nosso ver, condiciona a aplicação do princípio da ampla defesa. Por essa razão, entendemos que o princípio em questão rege todos os processos administrativos restritivos de direito em que haja a presença de acusados.[6]

O princípio da ampla defesa é garantia que esteve presente em todas as Constituições brasileiras, desde a Lei do Império, de 1824, até a atual Constituição da República. É, nos dizeres de Egon Bockmann Moreira, "garantia que se poderia qualificar de clássica em nosso direito público, pois o acompanha desde sua instalação".[7]

---

4. "Art. 78. Constituem motivo para a rescisão do contrato: I – o não cumprimento de cláusulas contratuais, especificações, projetos e prazos."

5. Lei 8.666/1993: "Art. 66. O contrato deverá ser executado fielmente pelas partes, de acordo com as cláusulas avençadas e as normas desta Lei, respondendo cada uma pelas consequências de sua inexecução total ou parcial".

6. Para Manoel Gonçalves Ferreira Filho, "o direito de defesa é imprescindível para a segurança individual. E um dos meios essenciais para que cada um possa fazer valer sua inocência quando injustamente acusado" (*Comentários à Constituição Brasileira de 1988*, São Paulo, Saraiva, 1990, p. 68).

7. *Processo Administrativo...*, cit., p. 296.

PRINCÍPIOS DE ÍNDOLE PROCESSUAL – PROCESSOS RESTRITIVOS 217

Em suas anteriores formulações, e que antecederam a Constituição de 1988, a ampla defesa era princípio destinado precipuamente aos processos criminais, conforme entendimento da maioria dos doutrinadores.[8]

A atual Constituição da República inaugurou uma nova ordem normativa, trazendo consigo a reformulação do princípio da ampla defesa, com extensão nunca antes experimentada pelo Direito pátrio.

O princípio da ampla defesa, desdobramento da cláusula do devido processo legal, tem assento no art. 5º, LV, da Lei Maior, que prescreve: "aos litigantes, em processo judicial ou administrativo, e aos acusados em geral são assegurados o contraditório e ampla defesa, com os meios e recursos a ela inerentes".

A garantia constitucional estampada nesse dispositivo estende o princípio da ampla defesa a todas as espécies processuais, sejam elas desenvolvidas no exercício da função jurisdicional ou no âmbito da função administrativa; em qualquer hipótese deverá ser assegurada a possibilidade de os acusados apresentarem seus argumentos e eventuais provas que lhes digam respeito, antes da prolação da decisão.[9]

O princípio constitucional da ampla defesa só restará satisfeito quando for dada oportunidade da manifestação do acusado antes da decisão, pois é só nessa etapa processual que o interessado poderá influenciar na convicção do julgador. Na fase que sucede a decisão – recursal –, o particular só terá a possibilidade de demonstrar a invalidade da decisão, se contrária ao Direito, ou de requerer uma nova apreciação do que já foi examinado. De qualquer forma, terá de apresentar argumentos fortes o bastante para desconstituir a decisão recorrida.

A oportunidade de defesa só pode ser considerada ampla se for conferida na etapa processual que antecede a decisão, fora isso haverá cerceamento de defesa, restando inválido o processo, exceto nas hipó-

---

8. À frente do seu tempo, Pontes de Miranda afirmava, em comentário à Constituição de 1967, com a Emenda n. 1 de 1969, a aplicação do princípio da ampla defesa a todos os processos em que houvesse a figura de um acusado, fossem eles realizados na esfera administrativa ou na judicial (*Comentários à Constituição de 1967 com a Emenda n. 1 de 1969*, 3ª ed., Rio de Janeiro, Forense, 1967, p. 235).

9. Na lição de Manoel de Oliveira Franco Sobrinho, em data anterior à promulgação da Constituição de 1988, "a garantia de defesa, como princípio de eficácia, no procedimento administrativo, constitui na *ordem jurídica* imperativo categórico de natureza constitucional" (*Introdução ao Direito Processual Administrativo*, cit., p. 328).

218   REGIME JURÍDICO DOS PROCESSOS ADMINISTRATIVOS

teses excepcionais, em que estiverem em jogo questões afetas ao interesse público e que demandem providência urgente, sob pena de ocorrência de dano iminente, como a interdição de atividades lesivas à saúde pública.

A ampla defesa exige, ainda, que o acusado seja intimado para defender-se dos fatos que lhe são imputados e não apenas de sua capitulação legal.[10] Assim, a peça acusatória, independentemente de sua forma, deve delimitar o esforço da defesa, apresentando os fatos que devem ser considerados pelo acusado. Sérgio Ferraz e Adilson Abreu Dallari ensinam que "o primeiro requisito para que alguém possa exercitar o direito de defesa de maneira eficiente é saber do que está sendo acusado".[11] Salientam os autores que não basta uma informação genérica, é preciso fazer chegar ao acusado uma explicação detalhada, que lhe possibilite elaborar uma defesa efetiva.[12]

A Lei Federal de Processo Administrativo fez expressa referência ao princípio da ampla defesa, ao descrevê-lo, ao lado de outros princípios, no *caput* do art. 2º. Mais adiante, o referido diploma legal cuidou de especificar o conteúdo desse princípio no inciso X do parágrafo único do art. 2º, ao prescrever a favor dos administrados a "garantia dos direitos à comunicação, à apresentação de alegações finais, à produção de provas e à interposição de recursos, nos processos de que possam resultar sanções e nas situações de litígio".

De acordo com o enunciado acima, combinado com outros dispositivos da Lei 9.784/1999,[13] o administrado-acusado terá o direito de

---

10. "Recurso em Mandado de Segurança. 2. Anulação de processo administrativo disciplinar e reintegração ao serviço público. Alteração da capitulação legal. Cerceamento de defesa. 3. Dimensão do direito de defesa. Ampliação com a Constituição de 1988. 4. Assegurada pelo constituinte nacional, a pretensão à tutela jurídica envolve não só o direito de manifestação e o direito de informação sobre o objeto do processo, mas também o direito de ver seus argumentos contemplados pelo órgão julgador. Direito constitucional comparado. 5. Entendimento pacificado no STF no sentido de que o indiciado defende-se dos fatos descritos na peça acusatória e não de sua capitulação legal. Jurisprudência. 6. Princípios do contraditório e da ampla defesa observados na espécie. Ausência de mácula no processo administrativo disciplinar. 7. Recurso a que se nega provimento" (Recurso Ordinário em Mandado de Segurança 24.536, rel. Min. Gilmar Mendes, j. 2.12.2003, *DJ* 5.3.2004, p. 688).

11. *Processo Administrativo*, cit., p. 90.

12. Idem.

13. V. arts. 27, parágrafo único, 38, 56 e 68.

PRINCÍPIOS DE ÍNDOLE PROCESSUAL – PROCESSOS RESTRITIVOS 219

participar do círculo de formação da vontade da Administração, tentando afastar a acusação que lhe foi feita. Para tanto poderá manejar todos os meios e recursos inerentes à ampla defesa conferidos pela Lei Geral de Processo Administrativo Federal e por leis especiais aplicáveis à espécie.

A produção de provas, por nós já tratada quando do exame do princípio do contraditório, é uma das mais elementares garantias do direito de defesa. Importante ressaltar que a produção de provas, desde que de forma lícita, é um direito consagrado pela Constituição da República e esmiuçado pela Lei 9.784/1999, especialmente por meios dos arts. 36 a 39, não podendo ser convertido em dever para o administrado.

Nos termos do disposto no art. 5º, LXIII, da Constituição da República, ninguém é obrigado a produzir prova contra si, sendo constitucionalmente garantido o direito ao silêncio diante de uma acusação. Embora o dispositivo constitucional refira-se a preso, fazendo alusão ao sujeito encarcerado, é certo que essa garantia estende-se a todos os acusados, como desdobramento do princípio da ampla defesa. Assim, nenhum acusado, em processo judicial ou administrativo, está obrigado a participar de qualquer ato processual que julgue contrário aos seus interesses.[14]

14. Nessa esteira é o posicionamento do Superior Tribunal de Justiça: "Recurso ordinário – Mandado de segurança – Processo administrativo disciplinar – Embriaguez habitual no serviço – Coação do servidor de produzir prova contra si mesmo, mediante a coleta de sangue, na companhia de policiais militares – Princípio do 'nemo tenetur se detegere' – Vício formal do processo administrativo – Cerceamento de defesa – Direito do servidor à licença para tratamento de saúde e, inclusive, à aposentadoria por invalidez – Recurso provido. 1. É inconstitucional qualquer decisão contrária ao princípio 'nemo tenetur se detegere', o que decorre da inteligência do art. 5º, LXIII, da Constituição da República e art. 8º, § 2º, g, do Pacto de São José da Costa Rica. Precedentes. 2. Ocorre vício formal no processo administrativo disciplinar, por cerceamento de defesa, quando o servidor é obrigado a fazer prova contra si mesmo, implicando a possibilidade de invalidação da penalidade aplicada pelo Poder Judiciário, por meio de mandado de segurança. 3. A embriaguez habitual no serviço, ao contrário da embriaguez eventual, trata-se de patologia, associada a distúrbios psicológicos e mentais de que sofre o servidor. 4. O servidor acometido de dependência crônica de alcoolismo deve ser licenciado, mesmo compulsoriamente, para tratamento de saúde e, se for o caso, aposentado, por invalidez, mas, nunca, demitido, por ser titular de direito subjetivo à saúde e vítima do insucesso das políticas públicas sociais do Estado. 5. Recurso provido" (Recurso Ordinário em Mandado de Segurança 8.017-SP, rel. Min. Paulo Medina, j. 9.2.2006, DJ 2.5.2006 p. 390).

220 REGIME JURÍDICO DOS PROCESSOS ADMINISTRATIVOS

O Pacto de São José da Costa Rica, firmado pelo Brasil na Convenção Interamericana de Direitos Humanos, e que já ingressou na ordem jurídica nacional, cumprindo o rito determinado pela Lei Maior, reafirmou o direito de ninguém ser obrigado a produzir prova contra si (art. 8º, 2, "g").

Por essa razão, não encontra guarida no ordenamento jurídico pátrio a obrigação de o condutor de veículo automotor submeter-se, forçadamente, contra a sua vontade, a qualquer espécie de exame que tenha por objetivo comprovar o estado de embriaguez para fins de caracterização do crime tipificado pelo art. 306 do Código de Trânsito Brasileiro, com a redação que lhe deu a Lei 11.705/2008, batizada de Lei Seca.

É flagrante a afronta à garantia de não produzir prova contra si perpetrada pela Lei 11.705/2008, que alterou a redação do Código de Trânsito Brasileiro e impôs a obrigatoriedade de os condutores sob suspeita de dirigir sob a influência de álcool submeterem-se a exames que medem o nível de álcool no organismo, por meio de coleta de sangue ou utilização do aparelho de ar alveolar pulmonar (bafômetro), sob pena de aplicação de sanção, conforme art. 277 da referida Lei.[15]

Se o descumprimento do mandamento da norma primária (submeter-se ao exame) enseja aplicação de sanção (penalidades e medidas administrativas) é porque se está diante de uma norma jurídica,

---

15. "Art. 277. Todo condutor de veículo automotor, envolvido em acidente de trânsito ou que for alvo de fiscalização de trânsito, sob suspeita de dirigir sob a influência de álcool será submetido a testes de alcoolemia, exames clínicos, perícia ou outro exame que, por meios técnicos ou científicos, em aparelhos homologados pelo CONTRAN, permitam certificar seu estado. § 1º. Medida correspondente aplica-se no caso de suspeita de uso de substância entorpecente, tóxica ou de efeitos análogos. § 2º. A infração prevista no art. 165 deste Código poderá ser caracterizada pelo agente de trânsito mediante a obtenção de outras provas em direito admitidas, acerca dos notórios sinais de embriaguez, excitação ou torpor apresentados pelo condutor. § 3º. Serão aplicadas as penalidades e medidas administrativas estabelecidas no art. 165 deste Código ao condutor que se recusar a se submeter a qualquer dos procedimentos previstos no *caput* deste artigo."

"Art. 165. Dirigir sob a influência de álcool ou de qualquer outra substância psicoativa que determine dependência: Infração – gravíssima; Penalidade – multa (cinco vezes) e suspensão do direito de dirigir por 12 (doze) meses; Medida Administrativa – retenção do veículo até a apresentação de condutor habilitado e recolhimento do documento de habilitação. Parágrafo único. A embriaguez também poderá ser apurada na forma do art. 277."

PRINCÍPIOS DE ÍNDOLE PROCESSUAL – PROCESSOS RESTRITIVOS 221

neste caso prescritiva de uma obrigação, sendo exigível do administrado a conduta descrita pela lei, ou, diante da negativa, sendo-lhe imposta a respectiva sanção. Não há como deixar de reconhecer, a nosso juízo, a ofensa cometida pela Lei 11.705/2008 ao princípio da ampla defesa.

Também carente de sustentação é a afirmação de que a simples recusa em submeter-se ao exame de sangue ou realizar o teste do bafômetro para comprovar o estado de embriaguez e a respectiva dosagem de álcool no organismo configura crime de desobediência ou de desacato, tipificados, respectivamente, pelos arts. 330[16] e 331[17] do Código Penal, porquanto a ordem do agente público padece de vício de inconstitucionalidade, por afrontar o princípio da ampla defesa.

Se, por um lado, a ampla defesa não se satisfaz com a possibilidade formal de o acusado proteger-se, por outro, admite a relevação de pequenas falhas, sem aptidão para macular o direito constitucional de defesa conferido aos indivíduos.

O princípio da ampla defesa harmoniza-se com o do formalismo moderado, não havendo repulsa entre eles.

Conforme salientado ao tratarmos da aplicação do princípio do formalismo moderado aos processos administrativos, a forma é uma das primordiais garantias da liberdade, ganhando especial relevo na temática processual. Ainda assim, é admissível a desconsideração de falha afeta ao direito de defesa quando restar comprovada a inexistência de prejuízo ao acusado. Às nulidades no processo administrativo por vício de defesa aplica-se o princípio *pas de nullité sans grief*, que subordina a declaração do vício à efetiva demonstração do prejuízo sofrido pela parte. Inexistindo violação do direito subjetivo de natureza pública à defesa, não há que se falar em nulidade, consoante já sedimentado pela jurisprudência.[18]

---

16. "Art. 330. Desobedecer a ordem legal de funcionário público: Pena – detenção, de quinze dias a seis meses, e multa."

17. "Art. 331. Desacatar funcionário público no exercício da função ou em razão dela: Pena – detenção, de seis meses a dois anos, ou multa."

18. "Recurso ordinário em mandado de segurança. Administrativo. Demissão de servidor. Processo administrativo disciplinar. Ilegalidade. Ausência de ampla defesa. Inexistência. 1. Não carece de motivação o ato de instauração de processo administrativo disciplinar que tenha a integrá-lo extenso relatório em que se descreve minuciosamente os fatos imputados ao servidor. (...) 3. Não há falar em cerceamento de

222 REGIME JURÍDICO DOS PROCESSOS ADMINISTRATIVOS

Em brilhante excerto, Sérgio Ferraz e Adilson Abreu Dallari aduzem que "não há nulidade sem dano. É essencial desviar o foco da atenção à forma para o conteúdo do processo. Somente pode ser considerado como meio de defesa aquilo que efetivamente puder contribuir para isso".[19] Com essas palavras os autores sinalizam para a possibilidade de indeferir a produção de provas no curso do processo administrativo sem que isso cause cerceamento de defesa.[20]

Tema de grande importância no tocante à defesa do particular nos processos administrativos restritivos de direito é a garantia de ser representado por um advogado, isto é, o direito à defesa técnica.

A garantia de ser representado por um advogado está prevista no art. 133 da Constituição da República, no Capítulo que trata das Funções Essenciais à Justiça. Assim, *a priori*, a garantia abrange apenas os processos judiciais, impondo-se ao Estado o dever de efetivá-la por meio da Defensoria Pública, instituição essencial à função jurisdicional, competente pela orientação e defesa dos necessitados, conforme preceitua o subsequente art. 134.

---

defesa, se a interessada esteve presente em todos os atos processuais e ofereceu não apenas a sua defesa prévia, mas também as suas alegações finais. 4. A jurisprudência deste Superior Tribunal de Justiça e a do Supremo Tribunal Federal é firme em que a nulidade do processo administrativo disciplinar somente é declarável quando evidente a ocorrência de prejuízo à defesa do servidor acusado, por força do princípio *pas de nullité sans grief* (...) 6. Recurso improvido" (STJ, Recurso Ordinário em Mandado de Segurança 7.685-PR, rel. Min. Hamilton Carvalhido, j. 19.9.2002, *DJ* 4.8.2003 p. 421).

19. *Processo Administrativo*, cit., p. 91.

20. "Mandado de segurança. Servidor público civil. Processo administrativo disciplinar. Demissão. Cerceamento de defesa. Princípio do contraditório. Violação. Inocorrência. Prova emprestada. Legalidade. (...) É facultado à Comissão Disciplinar, consoante dispõe o art. 156, § 1º, da Lei n. 8.112/90, indeferir motivadamente a produção de provas, principalmente quando se mostrarem dispensáveis diante do conjunto probatório, não caracterizando cerceamento de defesa. Precedentes. III – 'A demonstração de prejuízo para a defesa deve ser revelada mediante exposição detalhada do vício e de sua repercussão, tudo com base em elementos apresentados na prova pré-constituída. No caso, não houve tal demonstração, a par de que há, nas informações, razões suficientes para afastar os vícios apontados pelo impetrante' (MS 13.111-DF, 3ª Seção, de minha relatoria, *DJU* de 30.4.2008). IV – A doutrina e a jurisprudência se posicionam de forma favorável à 'prova emprestada', não havendo que suscitar qualquer nulidade, tendo em conta que foi respeitado o contraditório e a ampla defesa no âmbito do processo administrativo disciplinar, cujo traslado da prova penal foi antecedido e devidamente autorizado pelo Juízo Criminal" (STJ, Mandado de Segurança 13.501-DF, rel. Min. Felix Fischer, j. 10.12.2008, *DJe* 9.2.2009).

PRINCÍPIOS DE ÍNDOLE PROCESSUAL – PROCESSOS RESTRITIVOS

No entanto, entender-se adstrita a defesa técnica aos processos judiciais parece ofender o princípio da ampla defesa, uma vez que o comparecimento do interessado ao processo administrativo sem a companhia de um profissional habilitado pode implicar limitação de sua defesa. Dependendo da matéria que se tenha em discussão ou da postura do órgão administrativo que conduz o processo, apenas a defesa realizada por advogado, profissional legalmente capacitado para praticar atos processuais, pode ser considerada suficiente para atender o princípio da ampla defesa. O direito à defesa técnica é para muitos autores corolário do princípio do devido processo legal e da ampla defesa e, portanto, impõe-se igualmente aos processos judiciais e administrativos[21] ou, ao menos, aos processos administrativos sancionadores.[22]

No Direito brasileiro, a questão sobre a dispensabilidade ou não dos advogados nos processos administrativos é há muito discutida. As leis que regem os processos administrativos não trazem a obrigatoriedade da presença de advogado, a exemplo da Lei 8.112/1990, que dispõe sobre o regime jurídico dos servidores públicos da União e tem um Título integralmente dedicado à disciplina do processo administrativo disciplinar, da Lei 8.443/1992, que estrutura organicamente o Tribunal de Contas da União e cuida dos processos realizados naquela Corte, e da Lei 9.784/1999, que disciplina o processo administrativo no âmbito da Administração Pública Federal.

A Lei Federal de Processo Administrativo dispõe que é direito do administrado "fazer-se assistir, facultativamente, por advogado, salvo quando obrigatória a representação, por força de lei" (art. 3º, IV).

À luz da Constituição da República e da disciplina conferida pela Lei 9.784/1999 somos levados a concluir que a presença de advogado em todo e qualquer processo administrativo não é garantia do administrado, no entanto cremos indispensável a defesa técnica para o administrado quando envolto com um processo restritivo de direito.

---

21. Para Cármen Lúcia Antunes Rocha, a garantia do advogado exige que o Estado providencie um defensor, mesmo no processo administrativo, quando o interessado não dispuser de condições econômicas para contratar ("Princípios constitucionais do processo administrativo...", cit., p. 22).

22. Nesse sentido Cristiana Fortini ("Processo administrativo disciplinar no Estado Democrático de Direito: o devido processo legal material, o princípio da eficiência e a Súmula Vinculante n. 5 do Supremo Tribunal Federal", *Revista Brasileira de Direito Público* 23/123-136, 2008).

Há algum tempo, o Superior Tribunal de Justiça, dando máxima efetividade ao princípio da ampla defesa, editou a Súmula 343, aprovada em 12.12.2007, estatuindo a obrigatoriedade da presença de advogado em todas as fases do processo administrativo disciplinar.

Com essa Súmula, o Superior Tribunal de Justiça inaugurou uma nova fase nos processos administrativos disciplinares, impondo como obrigatória a defesa técnica do indiciado, sob pena de caracterização de cerceamento de defesa. Em menos de um ano, a contar da benéfica inovação trazida por meio da Súmula daquele Pretório Excelso, o Supremo Tribunal Federal, valendo-se da novel figura da Súmula Vinculante, editou a de n. 5, prescrevendo que "a falta de defesa técnica por advogado no processo administrativo disciplinar não ofende a Constituição".

Assim, restou consolidada, por votação unânime realizada em 7.5.2008, no Plenário do Supremo, a dispensabilidade do advogado nos processos administrativos disciplinares – e, consequentemente, em todos os demais, uma vez que, se sequer no processo disciplinar, espécie de processo restritivo de direito na modalidade sancionador, há a garantia de defesa técnica, muito menos haverá essa garantia nas demais espécies processuais.

Entendeu a Suprema Corte brasileira que a ampla defesa resta observada quando nos processos disciplinares são observados os direitos à informação, manifestação e à consideração dos argumentos apresentados pelo servidor, sendo despicienda a defesa técnica.

Com todo o respeito que devemos à Excelsa Corte, entendemos errônea a orientação firmada por meio da Súmula Vinculante 5, justamente por afrontar, a nosso ver, o princípio da ampla defesa.

Toda vez que o particular puder ser negativamente afetado por uma decisão oriunda de um processo administrativo, ele deve ter a garantia da ampla defesa, que compreende a realização de atos desenvolvidos por um profissional habilitado para tanto. Destarte, a presença de advogado é condição de validade dos processos administrativos restritivos de direito, tanto no que toca aos ablativos como no que diz respeito aos sancionadores. Se, por um lado, o direito à presença de advogado é direito do particular, por outro, representa dever do Estado, que terá de providenciar um defensor dativo quando o particular

PRINCÍPIOS DE ÍNDOLE PROCESSUAL – PROCESSOS RESTRITIVOS   225

não dispuser de recursos para providenciar um, em similaridade com o que dispõe o art. 5º, LXXIV, da Constituição da República.[23]

O Supremo Tribunal Federal editou mais uma súmula vinculante cuidando de assunto afeto à ampla defesa. Trata-se da Súmula Vinculante 3, por meio da qual fixou que "nos processos perante o Tribunal de Contas da União asseguram-se o contraditório e a ampla defesa quando da decisão puder resultar anulação ou revogação de ato administrativo que beneficie o interessado, excetuada a apreciação da legalidade do ato de concessão inicial de aposentadoria, reforma e pensão".

A referida Súmula aludiu a processos restritivos de direito que tramitam junto ao Tribunal de Contas da União, uma vez que processo cuja decisão final importe anulação ou revogação de decisão que beneficiava o interessado revela-se restritivo de direito, na medida em que traz um efeito negativo, de perda, à esfera jurídica do destinatário do ato. Nesses termos, a parte inicial do enunciado deve ser aplaudida, pois consolidou a necessidade de dar cumprimento aos princípios da ampla defesa e do contraditório nos processos instaurados pelo Tribunal de Contas da União e por todas as demais Cortes de Contas estaduais e municipais, já que, evidentemente, a obrigação não se limita à Corte Federal, mesmo porque o mandamento já existia antes da edição da citada Súmula Vinculante, por imposição constitucional.

Em sentido oposto caminhou a parte final do enunciado da Súmula ao ressalvar a aplicação da ampla defesa aos processos que tenham por objeto a apreciação da legalidade do ato de concessão inicial de aposentadoria, reforma e pensão.

O entendimento funda-se na compreensão do Supremo Tribunal Federal de que o ato que concede o benefício caracteriza-se como ato administrativo complexo, uma vez que só se forma completamente após o exame de legalidade efetuado pelo Tribunal de Contas. Embora qualifique os atos de aposentadoria, reforma e pensão como complexos, o Supremo Tribunal Federal reconhece que a produção de seus efeitos se dá a partir da publicação, providenciada pelo órgão administrativo competente, e não da decisão do Tribunal de Contas, que aprecia sua legalidade.

---

23. "Art. 5º (...): LXXIV – O Estado prestará assistência jurídica integral e gratuita aos que comprovarem insuficiência de recursos."

226 REGIME JURÍDICO DOS PROCESSOS ADMINISTRATIVOS

Mais uma vez, com a devida vênia, discordamos da posição adotada pelo Supremo Tribunal Federal, por compreendermos que, tratando-se de processo restritivo de direito, a ampla defesa e o contraditório são essenciais, a qualquer tempo e em qualquer situação. Não nos seduz a teoria do ato complexo aceita pelo Supremo, pela qual o ato de concessão do benefício previdenciário só resta perfeito depois da manifestação do Tribunal de Contas sobre sua legalidade, e sendo assim não há falar em cumprimento das regras constitucionais para seu desfazimento antes mesmo de ter sido completamente produzido.

Em consonância com as lições aprendidas da obra de Guido Zanobini, o ato administrativo complexo[24] é aquele que resulta do concurso de vontades de mais de um órgão ou agente da Administração Pública, sendo requisitos indispensáveis a identidade de conteúdo e a unidade de objetivos das vontades manifestadas, que se fundem para a formação de um ato único.[25]

O ato de controle da legalidade para fins de registro da concessão do benefício previdenciário, praticado pelo Tribunal de Contas no exercício da competência que lhe atribui o art. 71, III, da Constituição da República, não configura ato complexo, mas composto, já que aperfeiçoa-se com a atuação de um só órgão (o competente para conceder a aposentadoria ou outro benefício), sendo a manifestação do outro órgão, externo, apenas questão de controle.

Por conseguinte, não há razão para afastar a incidência da ampla defesa dos atos tendentes a desfazer o ato que concedeu o benefício previdenciário. No âmbito do próprio Supremo acena-se para a necessidade de o Tribunal de Contas ouvir previamente o interes-

---

24. Ato administrativo complexo e processo administrativo não são rótulos designativos do mesmo conteúdo. Enquanto no ato complexo a pluralidade de vontades manifestadas concorre a um só fim e resulte em uma única manifestação, no processo administrativo há a presença de uma sucessão de atos, cada um com sua própria individualidade e autonomia, mas tendentes ao mesmo resultado final e conclusivo. Aqui há pluralidade de atos, ali, apenas um ato. Celso Antônio Bandeira de Mello demarca bem as diferenças havidas entre ato complexo e processo administrativo (*Curso de Direito Administrativo*, cit., p. 444), assim também Mônica Martins Toscano Simões (*O Processo Administrativo...*, cit., pp. 47-49).

25. *Corso di Diritto Amministrativo*, vol. I, Milano, Giuffrè, 1939, pp. 292-295.

PRINCÍPIOS DE ÍNDOLE PROCESSUAL – PROCESSOS RESTRITIVOS 227

sado na decisão,[26] como forma de atender aos ditames da segurança jurídica.[27]

À guisa de conclusão, reafirmamos que a ampla defesa, corolário do devido processo legal, pilar do Estado Democrático de Direito, aplica-se irrestritamente a todos os processos administrativos restritivos de direito, incluindo aqueles tendentes a retirar do mundo jurídico ato favorável ao administrado.

6.1.2 Princípio da oficialidade

O princípio da oficialidade consiste no dever da Administração Pública de instaurar e impulsionar o processo até que ele atinja o resultado final e conclusivo exigido pelo interesse público.

26. A esse respeito consultar o Mandado de Segurança 25.116, de relatoria do Min. Carlos Britto, ainda pendente de julgamento. Em seu voto, o Relator frisou a "necessidade de oportunizar o contraditório e a ampla defesa ainda na fase de verificação de legalidade do ato de concessão de aposentadoria" como forma de prestigiar o princípio da segurança jurídica.

27. "Mandado de Segurança. (...) 2. Cancelamento de pensão especial pelo Tribunal de Contas da União. Ausência de comprovação da adoção por instrumento jurídico adequado. Pensão concedida há vinte anos. 3. Direito de defesa ampliado com a Constituição de 1988. Âmbito de proteção que contempla todos os processos, judiciais ou administrativos, e não se resume a um simples direito de manifestação no processo. 4. Direito constitucional comparado. Pretensão à tutela jurídica que envolve não só o direito de manifestação e de informação, mas também o direito de ver seus argumentos contemplados pelo órgão julgador. 5. Os princípios do contraditório e da ampla defesa, assegurados pela Constituição, aplicam-se a todos os procedimentos administrativos. 6. O exercício pleno do contraditório não se limita à garantia de alegação oportuna e eficaz a respeito de fatos, mas implica a possibilidade de ser ouvido também em matéria jurídica. 7. Aplicação do princípio da segurança jurídica, enquanto subprincípio do Estado de Direito. Possibilidade de revogação de atos administrativos que não se pode estender indefinidamente. Poder anulatório sujeito a prazo razoável. Necessidade de estabilidade das situações criadas administrativamente. 8. Distinção entre atuação administrativa que independe da audiência do interessado e decisão que, unilateralmente, cancela decisão anterior. Incidência da garantia do contraditório, da ampla defesa e do devido processo legal ao processo administrativo. 9. Princípio da confiança como elemento do princípio da segurança jurídica. Presença de um componente de ética jurídica. Aplicação nas relações jurídicas de direito público. 10. Mandado de Segurança deferido para determinar observância do princípio do contraditório e da ampla defesa (CF, art. 5º, LV)" (STF, Mandado de Segurança 24.268-MG, rel. para Acórdão Min. Gilmar Mendes, j. 5.2.2004, DJ 17.9.2004, p. 53). No mesmo sentido o Mandado de Segurança 24.448, rel. Min. Carlos Britto, j. 27.9.2007, DJ 14.11.2007, p. 146.

228   REGIME JURÍDICO DOS PROCESSOS ADMINISTRATIVOS

O fundamento desse princípio está, a nosso juízo, na supremacia do interesse público sobre o interesse privado e, muito especialmente, na indisponibilidade do interesse público, que exige que, independentemente da vontade e atuação do particular, a Administração conduza o processo até o seu término, apresentando à sociedade uma decisão em conformidade com a ordem jurídica e compatível com as variantes do caso concreto.

Romeu Felipe Bacellar Filho assinala que a oficialidade é manifestação do princípio da legalidade e que não implica unilateralidade das decisões administrativas, mas expressa a responsabilidade de conduzir o processo para que este alcance o fim legal.[28]

Como o interesse público é indisponível, ainda que o administrado, interessado na solução da questão objeto do processo administrativo, deixe de praticar os atos processuais, dificultando o acesso da Administração Pública às informações necessárias para caminhar rumo à decisão final, esta terá a obrigação de buscá-las, de forma a concluir a fase instrutória do processo que lhe permitirá passar à etapa decisória.

No processo administrativo, a inércia da parte não conduzirá necessariamente à extinção do feito.[29]

Impende salientar, no entanto, que o princípio da oficialidade não tem, como regra geral, aplicação aos processos ampliativos de direito, cuja decisão beneficia direta e imediatamente o particular.

Assim, a Administração não terá de tomar nenhuma providência se, no curso de um processo administrativo tendente a conceder a gratuidade para a inscrição em vestibular de universidade pública, o interessado deixar de apresentar, no prazo assinalado, os documentos previamente divulgados como necessários. Como o objetivo desse processo é ampliar a esfera jurídica do destinatário da gratuidade, possibilitando a sua participação no processo seletivo, a inércia do interessado acarreta a extinção do feito, sem que à Administração seja imposto o dever de impulsionar o processo.

---

28. *Princípios Constitucionais do Processo Administrativo Disciplinar*, cit., p. 174.

29. Nesse sentido Agustín Gordillo, *Tratado de Derecho Administrativo*, cit., p. IX-38.

PRINCÍPIOS DE ÍNDOLE PROCESSUAL – PROCESSOS RESTRITIVOS   229

O mesmo ocorre com os processos administrativos ampliativos de direito concorrenciais, marcados pela disputa havida entre os particulares. Por exemplo, se um candidato deixar de apresentar, na data previamente designada, a documentação necessária para a avaliação dos títulos após a etapa das provas em concurso público para seleção de pessoal, o órgão responsável pela seleção não tomará qualquer atitude no sentido de buscar essa documentação, arcando o candidato com as consequências oriundas da sua inércia.

Celso Antônio Bandeira de Mello, tratando do princípio da oficialidade, afirma que "nos procedimentos de *exclusivo interesse* do administrado a Administração não tem o dever de persegui-los por si própria e poderá encerrá-los prematuramente ante a inércia do postulante".[30]

Já nos processos restritivos de direito, em que a atuação da Administração atinge de forma negativa a esfera jurídica do particular, a oficialidade impõe-se.[31] O fundamento não reside no dever de a Administração instaurar e impulsionar de ofício processos cuja decisão final possa causar um ônus ao administrado, como se a oficialidade estivesse condicionada ao efeito negativo que da decisão pode advir.

O princípio da oficialidade rege os processos administrativos cujo objetivo final é tutelar o interesse público, sendo a sociedade a verdadeira beneficiária da decisão. Desse modo, nos processos tendentes a invalidar ato administrativo ampliativo da esfera jurídica do administrado, como o são as nomeações para exercício de cargo público, a Administração terá o dever de instaurar e conduzir o processo até o seu término, independentemente da atuação do particular. Se órgão da

---

30. *Curso de Direito Administrativo*, cit., p. 505.

31. "Administrativo. Servidor. Processo administrativo disciplinar. Pena de suspensão. Instrução deficiente. Ofensa ao princípio da Oficialidade. Anulação. 1. No âmbito da sistemática jurídica que regula o processo administrativo disciplinar encontra-se o princípio da oficialidade, segundo o qual a Comissão responsável pela condução do processo tem o poder-dever, na consecução do interesse público, de elucidar os fatos, requerendo, até mesmo de ofício, todas as diligências necessárias. 2. Como no caso a Comissão deixou de colher o depoimento pessoal do indiciado e ouvir testemunhas nomeadas na sua defesa, a instrução revelou-se insuficiente e incompleta, tornando nula a pena aplicada ao funcionário. 3. Cerceamento de defesa configurado. 4. Apelação provida" (TRF, 1ª Região, Apelação Cível 9501027902, j. 7.4.2000, *DJ* 8.5.2000, p. 6).

Administração tomar conhecimento de possível fraude em concurso público que precedeu a nomeação, terá o dever de apurar o corrido e, se for o caso, restaurar a normalidade da ordem jurídica, invalidando o ato viciado.

Da mesma forma se dá nos processos administrativos sancionadores. A atuação de ofício da Administração não tem por fundamento o desejo de castigar o possível infrator, mas sim a indisponibilidade do interesse público, que lhe obriga a agir nos termos da lei, de forma a tutelá-lo.

Em situações excepcionais, no entanto, o princípio da oficialidade pode ser aplicado aos processos ampliativos de direito. A possibilidade apresenta-se quando o benefício causado na esfera do particular for efeito mediato do processo administrativo. A título de ilustração, pensemos em um processo instaurado para apurar irregularidades na invalidação de um ato concessivo de aposentadoria, aparentemente calcado em motivo inexistente. Uma vez constatado o vício de motivo e invalidado o ato invalidador, o benefício previdenciário será restaurado, causando um efeito favorável ao interessado. No entanto, embora o ato final desencadeie uma consequência positiva, ampliadora da esfera jurídica do particular, o objetivo do processo era restaurar a ordem jurídica, eliminando a ilegalidade havida.

A Lei 9.784/1999 cuidou do princípio da oficialidade ao estabelecer, em seu art. 2º, parágrafo único, XII, a "impulsão de ofício, do processo administrativo, sem prejuízo da atuação dos interessados".

Nas precisas palavras de Sérgio Ferraz e Adilson Abreu Dallari, a maior evidência do acatamento da Lei Federal de Processo Administrativo a esse princípio "está no art. 51, § 2º, onde se estabelece que a desistência ou renúncia do interessado não põe necessariamente fim ao processo, que pode prosseguir se necessário para a satisfação do interesse público".[32]

O princípio da oficialidade guarda íntima relação com o princípio da verdade material, uma vez que a Administração Pública está obrigada a agir de ofício nos processos administrativos, em busca da verdade material, como forma de satisfazer o interesse público.

---

32. *Processo Administrativo*, cit., p. 108.

PRINCÍPIOS DE ÍNDOLE PROCESSUAL – PROCESSOS RESTRITIVOS 231

6.1.3 Princípio da gratuidade

O princípio da gratuidade indica que a Administração não deve impor ônus econômico para que o particular tenha acesso à via administrativa.

O princípio da gratuidade está radicado no mandamento constitucional instituidor do direito de petição, norma-matriz de regência do processo administrativo (art. 5º, XXXIV, "a"). A petição é, nesse contexto, a via instrumental por meio da qual o particular provoca a Administração a instaurar o processo administrativo, ou deduz seus argumentos, quando a instauração tenha sido de ofício. Sendo assim, o recebimento e o processamento de qualquer requerimento de autoria do administrado não devem ficar sujeitos a pagamento de qualquer natureza.

Alocamos o princípio da gratuidade entre aqueles que regem os processos administrativos restritivos de direito em face da possibilidade de a Administração impor ao administrado o pagamento de custos para a instauração do processo quando este for de exclusivo interesse do administrado, como ocorre com o requerimento de licença para edificar, típico processo ampliativo de direito.

Não se nos afigura possível, contudo, a exigência de pagamento quando a participação do administrado ocorrer no exercício do seu legítimo direito de defesa. O princípio da gratuidade também encontra fundamento no princípio da ampla defesa, pois se a Administração condicionar a participação do interessado no processo administrativo ao adimplemento de obrigação financeira, limitará a atuação deste, podendo acarretar cerceamento de defesa.

A Lei Federal de Processo Administrativo estatui, no art. 2º, parágrafo único, XI, "a proibição de cobrança de despesas processuais, ressalvadas as previstas em lei", sinalizando ter acatado o princípio da gratuidade.

No entanto, vê-se que o mesmo diploma legal considerou a possibilidade de lei impor a cobrança de despesas do interessado em instaurar ou participar de um processo administrativo. A ressalva em questão deve-se à primazia da lei, que, em não sendo afrontosa aos princípios e garantias estabelecidos pela Constituição da República, pode exigir o pagamento de valor fixado para que o administrado valha-se da via do processo administrativo. De qualquer forma, por respeito ao princípio da ampla defesa, entendemos que os processos restritivos de direito terão de permanecer gratuitos, incorrendo em vício de inconstitucionalidade a norma que eventualmente crie obrigação de pagamento para exercício do direito de defesa.

CONCLUSÕES

Ao término deste trabalho, que reflete, a rigor, mais um exercício de estudo sobre o tema proposto do que um produto acabado, podemos apresentar algumas conclusões.

1. O processo administrativo é, na atualidade, uma das mais importantes garantias conferidas pela ordem constitucional ao administrado em face da Administração, já que sua finalidade é permitir a participação do particular no círculo de formação da vontade administrativa, transferindo-lhe parcela do dever de atuação na tutela do interesse público e retirando-o, portanto, de uma posição meramente passiva.

2. O processo administrativo, espécie do gênero processo – instituto categorial do Direito –, é, nesse contexto, forma de realização da Democracia, satisfeita apenas pelo Direito.

3. O processo administrativo é mais do que um conjunto de atos encadeados destinado a produzir uma decisão. Trata-se de relação jurídica estabelecida, na intimidade da função administrativa, entre as partes que participam do círculo de formação do ato administrativo conclusivo que dará concretude ao exercício do dever-poder estatal, instrumentalizada por uma sucessão de atos encadeados relativamente autônomos, sindicáveis pelo Poder Judiciário.

4. O conceito de processo deve ser construído a partir das noções de relação jurídica, essencial para compreender essa realidade dentro do gênero processo, e de função administrativa, imperiosa para apartá-lo como espécie autônoma de processo.

5. O processo administrativo tem seu regime jurídico informado pelos princípios gerais do Direito, pelos princípios típicos do Direito Administrativo e pelos princípios processuais radicados na cláusula do devido processo legal. Esse conjunto de princípios confere ao Direito Processual Administrativo autonomia enquanto ramo da Dogmática Jurídica.

6. O devido processo legal consagrado pela Constituição da República de 1988 é o princípio fundante do regime jurídico processual, alicerce que dá sustentação a todas as demais normas de índole processual que sobre ele são edificadas. A posição por esse princípio ocupada na sistematização do regime jurídico processual é de sobreprincípio.

7. A acepção material do princípio do devido processo legal, de origem inglesa, não tem correspondente no Direito brasileiro. A acolhida dessa acepção não agrega nova garantia ao administrado, uma vez que o controle de constitucionalidade das leis e atos normativos em nosso ordenamento jurídico é feito à luz dos princípios da legalidade, da igualdade e dos que lhes são correlatos.

8. No Direito pátrio, o princípio do devido processo legal deve ser compreendido exclusivamente em sua acepção formal, enquanto princípio de natureza processual, apto a garantir a instauração de processo que anteceda a decisão imperativa e o desenrolar desse em consonância com os objetivos almejados pelo Estado brasileiro.

9. Como corolário do princípio do devido processo legal, na dimensão por nós reconhecida como sendo a única válida, esforçamo-nos em apresentar os princípios do contraditório, julgador natural, revisibilidade, verdade material, formalismo moderado, proibição da *reformatio in pejus*, celeridade e duração razoável do processo, ampla defesa, oficialidade e gratuidade, por serem estes a base do regime jurídico dos processos administrativos.

10. A partir desse rol, propusemos o delineamento do regime jurídico dos processos administrativos ampliativos e restritivos de direito, por considerarmos que o efeito, positivo ou negativo, que pode advir dos processos administrativos para a esfera jurídica dos administrados, cause influência no conjunto de princípios que lhes são aplicáveis.

11. A classificação dos processos apresentada toma como referencial unicamente os efeitos produzidos na esfera jurídica do administrado. Por opção metodológica, afastamos quaisquer outras classificações.

CONCLUSÕES 235

12. A principal diferença entre o conjunto de princípios que presidem os processos administrativos ampliativos e os restritivos de direito está na aplicação do princípio da ampla defesa apenas à segunda espécie. A partir desse, outros dois princípios, quais sejam, a oficialidade e a gratuidade, também restam reservados somente aos processos restritivos de direito.

13. Com as diferenças que lhes são peculiares, as quais intentamos demonstrar no curso do trabalho, os processos administrativos ampliativos e restritivos de direito devem ser instaurados, conduzidos e concluídos de modo a almejar o mesmo fim: a preservação da ordem jurídica.

14. É com esse objetivo – de ressaltar a importância do processo administrativo como principal canal de diálogo entre o indivíduo e a Administração – que concluímos esse estudo.

REFERÊNCIAS BIBLIOGRÁFICAS

ALESSI, Renato. *Principi di Diritto Amministrativo*. T. I. Milano: Giuffrè, 1966.

_____. *Instituciones de Derecho Administrativo*. Trad. da 3ª ed. italiana por Buenaventura Pelissé Prats. T. I. Barcelona: Bosch, 1970.

ALEXY, Robert. *Teoria dos Direitos Fundamentais*. Trad. de Virgílio Afonso da Silva. 1ª ed., São Paulo: Malheiros Editores, 2009.

ALMEIDA JÚNIOR, João Mendes de. *Direito Judiciário Brasileiro*. Rio de Janeiro: Freitas Bastos, 1960.

ARAÚJO, Edmir Netto de. *O Ilícito Administrativo e seu Processo*. São Paulo: Ed. RT, 1994.

ATALIBA, Geraldo. *Sistema Constitucional Tributário Brasileiro*. São Paulo: Ed. RT, 1968.

_____. "Princípios de procedimento tributário". *Novo Processo Tributário*. São Paulo: Resenha Tributária, 1975.

_____. *República e Constituição*. 2ª ed. atual. por Rosolea Miranda Folgosi, 4ª tir. São Paulo: Malheiros Editores, 2007.

ÁVILA, Humberto. "O que é 'devido processo legal'?", *Revista de Processo* 163. São Paulo, set. 2008.

BACELLAR FILHO, Romeu Felipe. *Princípios Constitucionais do Processo Administrativo Disciplinar*. São Paulo: Max Limonad, 1998.

_____. *Direito Administrativo*. São Paulo: Saraiva, 2005.

BANDEIRA DE MELLO, Celso Antônio. "O conteúdo do regime jurídico-administrativo e seu valor metodológico", *Revista de Direito Público* 2. São Paulo, out./dez. 1967.

_____. "Considerações em torno dos princípios hermenêuticos", *Revista de Direito Público* 21. São Paulo, jul./set. 1972.

_____. "Sanção administrativa – devido processo legal", *Informativo de Licitações e Contratos* 49. Curitiba, mar. 1998.

_____. "Discricionariedade, vinculação e sanção aplicável a servidor público", *Revista Trimestral de Direito Público* 40. São Paulo, out./dez. 2002.

REGIME JURÍDICO DOS PROCESSOS ADMINISTRATIVOS

_____. "O princípio da legalidade e algumas de suas conseqüências para o direito administrativo sancionador", *Revista Latino-Americana de Estudos Constitucionais*. Fortaleza, 2006.

_____. *Discricionariedade e Controle Jurisdicional*. 2ª ed., 9ª tir. São Paulo: Malheiros Editores, 2008.

_____. *O Conteúdo Jurídico do Princípio da Igualdade*. 3ª ed., 18ª tir. São Paulo: Malheiros Editores, 2010.

_____. *Curso de Direito Administrativo*. 27ª ed. São Paulo: Malheiros Editores, 2010.

BANDEIRA DE MELLO, Oswaldo Aranha. *Princípios Gerais de Direito Administrativo*. 3ª ed. São Paulo: Malheiros Editores, 2007.

BASTOS, Celso Ribeiro. *Teoria do Estado e Ciência Política*. 6ª ed. São Paulo: Celso Bastos Editor, 2004.

BEDAQUE, José Roberto dos Santos. *Efetividade do Processo e Técnica Processual*. 2ª ed. São Paulo: Malheiros Editores, 2007.

BÉNOIT, Francis-Paul. *Le Droit Administratif Français*. Paris: Dalloz, 1968.

BEZNOS, Clóvis. "Atos e processos administrativos", *Boletim de Direito Administrativo*. São Paulo, jan. 2006.

BOBBIO, Norberto. *Teoria do Ordenamento Jurídico*. Trad. de Maria Celeste C. J. Santos. 6ª ed. Brasília: Editora Universidade de Brasília, 1995.

_____. *Estado, Governo, Sociedade: por uma Teoria Geral da Política*. Trad. de Marco Aurélio Nogueira. 4ª ed. São Paulo: Paz e Terra, 1995.

_____. *Liberalismo e Democracia*. Trad. de Marco Aurélio Nogueira. 6ª ed. São Paulo: Brasiliense, 1997.

BONAVIDES, Paulo. *Curso de Direito Constitucional*. 25ª ed. São Paulo: Malheiros Editores, 2010.

BORGES, Alice Gonzalez. "Processo administrativo e controle", *Revista de Direito Administrativo* 226. Rio de Janeiro, out./dez. 2001.

BRILHANTE, Tércio Aragão. "Defesa técnica no processo administrativo disciplinar: considerações à recente Súmula n. 343 do Superior Tribunal de Justiça", *Revista IOB de Direito Administrativo* 23. São Paulo, nov. 2007.

BRINDEIRO, Geraldo. "O devido processo legal e o estado democrático de direito", *Revista Trimestral de Direito Público* 19. São Paulo, jul./set. 1997.

BÜLOW, Oscar von. *Teoria das Exceções e dos Pressupostos Processuais*. Trad. e notas de Ricardo Rodrigues Gama. Campinas: LZN, 2003.

CAETANO, Marcello. *Manual de Direito Administrativo*. Rio de Janeiro: Forense, 1970.

CAMMAROSANO, Márcio. "Regulamentos", *Revista de Direito Público* 51-52. São Paulo, jul./dez. 1979.

REFERÊNCIAS BIBLIOGRÁFICAS

_____. *O Princípio Constitucional da Moralidade e o Exercício da Função Administrativa*. Belo Horizonte: Fórum, 2006.

CANOTILHO, J. J. Gomes. *Direito Constitucional*. 6ª ed. Coimbra: Almedina, 1993.

_____. *Direito Constitucional e Teoria da Constituição*. 3ª ed. Coimbra: Almedina, 1999.

CARNELUTTI, Fracesco. *Diritto e Processo*. Napoli: Morano Editore, 1958.

CARRIÓ, Genaro R. *Notas sobre Derecho y Lenguaje*. 5ª ed. Buenos Aires: Abeledo-Perrot, 2006.

CARVALHO, Paulo de Barros. *Curso de Direito Tributário*. 10ª ed. São Paulo: Saraiva, 1998.

_____. *Direito Tributário: Fundamentos Jurídicos da Incidência*. São Paulo: Saraiva, 1998.

CARVALHO FILHO, José dos Santos. *Processo Administrativo Federal: Comentários à Lei 9.784 de 29.1.1999*. Rio de Janeiro: Lumen Juris, 2001.

CASSAGNE, Juan Carlos. *Derecho Administrativo*. Buenos Aires: Abeledo-Perrot, 1987.

_____ (Director). *Procedimiento y Proceso Administrativo*. Buenos Aires: Abeledo-Perrot, 2005.

CASTRO, Carlos Roberto Siqueira. *O Devido Processo Legal e os Princípios da Razoabilidade e da Proporcionalidade*. 4ª ed. Rio de Janeiro: Forense, 2006.

CAVALCANTI, Themístocles. *Curso de Direito Administrativo*. 5ª ed. São Paulo: Freitas Bastos, 1958.

CHIOVENDA, Giuseppe. *Instituições de Direito Processual Civil*. Vol. I. Trad. de J. Guimarães Menegale. São Paulo: Saraiva, 1965.

CINTRA, Antonio Carlos de Araújo. *Motivo e Motivação do Ato Administrativo*. São Paulo: Ed. RT, 1979.

_____; GRINOVER, Ada Pellegrini; DINAMARCO, Cândido Rangel. *Teoria Geral do Processo*. 26ª ed. São Paulo: Malheiros Editores, 2010.

CIRNE LIMA, Ruy. *Princípios de Direito Administrativo*. 7ª ed. rev. e reelaborada por Paulo Alberto Pasqualini. São Paulo: Malheiros Editores, 2007.

COLE, Charles D. "O devido processo legal na cultura jurídica dos Estados Unidos: passado, presente e futuro", *Revista AJUFE* 56. Brasília, ago./out. 1997.

COUTINHO, Jacinto Nelson de Miranda. "O princípio do juiz natural da CF/88: ordem e desordem", *Revista de Informação Legislativa* 179. Brasília, jul./set. 2008.

COUTO E SILVA, Almiro do. "O princípio da segurança jurídica (proteção à confiança) no direito público brasileiro e o direito da Administração Pública de anular seus próprios atos administrativos: o prazo decadencial do art. 54 da Lei de Processo Administrativo da União", *Revista Brasileira de Direito Público* 6. Belo Horizonte, jul./set. 2004.

240 REGIME JURÍDICO DOS PROCESSOS ADMINISTRATIVOS

COUTURE, Eduardo José. *Fundamentos do Direito Processual Civil*. Trad. de Rubens Gomes de Sousa. São Paulo: Saraiva, 1946.

CUNHA, Paulo Ferreira da. *O Procedimento Administrativo: Estrutura*. Coimbra: Almedina, 1987.

DALLARI, Dalmo de Abreu. *Elementos de uma Teoria Geral do Estado*. São Paulo: Saraiva, 2000.

_____; FERRAZ, Sérgio. *Processo Administrativo*. 2ª ed. São Paulo, Malheiros Editores, 2007.

DANTAS, San Tiago. *Problemas de Direito Positivo: Estudos e Pareceres*. 2ª ed. Rio de Janeiro: Forense, 2004.

DI PIETRO, Maria Sylvia Zanella. "Processo administrativo e judicial: processo administrativo – garantia do administrado", *Revista de Direito Tributário* 58. São Paulo, out./dez. 1991.

_____. "500 anos de direito administrativo brasileiro", *Revista da Procuradoria Geral do Estado da Bahia*, vol. 26, n. 2. Salvador, 2000.

_____. *Direito Administrativo*. 17ª ed. São Paulo: Atlas, 2004.

DIAS, Eduardo Rocha. *Sanções Administrativas Aplicáveis a Licitantes e Contratados*. São Paulo: Dialética, 1997.

DIAS, Jorge de Figueiredo. *Direito Processual Penal*. Vol. I. Coimbra: Coimbra Editora, 1974.

DINAMARCO, Cândido Rangel. *A Instrumentalidade do Processo*. 14ª ed. São Paulo, Malheiros Editores, 2009.

_____; GRINOVER, Ada Pellegrini; CINTRA, Antonio Carlos de Araújo. *Teoria Geral do Processo*. 26ª ed. São Paulo: Malheiros Editores, 2010.

DROMI, Roberto. *El Procedimiento Administrativo*. Buenos Aires: Ediciones Ciudad Argentina, 1996.

DWORKIN, Ronald. *Levando os Direitos a sério*. Trad. de Nelson Boeira. São Paulo: Martins Fontes, 2002.

ERLING, Marlos Lopes Godinho. "A vedação da *reformatio in pejus* no âmbito do processo administrativo sancionador e a inconstitucionalidade do parágrafo único do artigo 64 da Lei n. 9.784/99 (lei de processo administrativo federal): aplicação do sistema acusatório e proposta de triangularização do processo administrativo sancionador", *Revista Interesse Público* 52. Belo Horizonte, nov./dez. 2008.

ESCOLA, Héctor. *Tratado General de Procedimiento Administrativo*. Buenos Aires: Depalma, 1973.

FAZZALARI, Elio. *Istituzioni di Diritto Processuale*. 8ª ed. Milano: CEDAM, 1996.

REFERÊNCIAS BIBLIOGRÁFICAS

FERRAZ, Sérgio. "Processo administrativo: prazos; preclusões", *Revista Trimestral de Direito Público* 26. São Paulo, abr./jun. 1999.

_____; DALLARI, Adilson Abreu. *Processo Administrativo*. 2ª ed. São Paulo, Malheiros Editores, 2007.

FERREIRA, Daniel. *Sanções Administrativas*. São Paulo: Malheiros Editores, 2001.

FERREIRA, Luiz Tarcísio Teixeira. "Princípios do processo administrativo e a importância do processo administrativo no Estado de Direito". In FIGUEIREDO, Lúcia Valle (Coord.). *Comentários à Lei Federal de Processo Administrativo: Lei 9.784/99*. Belo Horizonte: Fórum, 2004.

FERREIRA, Sérgio de Andréa. "A garantia da ampla defesa no direito administrativo processual disciplinar", *Revista de Direito Público* 19. São Paulo, jan./mar. 1972.

FERREIRA FILHO, Manoel Gonçalves. *Comentários à Constituição Brasileira de 1988*. São Paulo: Saraiva, 1990.

FIGUEIREDO, Lúcia Valle. *Curso de Direito Administrativo*. 9ª ed. rev. ampl. e atual. São Paulo: Malheiros Editores, 2008.

_____ (Coord). *Ato Administrativo e Devido Processo Legal*. São Paulo: Max Limonad, 2000.

_____ (Coord). *Comentários à Lei Federal de Processo Administrativo: Lei n. 9.784/99*. Belo Horizonte: Fórum, 2004.

FORSTHOFF, Ernst. *Tratado de Derecho Administrativo*. Madrid: Instituto de Estudios Políticos, 1958.

FORTINI, Cristiana. "Processo administrativo disciplinar no Estado Democrático de Direito: o devido processo legal material, o princípio da eficiência e a Súmula Vinculante n. 5 do Supremo Tribunal Federal", *Revista Brasileira de Direito Público* 23. Belo Horizonte, out./dez. 2008

FRANCO SOBRINHO, Manoel de Oliveira. *Introdução ao Direito Processual Administrativo*. São Paulo: Ed. RT, 1971.

FREITAS, Juarez. *O Controle dos Atos Administrativos e os Princípios Fundamentais*. 2ª ed., 1999 e 4ª ed., refundida e ampliada, São Paulo: Malheiros Editores, 2009.

GARCÍA DE ENTERRÍA, Eduardo. "El problema jurídico de las sanciones administrativas", *Revista Española de Derecho Administrativo* 10. Madrid, jul./set. 1976.

_____; RAMÓN FERNÁNDEZ, Tomás. *Curso de Derecho Administrativo*. 5ª ed. Madrid: Civitas, 1998.

GASPARINI, Diogenes. *Direito Administrativo*. 14ª ed. São Paulo: Saraiva, 2009.

GAUDEMET, Yves; LAUBADÈRE, André de; VENEZIA, Jean-Claude. *Traité de Droit Administratif*. T. I. 13ª ed. Paris: LGDJ, 1994.

242   REGIME JURÍDICO DOS PROCESSOS ADMINISTRATIVOS

GOLDSCHMIDT, James. *Direito Processual Civil*. Trad. de Lisa Pary Scarpa. Campinas: Bookseller, 2003.

GONZÁLEZ PÉREZ, Jesús. *Derecho Procesal Administrativo*. Madrid: Instituto de Estudios Políticos, 1957.

_____. *El Principio General de la Buena Fe en el Derecho Administrativo*. Madrid: Civitas, 1983.

GORDILLO, Agustín. *Tratado de Derecho Administrativo*. 7ª ed. Belo Horizonte: Del Rey, 2003.

GRACIE, Ellen. "Notas sobre a revisão judicial das decisões do Tribunal de Contas da União pelo Supremo Tribunal Federal", *Revista do TCU* 110. Brasília, set./dez. 2007.

GRAU, Eros. *O Direito Posto e o Direito Pressuposto*. 7ª ed. São Paulo, Malheiros Editores, 2008.

_____. *Ensaio e Discurso sobre a Interpretação/Aplicação do Direito*. 5ª ed. São Paulo, Malheiros Editores, 2009.

GRINOVER, Ada Pellegrini. *As Garantias Constitucionais do Direito de Ação*. São Paulo: Ed. RT, 1973.

_____. "Do direito de defesa em inquérito administrativo", *Revista de Direito Administrativo* 183. Rio de Janeiro, jan./mar. 1991.

_____; CINTRA, Antonio Carlos de Araújo; DINAMARCO, Cândido Rangel. *Teoria Geral do Processo*. 26ª ed. São Paulo: Malheiros Editores, 2010.

GROTTI, Dinorá Adelaide Musetti. "Devido processo legal e procedimento administrativo", *Revista Trimestral de Direito Público* 18. São Paulo, abr./jun. 1997.

GUASP, Jaime. *Comentarios a la Ley de Enjuiciamiento Civil*. Madrid: Instituto de Estudios Políticos, 1943.

_____. *Derecho Procesal Civil*. Madrid: Instituto de Estudios Políticos, 1956.

GUERRA, Sérgio. "Crise e refundação do princípio da legalidade – a supremacia formal e axiológica da Constituição Federal de 1988", *Revista Interesse Público* 49. Belo Horizonte, maio/jun. 2008.

HARGER, Marcelo. *Princípios Constitucionais do Processo Administrativo*. 2ª ed. Rio de Janeiro: Forense, 2008.

HENARES NETO, Halley. "Duas questões de processo administrativo", *Revista Trimestral de Direito Público* 44. São Paulo, out./dez. 2003.

HESSE, Konrad. *A Força Normativa da Constituição*. Trad. de Gilmar Ferreira Mendes. Porto Alegre: Fabris, 1991.

IHERING, Rudolf von. *L'Esprit du Droit Romain dans les diverses Phases de Développement*. Vol. I. 3ª ed. Paris: Librairie Maresco Ainé, 1887.

REFERÊNCIAS BIBLIOGRÁFICAS 243

JAGUARIBE, Hélio (Coord.). *Brasil, Sociedade Democrática*. Rio de Janeiro: José Olympio Editor, 1985.

JORGE ESCOLA, Héctor. *Teoría General del Procedimiento Administrativo*. Buenos Aires: Depalma, 1990.

KELSEN, Hans. *A Democracia*. Trad. de Ivone Castilho Benedetti et al. São Paulo: Martins Fontes, 1993.

_____. *Teoria Pura do Direito*. Trad. de João Baptista Machado. 7ª ed. São Paulo: Martins Fontes, 2006.

LASPRO, Oreste Nestor de Souza. *Duplo Grau de Jurisdição no Direito Processual Civil*. São Paulo: Ed. RT, 1995.

LAUBADÈRE, André de; VENEZIA, Jean-Claude; GAUDEMET, Yves. *Traité de Droit Administratif*. T. I. 13ª ed. Paris: LGDJ, 1994.

LEAL, Victor Nunes. "O exame, pelo Judiciário, da 'legalidade' dos atos administrativos", *Revista de Direito Administrativo* 3. Rio de Janeiro, jan. 1946.

LIEBMAN, Enrico Tullio. *Manual de Direito Processual Civil*. Vol. 1. Trad. de Cândido Rangel Dinamarco. 3ª ed. São Paulo, Malheiros Editores, 2005.

MADEIRA, Dhennis Cruz. "Teoria do processo e discurso normativo: digressões democráticas", *Revista de Informação Legislativa* 178. Brasília, abr./jun. 2008.

MARINONI, Luiz Guilherme. *Curso de Processo Civil: Teoria Geral do Processo*. Vol. I. São Paulo: Ed. RT, 2006.

MARQUES, José Frederico. "Constituição e direito processual", *Revista da Faculdade de Campinas* 17. Campinas, 1959.

_____. *Instituições de Direito Processual Civil*. 4ª ed. Rio de Janeiro: Forense, 1971.

_____. *Manual de Direito Processual Civil*. Vol. I. 2ª ed. São Paulo: Saraiva, 1974.

_____. *Ensaio sobre a Jurisdição Voluntária*. Ed. rev. atual. e complementada por Ovídio Rocha Barros Sandoval. Campinas: Millennium, 2000.

MARQUES NETO, Floriano de Azevedo. "Princípios do processo administrativo", *Fórum Administrativo* 37. Belo Horizonte, mar. 2004.

MARTINS, Ricardo Marcondes. "A estrutura normativa dos princípios", *Revista Trimestral de Direito Público* 40. São Paulo, out./dez. 2002.

_____. "O conceito científico de processo administrativo", *Revista de Direito Administrativo* 235. Rio de Janeiro, jan./mar. 2004.

MAXIMILIANO, Carlos. *Hermenêutica e Aplicação do Direito*. 14ª ed. Rio de Janeiro: Forense, 1994.

244   REGIME JURÍDICO DOS PROCESSOS ADMINISTRATIVOS

MAYER, Otto. *Derecho Administrativo Alemán*. T. I. 2ª ed. Buenos Aires: Depalma, 1982.

MEDAUAR, Odete. *A Processualidade no Direito Administrativo*. São Paulo: Ed. RT, 1993.

_____ (Coord). *Processo Administrativo: aspectos atuais*. São Paulo: Cultural Paulista, 1998.

_____. *Direito Administrativo Moderno*. 3ª ed. rev. atual. ampl. São Paulo: Ed. RT, 1999.

MEIRELLES, Hely Lopes. "O processo administrativo", *Revista da Procuradoria Geral do Estado de São Paulo* 7. São Paulo, dez. 1975.

MELLO, Rafael Munhoz de. *Princípios Constitucionais de Direito Administrativo Sancionador: as sanções administrativas à luz da Constituição Federal de 1988*. São Paulo: Malheiros Editores, 2007.

MERKL, Adolfo. *Teoría General del Derecho Administrativo*. Edición al cuidado de José Luis Monereo Pérez. Ganada: Editorial Comares, 2004.

MIRANDA, Jorge. *Manual de Direito Constitucional*. Coimbra: Coimbra Editora, 1988.

MODESTO, Paulo. "Notas para um debate sobre o princípio da eficiência", *Boletim de Direito Administrativo* 11. São Paulo, nov. 2000.

MOREIRA, Alinie da Matta. "O princípio da eficiência na administração pública", *Revista IOB de Direito Administrativo* 33. São Paulo, set. 2008.

MOREIRA, Egon Bockmann. *Processo Administrativo: Princípios Constitucionais e a Lei 9.784/1999*. 3ª ed. São Paulo: Malheiros, 2010.

MOREIRA NETO, Diogo de Figueiredo. *Curso de Direito Administrativo*. Rio de Janeiro: Forense, 2001.

MUÑOZ, Guillermo Andrés; SUNDFELD, Carlos Ari (Coords.). *As Leis de Processo Administrativo: Lei Federal 9.784/99 e Lei Paulista 10.177/98*. 1ª ed., 2ª tir. São Paulo: Malheiros Editores/SBDP, 2006.

NERY JUNIOR, Nelson. *Princípios do Processo na Constituição Federal: Processo Civil, Penal e Administrativo*. 9ª ed. São Paulo: Ed. RT, 2009.

OLIVEIRA, Bruno Silveira de. "O duplo grau de jurisdição: princípio constitucional?", *Revista de Processo* 162. São Paulo, ago. 2008.

OLIVEIRA, José Roberto Pimenta. *Os Princípios da Razoabilidade e da Proporcionalidade no Direito Administrativo Brasileiro*. São Paulo: Malheiros Editores, 2006.

OLIVEIRA, Regis Fernandes de. *Infrações e Sanções Administrativas*. 2ª ed. rev. atual. ampl. São Paulo: Ed. RT, 2005.

REFERÊNCIAS BIBLIOGRÁFICAS

OLIVEIRA, Viviane de Freitas. "Considerações sobre a defesa dativa nos procedimentos administrativos disciplinares", *Revista Interesse Público* 36. Porto Alegre, mar./abr. 2006.

OSÓRIO, Fábio Medina. *Direito Administrativo Sancionador*. 2ª ed. rev. atual. ampl. São Paulo: Ed. RT, 2006.

OVIEDO, Carlos Garcia. *Derecho Administrativo*. Vol. I. 5ª ed. por Enrique Martinez Useros. Madrid: E.I.S.A – Pizzarro, 1955.

PASSOS, J. J. Calmon de. "Instrumentalidade do processo e devido processo legal", *Revista Diálogo Jurídico*, vol. 1, n. 1. Salvador, 2001. Disponível em *www.direito publico.com.br*. Acesso em 10.12.2008.

PEDRA, Adriano Sant'Ana. "A natureza principiológica do duplo grau de jurisdição", *Revista de Direito Administrativo*, vol. 247, n. 45. São Paulo, jan./abr. 2008.

PETIAN, Angélica. "Atributos dos atos administrativos: peculiaridades dos atos ampliativos e restritivos de direito", *Revista Trimestral de Direito Público* 49/50. São Paulo, jan./jun. 2005.

_____. "Sanções administrativas nas licitações e contratações públicas", *Boletim de Licitações e Contratos* 10. São Paulo, out. 2008.

PONTES DE MIRANDA, Francisco Cavalcanti. *Comentários à Constituição de 1967 com a Emenda n. 1 de 1969*. 3ª ed. Rio de Janeiro: Forense, 1967.

PORTA, Marcos. *O Processo Administrativo e o Devido Processo Legal*. São Paulo: Quartier Latin, 2003.

QUEIRÓ, Afonso Rodrigues. "A teoria do 'desvio de poder' em direito administrativo", *Revista de Direito Administrativo* 6. Rio de Janeiro, out. 1946.

RAMÓN FERNÁNDEZ, Tomás; GARCÍA DE ENTERRÍA, Eduardo. *Curso de Derecho Administrativo*. 5ª ed. Madrid: Civitas, 1998.

ROCCO, Hugo. *Tratado de Derecho Procesal Civil*. Vol. I. Buenos Aires: Depalma, 1976.

ROCHA, Cármen Lúcia Antunes. *Princípios Constitucionais da Administração Pública*. Belo Horizonte: Del Rey, 1994.

_____. "Princípios constitucionais do processo administrativo no direito brasileiro", *Revista Trimestral de Direito Público* 17. São Paulo, jan./mar. 1997.

_____. "O princípio da dignidade da pessoa humana e a exclusão social", *Revista Interesse Público* 4. São Paulo, out/dez. 2000.

ROCHA, Sílvio Luís Ferreira da. "Duração Razoável dos Processos Judiciais e Administrativos", *Revista Interesse Público* 39. Porto Alegre, set./out. 2006.

246 REGIME JURÍDICO DOS PROCESSOS ADMINISTRATIVOS

ROSITO, Francisco. "O princípio da duração razoável do processo sob a perspectiva axiológica", *Revista de Processo* 161. São Paulo, jul. 2008.

ROTHENBURG, Walter Claudius. *Princípios Constitucionais*. Porto Alegre: Fabris, 1999.

ROYO-VILLANOVA, Antonio. *Elementos de Derecho Administrativo*. 24ª ed. corregida y aumentada por Segismundo Royo-Villanova. Valladolid: Librería Santarén, 1955.

SAMPAIO, Nelson de Souza. *O Processo Legislativo*. São Paulo: Saraiva, 1968.

SANDULLI, Aldo M. *Il Procedimento Amministrativo*. Milano: Giuffrè, 1959.

SARLET, Ingo Wolfgang. *Dignidade da Pessoa Humana e Direitos Fundamentais na Constituição Federal de 1988*. Porto Alegre: Livraria do Advogado, 2001.

SCHIRATO, Vitor Rhein. "Os princípios do processo administrativo", *Boletim de Direito Administrativo* 4. São Paulo, abr. 2009.

SILVA, Virgílio Afonso da. "O proporcional e o razoável", *RT* 798. São Paulo, abr. 2002.

SIMÃO NETO, Calil. "O conteúdo jurídico do princípio da inafastabilidade do controle jurisdicional: o direito de exigir uma prestação jurisdicional eficaz", *Revista de Direito Constitucional e Internacional* 66. São Paulo, jan./mar. 2009.

SIMÕES, Mônica Martins Toscano. *O Processo Administrativo e a Invalidação de Atos Viciados*. São Paulo: Malheiros Editores, 2004.

STASSINOPOULOS, Michel. *Traité des Actes Administratifs*. Paris: Recueil Sirey, 1954.

SUNDFELD, Carlos Ari. "A defesa nas sanções administrativas", *RF* 298. Rio de Janeiro, abr./jun.1987.

_____. "A importância do procedimento administrativo", *Revista de Direito Público* 84. São Paulo, out./dez. 1987.

_____. *Direito Administrativo Ordenador*. 1ª ed., 3ª tir. São Paulo: Malheiros Editores, 2003.

_____. "Processo administrativo: um diálogo necessário entre Estado e cidadão", *Revista de Direito Administrativo e Constitucional* 23. Belo Horizonte, ano 6, jan./mar. 2006.

_____. *Fundamentos de Direito Público*. 4ª ed., 10ª tir. São Paulo: Malheiros Editores, 2009.

_____; MUÑOZ, Guillermo Andrés (Coords.). *As Leis de Processo Administrativo: Lei Federal 9.784/99 e Lei Paulista 10.177/98*. 1ª ed., 2ª tir. São Paulo: Malheiros Editores/SBDP, 2006.

TÁCITO, Caio. "O procedimento administrativo e a garantia de impessoalidade", *Revista de Direito Administrativo Aplicado* 10. Curitiba, jul./set. 1996.

REFERÊNCIAS BIBLIOGRÁFICAS

TALAMINI, Daniele Coutinho. *Revogação do Ato Administrativo*. São Paulo: Malheiros Editores, 2002.

THEODORO JÚNIOR, Humberto. *Curso de Direito Processual Civil*. Vol. I. 26ª ed. Rio de Janeiro: Forense, 1999.

TOURINHO FILHO, Fernando da Costa. *Processo Penal*. Vol. 4. São Paulo: Saraiva, 2002.

UBIERNA, Jose Antonio. *Procedimientos Administrativos*. Madrid: Hijos de Reus Editores, 1914.

VENEZIA, Jean-Claude; LAUBADÈRE, André de; GAUDEMET, Yves. *Traité de Droit Administratif*. T. I. 13ª ed. Paris: LGDJ, 1994.

VERRI, Pietro. *Observações sobre a Tortura*. São Paulo: Martins Fontes, 2000.

VIANA, Juvêncio Vasconcelos. "Da duração razoável do processo", *Revista Dialética de Direito Processual* 34. São Paulo, jan. 2006.

VILANOVA, Lourival. *As Estruturas Lógicas e o Sistema do Direito Positivo*. São Paulo: Ed. RT, 1977.

_____. *Causalidade e Relação no Direito*. 4ª ed. rev., atual. e ampl. São Paulo: Ed. RT, 2000.

VITTA. Heraldo Garcia. *A Sanção no Direito Administrativo*. São Paulo: Malheiros Editores, 2003.

XAVIER, Alberto Pinheiro. *Do Procedimento Administrativo*. São Paulo: José Bushatsky, 1976.

ZANCANER, Weida. "Razoabilidade e moralidade na Constituição de 1988", *Revista Trimestral de Direito Público* 2. São Paulo, abr./jun. 1993.

_____. *Da Convalidação e da Invalidação dos Atos Administrativos*. 3ª ed. São Paulo, Malheiros Editores, 2008.

ZANOBINI, Guido. *Corso di Diritto Amministrativo*. Milano: Giuffrè, 1939.

* * *

01482

GRÁFICA PAYM
Tel. (011) 4392-3344
paym@terra.com.br